U0650052

# 企业抖音

## ——从策略到实施

张建南　高广英　程　然◎主编

中国铁道出版社有限公司
CHINA RAILWAY PUBLISHING HOUSE CO., LTD.

## 内 容 简 介

  本书通过翔实的案例分析和实战操作解读，全面展示了企业抖音运营的内在逻辑与外在技巧。全书通过阐述目标策略、账号布局、内容体系、内容生产、运营推广以及复盘改进六个关键环节，为读者提供了一套完整而高效的企业抖音营销解决方案。

  本书受众广泛，既可作为高等院校市场营销专业、电子商务专业以及网络与新媒体专业的教材，又可作为企业管理人员、营销人员、创业人群、自媒体创作人员、投资机构人员、跨境电商运营者、短视频营销研究者，以及期望开展直播营销的企业和个人的参考书。

**图书在版编目（CIP）数据**

企业抖音：从策略到实施 / 张建南, 高广英, 程然
主编. -- 北京：中国铁道出版社有限公司, 2024. 8
ISBN 978-7-113-31360-9

  I. F274-39

中国国家版本馆CIP数据核字第2024PG5049号


书　　　名：**企业抖音——从策略到实施**
作　　　者：张建南　高广英　程　然

策　　　划：潘星泉          编辑部电话：（010）51873090
责任编辑：潘星泉
封面设计：刘　颖
责任校对：安海燕
责任印制：樊启鹏

出版发行：中国铁道出版社有限公司（100054，北京市西城区右安门西街 8 号）
网　　址：https://www.tdpress.com/51eds/
印　　刷：三河市国英印务有限公司
版　　次：2024 年 8 月第 1 版　　2024 年 8 月第 1 次印刷
开　　本：710 mm×1 000 mm　1/16　印张：15.25　字数：314 千
书　　号：ISBN 978-7-113-31360-9
定　　价：48.00 元

# 序一

## 用"企业抖音"书写新媒体时代的商业辉煌

在数字化浪潮汹涌澎湃的今天，企业如何在新媒体领域抢占先机，实现品牌与市场的有效连接，已成为摆在每家企业面前的重大课题。而抖音，作为短视频领域的领航者，不仅改变了人们获取信息、娱乐休闲的方式，更深刻地重塑了商业营销的格局，成为品牌与消费者连接的新桥梁，是现代企业不可忽视的营销战场。在这个背景下，《企业抖音——从策略到实施》应运而生，为渴望在短视频浪潮中破浪前行的企业打开了新世界的大门。

作为一名有着三十年企业经营经历的创业者，我有幸见证并参与到了这场变革之中，深知在新媒体时代，企业如何借助抖音平台实现品牌与市场的有效连接是一项重要而紧迫的任务。海利尔集团自成立以来，以智造+产业链为核心，向智能制造、节能环保、科技金融、科创文旅等产业转型，跨区域、跨行业、多元化布局。企业也从传统营销向数字化转型，由传统媒体逐渐向短视频（新媒体）转型尝试。

该书正是为了帮助更多的企业家和市场营销人员理解抖音的商业价值、掌握有效的运营策略而编写。本书通过详实的案例分析与实战操作指南，为我们揭示了企业抖音运营的内在逻辑与外在技巧。从目标策略的精准定位，到账号布局的精心设计，从内容体系的构建，到内容生产的创新，再到运营推广的策略选择与效果复盘的持续优化，每一个环节都环环相扣，构成了一套完整而高效的企业抖音营销解决方案。这对于正在探索或已深耕抖音平台的企业而言，无疑是一份宝贵的智慧锦囊。

在我看来，抖音不仅仅是一个娱乐平台，更是一个充满无限可能的商业生态圈。在这里，创意就是生产力，内容就是王道。企业要想在抖音上取得成功，就必须深入研究用户需求，不断创新内容形式，同时结合自身产品特性，制定符合品牌定位的营销策略。该书恰恰提供了这样的指导和启示。

总而言之，这是一本集理论与实践于一体的实用指南。它不仅适合那些刚刚接触抖音的企业家和营销人员，同样也适合那些已经在抖音上有所尝试、但渴望进一步提升营销效果的专业人士。我相信，只要认真阅读并付诸实践，广大读者朋友们都将受益匪浅。

我衷心期盼，每位读者都能借此书启迪思维，发掘专属的营销灵感与策略，将抖音打造成品牌建设的核心阵地，携手步入新媒体时代的商业辉煌。让我们紧跟本书的智慧之光，共赴抖音这片广阔海域，书写品牌飞跃的新篇章！

海利尔集团董事长　唐学书

2024 年 6 月

# 序二

## 在无序中寻序前行

打开抖音，触目都是企业的抖音号，但同样的抖音号或者直播间，看上去内容近似，产品也类似，直播间的人气和销量却是千差万别。为什么？

天下万物皆有其规则，熟悉且能掌握规则的人可以活得更滋润，企业与抖音同样如此。然而熟悉规则只是第一步，毕竟企业的销售最终不是抖音买单，而是消费者买单；企业的品牌也不是做给抖音看的，而是做给消费者去了解和感知的。归根结底，企业更需要熟悉和掌握的是用户，而抖音只是提供了一套环境，在这个环境里形成了一套新的规则。甚至包括抖音本身，也是在算法和用户之间，在这个新的环境里，"被动"地形成了整套规则。

和君咨询作为国内最大的咨询公司之一，一直在为企业提供从战略到实操的深度咨询服务，也与抖音集团合作出品了 2023 年的抖音文旅白皮书，对抖音有着更深一层的认知。

在我们看来，抖音不仅是一个销售渠道，更是企业直面消费者的一个窗口，而且不同于传统的"互联网媒体和销售渠道"，它更趋向于一个即时互动的平台，不断改变着各行各业的生态和机制。无论是视频还是直播的互动，这个平台都即时地将用户的反馈给到企业方，直接影响着企业的管理和运营。

举例来说，抖音用户的反馈可以直接启发营销的模式。比如，在直播间里的投流是根据实时流量、实时转化率、消费者的现场互动、不同产品的销售情况、不同产品的成交时间和剧本的时间节点等一系列因素而及时做出的决策和执行。这种需要实时互动和高效反应的营销，必须随时观测直播间的情况和观众的反馈，并需要立刻对反馈做出回应，这是一个相当有技术含量的系统性工作，需要对营销的逻辑、理念、经验以及抖音的营销环境与规则都有足够的

理解。从这个意义上来说，用户的反馈直接指导和改变了营销的决策和操作。

改变还不仅如此。在抖音平台上，大家可以看到同类企业和竞争产品的视频作品和直播间，绝大部分的竞争是摆在明处的。每个企业都可从中对比、分析对手的策略和战术，并从即时反应、累积数据和评论区里找出相应的规律。例如，什么样的产品更畅销、不同产品的价格阈值在哪里、什么样的操作更有效、什么模式在执行之后会在多长时间里出现什么样的影响和变化，等等。在这个基础上，企业很容易了解到自己的产品设计、目标客群，甚至定价体系应该做出什么样的决策来适应不断变化的市场。

从这个意义上来讲，视频作品和直播间的反馈不仅指导和改变了营销模式，更直接指导了产品和定价。因此可以得出这样一个结论：抖音不仅是一个销售的渠道，它更是一个企业在一线接触消费者反馈后，直接影响产品设计、定价系统、营销系统甚至渠道设计等的平台。

这样的企业抖音已经远远超出了一个销售渠道的范畴。

遗憾的是，很多企业的经营者对抖音的认知还仅停留在渠道上，表面上看这个渠道更重要的是流量，但流量不能决定一切，转化率、复购率、活跃度、迭代能力、服务能力等都在影响流量的投销比。很显然，抖音这个渠道更需要场景营造，需要在15秒甚至5秒之内抓住注意力、留住观众，更需要以有效的销售手段让消费者做出即时决策，这些都是在视频平台下形成的一套新规则和新手法。

《企业抖音——从策略到实施》的三位作者来自不同的领域，都具备丰富的营销实操和理论经验，也以不同的形式与抖音有着密切的合作。关于抖音的书市面上有很多，但该书与众不同。该书首先是一本非常好的操作工具书，从视频作品的剧本、拍摄、剪辑到企业抖音号的运营实操都一一做了详解，将逻辑方法、实操都讲得十分透彻。其次该书还是一本战略解读的参考书，为企业如何用抖音带来的大数据去指导和管理从生产到销售的整个流程，都提供了极大的参考。企业的决策层、管理层和执行层，可以从不同的视角来读该书，在抖音这个直面14亿消费者的平台上，找到自己的基业长青之路。

在很多企业家的眼中，抖音是混乱和无序的，事实上，这种"无序"恰恰是社会形态多样化、消费需求碎片化的表现，也是这个高速发展的世界的必然趋势和时代的新机遇所在。

愿这个时代的参与者、该书的读者，都能穿透表面的无序，找到背后的秩序，拥抱更富想象力的未来。

和君咨询高级合伙人、和君咨询新文旅事业部总经理　朱益民
2024 年 6 月

# 序三

## 应需而生的企业抖音

近年来，我们总是能听到"某某媒介时代到来"的声音。的确，相对于大众传播时代，互联网技术的崛起，使得媒介的迭代速度加快。其中，抖音所带来的变化，尤其值得注意。抖音已经不仅仅只是一种广告媒体，同时，它还是一种销售渠道。广告媒体和销售渠道的合二为一，使得抖音的影响力更为强大。抖音直接影响营销 4P 要素中的两个：渠道（Place）和推广（Promotion）。

对于企业而言，渠道和推广是卖货的核心。日活量已超 8 亿的抖音，就像是一个日益崛起的"新世界"，在这个世界中，有其自身的运作规则、内容逻辑和运营机制。作为商业领域的核心主体，企业必须积极面对这种巨变所带来的挑战。过去几年的洗礼，企业营销高管以及一线的营销人员，更是对如何做好视频营销高度关注。然而，当下真正帮助企业做好抖音营销的图书，并不多见。

同样，对于高校的人才培养来说，他们对企业抖音也有着强烈的教学需求。不同于公司新人培训的实操技术教材，高校师生更需要企业营销顶层策略视角的专业教材。综上所述，有关企业抖音方面的图书，可谓是时代所需、企业所需，也是高校所需。

大家手中的这本《企业抖音——从策略到实施》，正是应需而生。该书从企业视角出发，对于抖音这个营销主角，如何策略布局，如何实操执行，全局概览式地进行了解读。通过阅读此书，大家既可以初步建立起对企业抖音运营全面且系统的认知，也可以体会如何贴合企业实操进行落地执行。

从企业视角出发，这是该书的一大特点。西方学者彼得•德鲁克曾说，任何企业都生存于大的经济环境之中，因此规划未来时一定会关注"外部"的变化。企业管理者需要能够不受制于经济周期而让企业自由思考与规划的工具。

只有从企业决策者视角出发，而不仅是从普通消费者或抖音内容小编视角出发，才能看到企业抖音的"真容"，才能系统、完整、深入地理解企业抖音。

从抖音的实践出发，这是该书的另一大特点。俗话说，行知，行知，先行才有知。马克思曾在 100 多年前就有一句名言，直指理论与实践的关系问题："历史的逻辑从哪里开始，理论的逻辑就应该从哪里开始。"这句话非常重要，它告诉我们，历史（实践）逻辑是理论逻辑最为重要的对标物。该书的作者团队，多年来始终聚焦企业抖音一线实践，几年前，本书的两位作者（程然和高广英）就曾出版过《视频直播营销》。

内容贴近读者，这是该书的第三个特点。该书的作者团队，将营销思维应用到本书的写作中。首先，洞察读者对企业抖音领域的各种需求，然后，组织、讨论、设计、撰写和优化调整相关内容。我们在阅读过程中，时不时就可以感受到这一点。借用该书作者的一句话："只有走进消费者的视界，才能做好自己企业的抖音。"该书的内容也有这个特点："只有在写作时，让读者始终'在场'，才能写好一本书。"

总而言之，该书显然不是为了迎合读者"想走捷径，让头脑变聪明"的愿望，也不是那类"内容简单"和"即刻见效"的书，而是在于真心诚意地给读者提供一个深入思考企业抖音的指引。作者团队的理念也有别于他人，他们认为企业做抖音的路途一定是充满荆棘的挑战之路，但同时也是企业必须走的路，别无选择。这毫无疑问是值得赞扬的。

我相信广大的读者朋友们，无论是企业家、营销高管和一线人员，还是高校教师和学生，都可以从该书中汲取实践经验沉淀出的丰硕果实。我们这个时代，正在发生巨变。希望每位读者，都能跟上时代的步伐，一边学习，一边创新，共同成长和进步。

中国传媒大学教授　丁俊杰

2024 年 6 月

# 作者序

## 三个抖音人和一本企业抖音书

纵观史海，互联网每一次新的变革，都会对平凡之辈带来新的超预期机遇，也会对既定强者带来新的颠覆性挑战。当年的QQ如此、淘宝如此、微信如此，抖音的到来，也是如此。

船小好调头，船大呢？好顶浪！两三年过去，自媒体人、行业达人、网红艺人、小团队、小个体在抖音平台百花齐放、各有各的精彩，更有很多产品，已经从所谓的"白牌"产品依靠抖音升级为"抖品牌"，占领了用户心智！但是，更多的大品牌大企业大团队，在抖音平台却是乱了手脚。有的，把抖音当成了播放广告片的地方，希望广告片的播放可以带来品牌提升；有的，把抖音简单理解成了销售渠道，开了直播间，发现没有销量转化，又开始新一轮的质疑；更有的，把抖音平台某一次的偶发客户线索成交，当成了必然现象，认为守株待兔即可大获全胜……

短短几年，见过机敏睿智的青年团队，巧借抖音红利，快速积累原始财富，渡过企业初创阶段，拿着抖音带来的第一桶金，开始了一路高歌的商业征途；也见过知名品牌、行业担当，质疑抖音新起，错失最佳运营良机，遗憾满满，等到仓皇被动应战，团队已丧信心遭受重创，不得不面对业绩曲线下降的现实。

曾亲耳听到年长的领袖型企业家，批评团队尝试抖音平台是在"不务正业"，不过几年时间，却也亲力亲为地站在抖音直播间里，真诚地为用户介绍产品。识实务，快速转向，扎实落地，一方面证明，姜还是老的辣，企业家就是企业家，绝对不和商业利益过不去；一方面也证明，抖音平台的威力，专治

各种不服！

这就是抖音，一个快速崛起的商业平台！

基于咨询职业的敏感性，本书作者之一，常居北京的程然老师很早就敏锐地感受到抖音应该是一个互联网大变革的新兴平台，所以，早在 2019 年程然老师就写作了《从零开始做抖音》，并且该书籍一直在加印。

老同学张建南（笔名：小虎），常居上海，复旦大学明博学社特聘顾问。近年一直在做抖音和新媒体的咨询、培训、科普工作，是业内知名的抖音实操大咖，服务的都是外资企业或国内一线知名企业。

身居上海、北京、广州三地的三个人，聊到企业做抖音，都十分有感。

小虎已经做过超百余场线下培训，线下面对面培训过上万人，多是企业的管理层，以市场部、品牌部的工作人员为主。他的感受是，企业的市场部、品牌部对抖音的认知非常混乱。但是，大家都有非常强烈的学习和了解抖音的兴趣。

程然老师作为资深的咨询行业大师，服务的大都是央企项目、政府项目。说起运营抖音平台，程然老师总会说，项目推进的第一步是，大家先一起统一关于抖音的各种词语。因为经常会发生理解不同、表词达意不同的情况。但是，每个部门都有坚定的、一致的认知：抖音账号一定要开，抖音平台一定要做。

本人从 2019 年开始专注于视频领域，和团队一起经历过抖音内容时代，一条高质量剧情短视频在抖音平台爆了以后达到千万播放量，随便涨粉 10W+ 的惊喜；经历过腰部达人矩阵带货，一夜大爆单后发不出货的尴尬；经历过视频带货，品牌自己做直播进行投放将白牌产品做成霸榜行业 TOP1 的收获。千年商都的广州，身边的各种抖音基地、抖音团队、抖音项目，刺激着神经，有时让人兴奋得手舞足蹈，有时也会让人承受不冷静的代价。

2023 年春，我们三人都感受到了，抖音的发展进入了一个新阶段，企业抖音即将成为新媒体领域的热点和趋势，于是一致决定撰写一本有关企业抖音的图书，也为自己的工作做一个总结，以便在今后进行行业沟通时统一概念。从此，异地写作三人组，便开始了这本书的创作。

创作的过程，比我们三个人计划的时间长了很多，难度更是超预期了很多。

仅书稿的目录，就出了很多稿，三个人的意见总是无法达成一致。这才发现，因为我们三个人面对的客群不同，所在城市的商业调性不同，所经历执行的项目差异太大，所以对于抖音平台的理解认知、运营步骤、运营理念，都有一定的差异。

三个人开了无数次的电话会议，相互进行培训，讲概念，概念讲完了，讲自己的案例，然后再一起分析案例中的利弊规律。意见一致时，在电话会议中，哈哈大笑，传递我们的获得感；意见不一致时，就吵吵闹闹，争执抢话。

三个人统一了思想，感觉可以进行实质的内容创作了，就开始了三地作战的接力棒式码字流水线。现在的书稿内容，只是草稿内容的四分之一。因为草稿码了几十万字后，我们又系统地进行了一次骨架的大调整，去掉了很多冗余，只保留了最精髓的骨架部分，以期减少读者的阅读压力。大段大段地删除内容，虽然心疼，但是，为了阅读体验，手下还是没有留情。

当可以把初稿给到责编时，我们大松了一口气。谁知高兴得太早了。图书的责编一遍又一遍地给我们"挑刺"，需要修改、需要完善的红色标注铺满了书稿。我们的责编有两个身份，一方面，他是我们这本书的责编，要保证出版物的质量；另一方面，他也是这本书的第一个读者，如果他看了都不明白，那么书印出来，读者也不可能明白。仔细看那些刺眼的红色标注，如果是抖音运营方面的小白，还真就没有说透。于是，我们就只有把那些已经在实操中成为肌肉记忆的步骤，一步步拆解细化出来；把那些在大脑中既定的惯性操作思维，一张张刻画显现出来。终于，越来越完善，三个抖音臭皮匠的《企业抖音——从策略到实施》创作完成了！

感谢创作过程中，程然和小虎两位男士的包容、担当和配合；感谢我们的责编一遍又一遍地修改校正；感谢本人所在直播团队小伙子们的支持，小伙子们在一线的实战给了我最好的写作支持；感谢抖音运营的同行们，是所有抖音运营人充盈了抖音平台，让我们能够有更多的想法、更多的创意、更多的实践、更多的收获。抖音成就了大家，大家也成就了抖音！

希望本书能够为更多的企业管理层、企业的市场部和销售部理清抖音平台运营的思路，帮助到每一位工作在一线的市场人。

高广英

2024 年 6 月

在新的媒介环境下，传统的图文形式已不足以传达企业信息和影响用户。视频作为一种集视觉、听觉为一体的内容形式，能够描绘比文字更丰富的细节，也更易引起用户的共鸣。随着新一代的数字原生用户群体不断滋长壮大，视频已经成为主流的信息获取方式和休闲娱乐方式。

企业通过抖音这一热门的短视频平台，进行目标客户群体的精细化打造和产品推广，不仅可以提升企业形象和影响力，也可以直接激发用户的购买行为，实现商业转化。企业如果不能及时适应这一趋势，将丧失宝贵的时机，难以与竞争对手抗衡。

2023 年底到 2024 年初，东方甄选所引发的一系列热点，让企业家看到了网络直播巨大的影响力和商业价值。这个事件，揭示出一个新商业趋势：通过以抖音为代表的平台进行直播和短视频营销，将成为企业营销的主流方式和主战场。

直播产生的效益如此之大，使得企业家们，纷纷去东方甄选取经。很多企业家认为，自己的企业必须要做抖音，无论多难都必须迎难而上，否则自己以及自己的企业将退出商业的历史舞台。于是这些企业家们开始认真思考、布局自己企业的抖音营销。然而，企业做抖音并非仅依靠头部主播和营销机构就能取得成功，更需要企业自身掌握视频营销的精髓。

本书是一部以企业如何做抖音为主题的营销类图书，是作者团队多年来工作经验的成果总结，其内容并非仅停留在抖音操作技巧层面，而是着眼于企业如何将抖音融入整体营销策略，并形成一套可复制、可执行的系统方法论，是三位作者 20 多年来在营销领域，特别是近 10 年来在视频营销领域的探索和实践，时值经济环境变迁、企业需要转型升级的关键阶段，希望本书可以帮助读者（企业管理者、市场部负责人）建立完整的企业抖音运营视角，并根据不

同角色的职责和需求提供针对性的指导，从而助力企业的创新与发展。

企业抖音伴随着抖音的发展，其实操步骤和方法论的总结已逐渐成型，可供不同领域的企业学习和借鉴。三位身处国内不同区域的作者，凭借服务不同行业、不同发展阶段企业的经历，汲取了诸多优秀企业进行抖音营销的实践经验，旨在帮助想通过短视频营销促使企业转型升级的企业家们，获得赢家之道。

由于企业抖音发展迅速，加之本书作者团队水平有限，编写时间仓促，书中难免有不足之处，欢迎各位读者不吝赐教。

编　者

2024 年 2 月

# 目　录

# 绪论

有一种论调说，企业只需要做好产品，把营销权交给头部主播和营销机构来做就好。对于企业来说，这种论调就像是在计算机刚刚兴起时，让企业把使用计算机这类"专业"工作，交给专业机构来做。显而易见，这种论调是荒谬的。

无论何种营销方式，都只是企业进行宣传推广的工具而已，企业必须掌握使用这种工具的能力。如果企业放弃这种能力的建设，那么企业必然丧失未来发展的竞争力。相信绝大多数企业都不会做出这种选择。

企业做抖音的路途一定是充满荆棘的挑战之路。只是，这是企业必须走的路，别无选择。在此，有三个小建议，提供给各位读者。

（1）企业抖音是一座难度超出你想象的峻险奇峰，请做好心理准备。企业抖音运营的复杂度和变化度，远超以往的各类营销形态。只要投入资金和人力就能把企业抖音做好的想法，一定会遭遇极大的挫败。

（2）只有走进消费者的视界，才能做好自己企业的抖音。每个人都看抖音，但都只看了自己视界的抖音。如果只从自己的视界出发做企业抖音，是走不进消费者的视界的。这样做出来的企业抖音，只是企业自己自嗨的抖音。

（3）抖音是新视界的起点，未来的营销其变化会越来越大，越来越快。抖音赖以成功的大数据、算法推荐，只是视频营销起点阶段的新技术。虚拟现实、增强现实等新技术，即将进入商业化成熟阶段，并将全面融入营销应用领域。未来的视频营销，必将越来越好玩、越来越激烈。

因此，本书的编写目的便是帮助读者建立企业抖音运营视角的脑图，在抖音运营脑图的指引下，有章法、有步骤、有节奏、有重点地进行企业抖音运营。

## 一、为什么要先建立企业抖音运营视角的脑图？

### 场景一

抖音很重要，同行某某，据说在抖音上已经做得很好了，行政部赶快买摄像

机、买灯、买设备，人事部赶快招人，从今天起，咱们要追赶上，开始做抖音！

场景二

抖音账号要形成矩阵，越多越好，从明天开始，全公司各个部门都要做抖音，每个部门至少做一个账号，各部门把这个任务传达下去并落实。

场景三

抖音的剪辑很简单，公司行政部的两个人在前台没事儿，顺便帮公司把抖音剪辑做了，每天发几条就行。

以上场景都是真实发生过的，是一线城市中大型知名企业甲级写字楼里公司高管会议中的场景再现。

企业抖音是一把手工程，如果一把手对于企业抖音的了解和认知，是碎片化的、零散的，那么决策层下达的指令就会不完整、偏颇，到执行层面，必定会产生动作变形。

企业抖音是企业营销工作的系统工程，想要做好企业抖音，利用好视频营销渠道，除了软件和硬件之外，还需专业的团队，需要产品和销售部门的全力协作。这其中，每项工作都是一长串细节；每一项工作又都相互衔接、相互影响。

对于企业管理者、企业负责营销推广的负责人、企业抖音的操盘者，以及对企业决策有影响力的人群，必须建立相对完整、全面、系统的企业抖音认知，即形成"企业抖音运营视角的脑图"，这也是本书编写的中心主旨！

企业抖音运营视角的脑图有两大板块：策略阶段和实施阶段，分别有其各自的工作内容，并且具有较强的顺序关系，如图0-1所示。

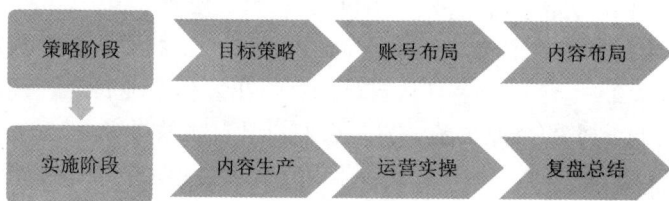

图 0-1 企业抖音运营视角的脑图

所以，建议和希望所有的读者，都能通读本书，并通过本书，建立对于企业抖音认知的系统架构和思考的系统框架。

二、如何借助本书有章法、有步骤、有节奏、有重点地进行企业抖音运营？

每一个独立个体在企业中的角色定位都不相同，具体到每个项目中承担的职责和任务也就不同。全书共分为六个核心部分：目标策略、账号布局、内容体系、内容生产、运营推广以及复盘改进。按照企业中的职权分工，每一个独立个体，对于本书的阅读重点和阅读目标，都不尽相同，具体情况如下：

### 1. 企业的最高决策团队

一般是公司的董事长、总经理等，主要承担的工作职责是制定企业战略，进行企业的重大方向性决策。

本书的阅读重点是目标策略和复盘改进部分。

企业抖音运营的目标是和整个企业的经营目标相符的。企业的最高决策团队把握着企业经营的命脉，对于企业的整体经营目标非常清晰，站在企业顶层设计的制高处，才能制订出与企业整体运营相符的抖音运营的目标策略。

企业最高决策团队对于执行的过程没有办法进行完整监控，但是一定要对企业抖音运营进行阶段性的复盘。必须了解复盘改进环节中的关键指标，以及各个指标相互之间的关联度，才能客观理性地评价执行团队呈现的工作报表是优秀、及格还是有问题需要彻底调整，而不是被工作报表中的数字烟雾弹所迷惑。

在目标策略部分，本书将指导企业确立抖音营销的整体目标，制定合理的策略规划，明确重点方向，为后续运营奠定基础。本书最后的复盘改进环节，将指导企业建立反馈机制，总结经验教训，持续优化抖音营销战略，实现不断进步。这两部分，建议企业的最高决策团队作为阅读重点。

### 2.企业的中层管理团队

一般是公司的市场部负责人、市场部总监、推广负责人等，主要承担的工作职责是进行公司重点项目的分解、跟进，以及重点环节实施、过程监控等，是上传下达的角色。

本书的阅读重点是账号布局和内容体系部分。

账号布局和内容体系的设计，会牵扯到工作量、工作难度，并涉及公司内外需要的资源，公司内外部的工作协调。

作为公司的中层管理团队，只有清楚了解并参与账号布局和内容体系的设计，才能清楚企业抖音项目的工作总量，才能做好动作分解，做好相关资源分配、资源调度，预知重难点环节，亲力亲为参与重难点的实施，起到承上启下的作用。

账号布局部分着重介绍了企业抖音账号的建立和优化，包括账号类型选择、账号命名、头像设计等内容，为企业打造专业形象做好准备。内容体系是抖音运营的核心所在，本书将详细解析内容策略制定、内容主题确立、内容形式选择等关键点，并给出相应的优化建议，助力企业构建高质量的内容矩阵。

### 3. 企业的基层执行团队

一般是企业抖音团队的负责人，以及企业抖音团队的所有执行人员，主要承担的工作职责是确保抖音项目按照企业预设的目标，完整执行、全面呈现，是落地执行的角色。

本书的阅读重点是内容生产和运营推广。

企业抖音的执行团队作为具体的实施团队，必须了解内容生产的环节步骤、运营推广的关键技巧等，才能最终进行项目的落地执行。

内容生产部分涉及视频拍摄、剪辑技巧、直播操作等实践技能，为高水准内容生产提供技术支持。运营推广是内容产出后的重要一环，本书将介绍流量获取、数据分析、营销手段等实用方法，帮助企业建立高效的内容生产路径和方法。

将以上不同角色的阅读重点进行梳理，见表0-1。

表 0-1　不同角色的阅读重点

| 企业角色 | 企业中承担的责权 | 本书阅读重点 |
| --- | --- | --- |
| 企业的最高决策团队 | 制定企业战略，进行方向决策 | 目标策略、复盘改进 |
| 企业的中层管理团队 | 进行项目分解、跟进，重点环节实施，过程监控 | 账号布局、内容体系 |
| 企业的基层执行团队 | 进行项目的落地执行，为最终的结果负责 | 内容生产、运营推广 |

备注：以上只是说明阅读重点，并不意味其他章节可以略过，如第一点提到的，通读全书，建立对于企业抖音认知的系统架构、思考的系统框架，是第一步，也是非常重要的一步。

## 三、一本书不可能解决抖音的所有事情

要不要专门讲讲企业抖音短视频剪辑的心得？

要不要专门讲讲企业视频拍摄的误区？

要不要专门讲讲抖音投放推广的"手感"？

这些都是作者团队在撰写本书过程中，多次讨论、多次纠结的点，也是部分读者非常关心的问题。

抖音执行团队中的专业性岗位人员，会有特定的阅读偏向；阅读者对抖音的使用习惯和偏爱，会导致大家关心的话题和角度有所不同；作者团队本身，也会在某个熟悉领域里，因为个人经验产生一些所谓的速成秘诀和避坑秘籍，这些都是本书无法顾及的。

考虑到本书的定位，是企业抖音从战略策略到落地执行的全流程梳理，本书的主旨是帮助企业管理者、市场部负责人，建立企业抖音运营视角的脑图，在抖音运营脑图的指引下，有章法、有步骤、有节奏、有重点地进行企业抖音运营，因此，为了保证书籍主干的清晰流畅，本书没有过多地讲解操作层面的技巧。

通过本书的阅读，相信读者可以全面掌握企业抖音运营的方法论，提升营销效率，为企业创造价值。但是，一本书不可能解决抖音所有的事情，比如，涉及一些硬件设备使用、软性运营细节操作、手把手教程之类的内容，书中所讲并不详细。在拍摄、剪辑、直播、投放、场控等执行层面，力求专业追求的读者，可以再找更多的资源进行知识补充，也可以和作者团队有进一步的互动。衷心希望，本书能够成为企业抖音运营的重要参考，让大家的阅读，读有所获。

# 第1章

# 抖音：驱动媒体和营销的创新升级

## 1.1 媒体与信息的演变与挑战

### 1.1.1 媒体形式的历史变迁

#### 1. 过往历史

在过去的岁月里，人类传播信息的工具和渠道发生了革命性的变化。最初，人们使用口口相传的方式传递信息。公元前1000年，书籍出现了；公元1650年，第一份日报出版；20世纪20年代，广播和电视开始普及；20世纪70年代，互联网诞生。这些变化极大地提高了传播的效率和数量，使发送者和接收者之间建立起更高效的连接。

回顾由古至今的传播形式，我们可以看到，无论形式如何变化，传播的内容必须符合高密度、有趣、有价值的标准才能流传更久。如果内容不符合这些标准，就会随着时间的流逝而快速消失，甚至无法传播开来。例如，许多书籍由于内容雷同、重复、价值密度不够而无法持续售卖，它们无法引起目标人群的兴趣，也就无法产生商业价值。

以电视剧为例，由于是按照每一集多少售价来进行销售，因此部分制作方会在内容上进行注水，扩充内容，延长播放时间，凑足规定的总集数。这导致观众在观看电视时感到内容拖沓冗长。这种流量效率并不高，观众在看电视时还会做其他事情，并不会沉陷在电视剧的内容情节里。

互联网虽然出现得比较晚，但它的传播速度和效率与之前相比，都是指数级的增加。由于快速精准的互联互通，再加上机器算力和机器推送的新技术，导致信息的传播速度与数量急剧上升。

#### 2. 现代媒体

现在，随着媒体形式的变化，政府开始使用融媒体的形式将所有的相关媒体信

息合并在一起，并主要集中在短视频上。这导致传统媒体形式的广告，其收入急剧减少。

尽管有短视频平台，但融媒体机构仍然不放弃传统的报纸、广播、电视、书籍等发布渠道。这些渠道具有特殊价值：例如，官方报纸具有权威性、标准流程化、模块化系统以及更严肃的信任背书。

传统媒体形式和互联网内容对短视频也产生了极大影响。人们仍然需要官方发布的内容来获得可靠的信任度，而传统媒体渠道或互联网传统内容也可以通过深加工改编成视频形式，在视频平台上进行传播。

在抖音上，不仅可以看到娱乐性内容，还可以看到民生服务类内容以及各种企业发布的信息。包括消费品、工程机械、化工、印刷、电子、物流等行业企业以及贸易型和服务业企业都可以在抖音上发布信息并接收市场信息。

### 1.1.2 前沿媒体的数据分析

**1. 百度指数的提示**

通过百度指数的搜索和分析，我们可以看到抖音、快手、微信、新浪微博和小红书这五个重要社交媒体在过去11年的走势。百度指数数据量大，时间跨度长，可以得出结论：抖音已经领先于其他几个社交媒体平台。

抖音的崛起加上马太效应使得其他短视频平台变化更加明显。领先平台会逐渐越来越领先，而落后平台会越来越落后。

观众的精力是有限的，因此关注信息的时间也是有限的。由于社会总流量是固定的，因此，当一个社交媒体平台崛起时，其他平台总流量就会下降。这是一种零和游戏，各个平台都在争取目标人群的注意力和时间以获得更多商业收益。

2021年11月，抖音的百度指数超过了微信并开始大幅提升，而其他几个社交媒体平台开始逐渐下滑。这个指数的起伏走向完全受到民间普通用户的影响，也反映了几个主要App之间的竞争。目前来看，短视频平台明显优于以文字和长视频为主的平台。

**2. 新平台新商机**

从现在的情况看，抖音仍有成长空间。从企业注册蓝V的数量上可以看出，还有许多企业尚未进入抖音平台。

企业可以通过抖音平台降低运营成本，并将企业信息、需求和供给都嫁接在抖音平台上。这是一个非常好的黄金时期，对企业来说是一个巨大的商机。

### 1.1.3 抖音是媒体发展的前沿代表

随着信息技术的发展，信息的表现形式也在不断演变。从最初的文字，到图片、声音、影像，再到虚拟现实。

虚拟现实把字图、声音、影像和虚拟情景捆绑在一起，作为人们所能看到的终极表达方式。虚拟现实可以节约成本，相比实体店面，它的成本更低，效率更高，实时性更好。但是，无论互联网技术发展到何种程度，这些方式方法都不能解决实体店面的服务或产品的陈列、展示问题。因为对人类五种感知能力来说，视和听可以嫁接在互联网平台上，但嗅觉、触觉和味觉必须在实体店面体验。

在抖音上仍然可以看到以文字为内容的表达形式，虽然它是以视频形式出现，但从视觉上看，它依然是以字或图来表达，并且由于具有内容干练、表达信息精准等特点使得这些传统的表达形式并没有被时代完全抛弃。

人类有五种感官：视、听、嗅、味、触。这五种感官对人们非常重要，能够帮助人们认识世界、理解周围环境、了解自己身体并满足需求。

企业应当灵活使用不同表达形式以满足目标人群的五种感知需求。这些表达形式包括文字、图片、声音、影像和虚拟现实。它们之间应相互配合而不是相互排斥。使用这些表达形式可以让企业节约成本、传播高效、创造更优价值并提高效率，但企业使用这些表达方式时应避免厚此薄彼。

### 1.1.4　信息量增长导致内容模式不断迭代

#### 1. 信息量急剧上升带来的科技创新

近年来，信息量以惊人的速度增长。研究显示，20世纪的信息量是前2000年的总和，而最近的20年又是前100年的翻倍。由于人们的表达欲望非常强烈，导致人们纷纷向外输出信息，信息产生的速度越来越快但人们接收信息的能力却是有限的，结果流量成本变得很高。

因此，人们开始思考如何在接收的有限信息中有效地获取重要知识。为了解决这一问题，出现了各种高效的信息筛选和管理技术。这些技术能够帮助人们在短时间内识别和获取重要信息，同时减少不必要的信息干扰。例如，大数据分析和云计算技术的发展，使得人们能够更加灵活地存储、处理和分析大规模数据集，从而快速获得洞察力。

此外，个性化推荐系统的兴起也极大地提升了信息获取的效率。通过分析用户的历史行为和偏好，这些系统能够向用户推荐他们可能感兴趣的内容，从而节省了用户在信息海洋中漫无目的搜索的时间。

总的来说，这些技术的发展不仅加速了知识的传播和创新，也极大地提高了个人和组织处理信息的能力。这些技术正在逐步改变人们的学习、工作和生活方式，引领人们进入一个更加智能和高效的未来。

#### 2. 媒体平台因信息量激增而产生模式变化

互联网时代，信息从匮乏到爆炸再到过载。每个人每天接收的信息已超出自身承载能力，出现冗余信息，如垃圾邮件、垃圾广告等。

在信息匮乏时代，可以通过内容分类方式呈现信息。例如，纸质黄页可以通过

主分类和次分类进行快速查询以满足观众需求。网络时代出现了门户网站和垂直网站，它们在首页分类列出信息入口，方便人们快速查找自己想要获得的信息。

随着信息巨量出现和内容分类更加细致呈现，信息爆炸现象出现了。单个门户网站或垂直网站内容急剧上升；观众无法承受这些数量和种类众多的内容。同时，报纸、电视、广播、杂志等传统媒体也争抢有限的流量，导致人们无法精准获得想要的内容。

以国内百度为代表的、自身不产生内容的纯搜索型网站，通过蜘蛛网爬虫模式全网搜索，再进行预处理信息，从而方便搜索者快速找到自己想要的内容。与此同时，各门户网站和垂直网站，建立站内搜索功能，以避免流量外移和信息泄露。

各种搜索引擎，节约了人们时间，提高了信息精准匹配的效率。但是，由于每个网站都有自己的搜索机制标准，导致搜索结果的展现按照固定的机制千人一面，加上搜索机制不断受到商业化影响，从而使得搜索结果变成了平台方想让搜索者看到的内容，而不一定是搜索者最需要的、最喜欢的内容。

随着搜索引擎发展、信息爆炸时代到来，人们开始无法承受信息过载带来的困惑，甚至出现前十页搜索页面都无法找到相关信息的现象。类似抖音这种算法加推送的模式应运而生，用以解决千人千面的信息匹配。

今日头条以新闻文字加图片方式，向注册用户推送目标人群喜欢的内容；而抖音则以短视频形式，向目标人群推送合适内容。这种机器算法机器分发模式（"机器算法"指的是通过人工智能技术进行内容推荐，而"机器分发模式"则是基于用户行为的个性化内容分发）大大降低了人工审核及人工分发模式（"人工分发模式"是指内容的推荐和分发主要依靠人工编辑或运营团队的决策，而非算法自动化处理）成本，而且由于算法具有不需要休息、不受情绪控制和情绪干扰的特点，因此可以达到比较精准的状态。

传统的门户网站也感受到了这种信息分配模式的优势，逐渐向这种分配模式转移。这些掌握巨量算法、算法快速迭代、具有先发优势特点的社交媒体，在马太效应中占据了上风，即头部优势领先者持续扩大自己的领先地位，而跟随者则逐渐与优势平台拉大差距并逐渐消失在人们的视野中。

# 1.2　媒体变革与营销创新

## 1.2.1　传统营销模式与媒体的关系

传统营销模式具有中心化特征。传统营销包括4P，即产品、渠道、价格和促销。在渠道方面，通过分销商和经销商作为代理，用他们的力量触达终端用户；

促销包括广告、公关和销售。这一系列理论和运营都具有中心化特征（"中心化特征"指的是所有重要的信息和资源，比如通知、文件、货物和资金，都是通过一个集中的系统来管理和分配的）。

在进入互联网初级阶段（包括Web 1.0和Web 2.0）后，依然有许多生产商、贸易商采用传统营销方式。传统营销方式包括纸媒广告、电视广告及PC互联网广告。纸媒广告形式以报纸和杂志为主；电视广告中心化特征极度明显；PC互联网广告会出现在许多门户网站首页或专业分类里，甚至也包含在搜索引擎中。

2007年后，移动互联网快速发展，以信息流、社交、短视频为主的广告形式出现。移动互联网带来了营销的革命性变化，数字营销应运而生，去中心化特征越来越明显。生产厂家不仅使用传统的4P理论，在具体触达方面还使用门店、电商、小程序等完全不同于之前的分销和经销模式。

在这种新的营销模式中，厂家越过分销商、经销商，将信息直接触达最终用户，并通过第三方供应链或自有供应链系统为目标人群服务，从而使得服务成本快速下降；供应链通过中心配送模式也降低了物流成本。

在新的营销模式中，中心配送模式起到了关键作用。这种模式通过集中管理和优化物流过程，使得产品能够更高效地从生产厂家直接运送到消费者手中。这不仅减少了中间环节，降低了成本，还加快了产品的流通速度，提高了顾客满意度。中心配送模式的实施，是数字营销革命中一个重要的里程碑，它标志着企业运营从传统中心化向现代化、智能化的转变。

### 1.2.2　新型媒体传播形式的根本创新

奥美广告创始人大卫·奥格威曾在自己的书《一个广告人的自白》中写道："我知道一半广告费是浪费的，但我不知道哪一半是浪费了。"这句话非常有名，原因主要在于传统广告如户外广告牌虽然可见，但并不总能吸引过往人群的注意。

信息论创始人香农认为：确定的叫信息，不确定的是熵。香农认为，一旦广告内容被明确，无论是正面还是负面的反应，都构成了有价值的信息，抖音短视频的内容传播更加有效，其原因是在将信息不断推送给目标人群时，目标人群会用不同反应来证实自己对推送内容是喜欢还是不喜欢。反复测试后就会出现定论，那么之前所有的推送都是有价值的。

### 1.2.3　营销模式的代际差异

#### 1. 传统营销模式

传统营销模式是一种有效的商业模式，使企业能够通过创造有效营销活动达到目标市场目的。这种模式由三个阶段组成：吸引、培育和成交，如图1-1所示。

图 1-1  传统营销模式

首先，吸引是传统营销模式的第一步。这一阶段的目的是吸引潜在客户的注意力，以便将其转化为实际客户。企业通常采取各种营销策略，如广告、宣传、活动等，达到吸引客户注意力、拉动销售的目的。

其次，培育是传统营销模式的第二步。它的目的是建立与客户之间的关系，以便让客户更加了解企业的产品和服务，并与企业建立良好关系。企业通常采取各种措施，如建立客户关系管理系统、组织客户活动、发送定期邮件、建立社交媒体账号等，以便与客户建立良好的关系。

最后，成交是传统营销模式的第三步。它的目的是促使客户购买企业的产品和服务。企业通常采取各种措施，如提供优惠、发行优惠券、提供客户服务等，促使客户购买企业的产品和服务。

综上所述，企业可以采取各种营销措施，如广告、宣传、活动、客户关系管理系统、社交媒体、优惠券等达到拉动销售的目的。只有通过有效营销活动，企业才能实现市场目标，从而获得营销成功。

### 2. 企业抖音营销模式

企业抖音营销模式的流程是以视频制作为主，等待目标客户反向联系（如私信和电话），通过落地页（落地页是指用户通过点击广告或营销内容后所到达的网页，该页面通常包含产品或服务的详细信息，并引导用户进行下一步操作，如填写信息、注册、购买等，以实现最终的转化目标。它是连接潜在客户与企业的重要环节，旨在提高转化率和优化用户体验）进行连接然后成交。企业抖音的特点是能够大幅度节省时间、金钱和精力，并且可以在过程和结果中，进行考核、量化、监督。这种模式由三个阶段组成：视频素材制作、精准投放和直接成交/客户反向联系，如图1-2所示。

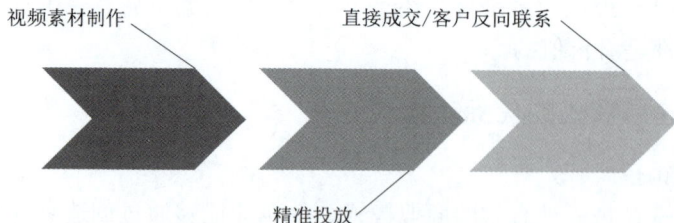

图 1-2  企业抖音营销模式

首先，企业抖音的运营团队根据自身的运营目标进行相应的视频素材制作。在制作视频时，不仅要突出企业的独特性，还要紧密结合抖音平台运营的核心目标，确保两者之间的高度融合。这样的策略将有助于提升视频的影响力和传播效果。这部分内容将在后续的章节中做详细介绍。

其次，抖音平台会把企业制作的视频，精准投放到企业所对应的目标人群中，这种方式的推送不受地域限制也不受人群教育程度限制，抖音平台将通过分析企业的身份画像和视频内容中的相关标签来实现视频的精准定位，并向目标市场中的对标人群进行推送。

最后，企业将直接形成和目标用户的交易，或者在引发目标用户兴趣后，促使目标用户反向联系企业，留下自己的有效联系信息，最终实现营销目标。

企业抖音营销模式所具有的优势是传统营销模式无法比拟的。

## 1.2.4 基于视频平台的 IDAS 消费阶段模型

随着新型视频平台的兴起和大数据技术的进步，传统的消费者行为模式逐渐暴露出其局限性。为了更好地理解和引导消费者在视频平台上的行为，我们需要一种更加贴合实际、更具可操作性的消费者行为模型。

IDAS 模型是基于新型视频平台，如抖音，而提出的消费者行为模型。它将消费者在视频平台上的行为过程划分为四个阶段：Interest（兴趣）、Decision（决策）、Action（行动）和 Share（分享）。

兴趣阶段：消费者被视频内容吸引，产生好奇心和探索欲望。

决策阶段：消费者通过视频内容获取更深入的产品信息，并进行评估和比较，逐渐形成购买意愿。

行动阶段：消费者通过视频平台提供的便捷途径完成购买，并体验产品或服务。

分享阶段：消费者将使用体验和感受分享到平台，影响其他潜在消费者。

IDAS 模型揭示了视频平台独特的消费者行为模式，为企业提供了精准的内容营销策略指导，帮助企业根据不同阶段的用户需求，进行针对性的内容创作和传播，从而提升用户转化率和品牌影响力。

### 1. 传统消费者行为模式的局限性

传统的消费者行为模式，往往存在以下问题：

（1）理论与实践脱节：缺乏数据支撑，难以验证其有效性。

（2）行为过程割裂：难以对消费者在不同场景和时间的行为进行连贯分析。

（3）模型过于复杂或简单：要么难以应用，要么忽略了重要的细节。

这些问题导致传统营销模式无法有效指导企业在视频平台上的内容营销策略。

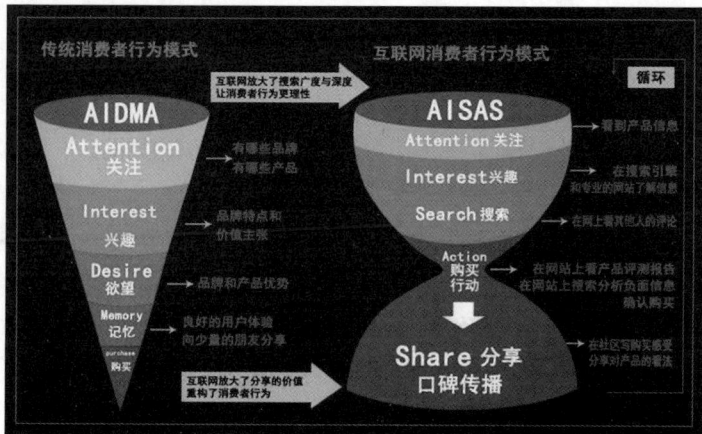

### 2. IDAS 模型的优势

IDAS 模型具有以下优势：

（1）贴合度高：基于视频平台的实际消费行为，更符合用户行为习惯。

（2）可操作性强：可以指导企业制定精准的内容营销策略。

（3）适应性广：适用于不同行业和场景。

### 3. IDAS 模型的应用

IDAS 模型可以指导企业在视频平台上进行精准的内容营销，针对不同阶段的消费者需求，提供不同的内容和服务，从而提高转化率和用户黏性。

兴趣阶段：制作吸引眼球的视频内容，引发用户兴趣。

决策阶段：提供详细的产品信息和用户评价，帮助用户决策。

行动阶段：提供便捷的购买方式和优质的售后服务。

分享阶段：鼓励用户分享使用体验，扩大品牌影响力。

### 4. IDAS 模型的意义

IDAS 模型的提出，标志着消费者行为研究进入了一个新的阶段。它为企业在视频平台上的内容营销提供了理论指导，帮助企业更好地理解和满足消费者需求，实现营销目标。

## 1.2.5　社交媒体中的规律特征

### 1. 社交媒体中的强关系

在人际关系中，强弱关系是依据互动频率、情感力量、亲密程度和互惠交换四个维度进行判断。当互动频率高时，情感力量就会偏强，亲密程度就会更高，互惠交换价值也就更大。这种情况属于强关系，容易产生更亲密关系。例如，日常生活中的同学、同事、亲人以及网络状态下的微信朋友圈、微信群、一对一交流都属于偏向强关系的交流。其优点是了解程度比外界高，知根知底，双方优点缺点都了解。

　　微信可以说是强关系的一种典型代表，在朋友圈、微信群以及一对一互动中，微信都保持着强关系的极度明显特征。以此生发出来的微信群聊天以及在微信群和朋友圈中，微商通过强关系网络推广产品，同时一些公司也利用这个渠道进行大规模的市场推广和宣传。这种方式虽然能够迅速传播，但其影响力通常局限于微商个人的社交圈。

　　强关系资源具有显著同质化特征。当人们用强关系产生链接并处在封闭状态下时，就会出现资源快速耗尽、资源匮乏以及扩张困难的情形。例如微商使用朋友圈营销，企业使用微商渠道进行朋友圈营销，他们的影响力仅存在于某个微商或个人的朋友圈范围，这与他们通讯录人数及自己朋友圈可见人数有极大关系。

　　利用强关系资源进行营销，当出现低质量产品、低劣的营销材料（素材）使得内容营销无法让受众接受时，就会出现单向关闭朋友圈现象，从而断绝了强关系产生通道，这种现象比比皆是，在过去十年中微商从火热变得逐渐冷却原因正因如此。

### 2. 社交媒体中的弱关系

　　弱关系则相反，其互动频率低甚至未曾互动过，情感力量低，没有任何联系也不存在强烈情感需求，亲密程度低，更谈不上互惠交换价值。

　　弱关系可以快速清洗并重新配对信息，以便在整个平台中寻找更多合适人员作为受众人群，这比一对一式或微信模式的封闭流量，其长期性和持久性要强很多。

### 3. 社交媒体强弱关系的组合使用

　　强关系和弱关系各有所长，可以组合使用。用公域开放式弱关系作为引流手段与封闭式、私域式流量进行组合。通过这种组合，企业能够利用开放式弱关系引入新的潜在客户，同时通过私域流量的深度互动，增强与现有客户的联系。这种双向策略有助于企业在抖音等社交平台上构建更加全面和持久的市场影响力。社交媒体强弱关系的组合使用并非简单地将两者割裂开来，而是需要根据企业营销的最终目标，在每一步都进行精心设计，将公域开放式弱关系与封闭式私域流量有机结合，实现流量的有效转化和客户关系的深度运营。这种策略允许企业在保持现有客户群的同时，不断探索新的市场机会，从而实现持续的增长和扩张。由于抖音突飞猛进地发展，不仅出现了粉丝群这样的私域工具，甚至还可以在这些平台上直接完成交易。这些工具提供了一个私密的空间，让企业能够与粉丝建立更紧密的联系，并促进产品或服务的销售。

　　强关系和弱关系之间并非竞争关系或排斥关系，而是具有互补性，并且随着时间的流逝也会出现审美疲劳，当人们对弱关系感到厌倦后会逐渐向强关系迁移，然后再随着时间的流逝而出现弱关系再度增强这样一种周期规律。

### 1.2.6　社交媒体变化的六个特征

社交媒体变化所具有的六个特征，如图1-3所示。

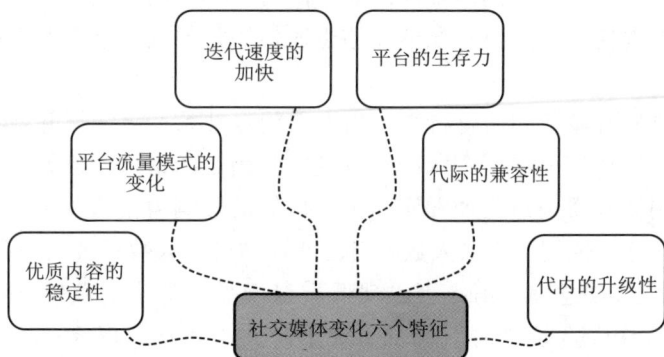

图 1-3　社交媒体变化的六个特征

**1. 优质内容的稳定性**

优质内容具有稳定性，即它可以在不同的媒体平台上流传，而不受表达形式和媒体传播形式的限制。这对企业有利，因为它可以让企业以多种形式、多个渠道进行内容营销。例如，可口可乐的"分享一瓶可乐"活动，就是在多个社交媒体平台上进行推广，从而吸引了消费者的参与和互动。

**2. 平台流量模式的变化**

随着平台模式的不断迭代，流量的分布和获取方式也会发生变化。信息量的密度越来越高，每一次迭代进步都会比上一代在内容的丰富度和多样性上有所提升。这要求企业要灵活地调整自己的内容策略，以适应不同平台的流量规律。例如，抖音和快手的短视频平台，就是在信息密度高的情况下，通过创新的内容形式和算法，吸引了大量的用户和流量。

**3. 迭代速度的加快**

社交媒体的迭代速度也在加快，以适应市场的需求和竞争。这意味着企业要时刻关注社交媒体的发展趋势和变化，以免落后于时代。例如，微信小程序，就是在社交媒体的迭代中，为用户提供了更便捷的服务和体验，同时也为企业提供了更多的商业机会。

**4. 平台的生存力**

社交媒体都有自己的生存力，即使在新的平台出现后，也不会轻易消失。这说明，每个平台都有自己的核心用户群和核心价值，只要能够保持自己的特色和优势，就能够在社交媒体的生态中占有一席之地。例如，新浪微博，虽然面临着微信、抖音等平台的竞争，但仍然是一个重要的舆论场和信息源，拥有大量的影响力和忠实的用户。

### 5. 代际的兼容性

新一代的社交媒体平台，往往可以兼容上一代所拥有的各种功能类别，从而满足不同用户的需求和偏好。这使得新的平台可以更容易吸引和留住用户，同时也为用户提供了更多的选择和可能性。例如，照片墙（Instagram）就是一个兼容了图片、视频、直播、短信等多种功能的社交媒体平台，让用户可以在一个平台上完成多种社交行为。

### 6. 代内的升级性

社交媒体也呈现出规律性，其中也包括内容的升级。即，每一代的社交媒体平台，都会在内容的形式、质量、效果等方面，进行升级和优化，以提高用户的满意度和忠诚度。例如，知乎，从一个问答社区，扩展到了视频、直播、电子书、圆桌、严选等多种内容形式，打造了一个知识共享的平台。

## 1.3　抖音在新媒体营销中的重要作用

### 1.3.1　以抖音为代表的"算法+推送"传播模式成为主流

#### 1. 从"中心扩散"向"算法推送"的传播模式转变

从表1-1的对比当中，可以清晰地看到媒体传播变化下对于营销格局的影响。

表 1-1　媒体传播变化下的营销格局

| 项目 | 中心扩散式 | 算法推送式 | 备注 |
|---|---|---|---|
| 明星流量 | 80%（特指影视明星公众人物） | 20%（传统明星） | 帕累托原则 |
| 群众流量 | 20%（个人网红） | 80%（海量群众及传统个人网红） | 帕累托原则 |
| 内容形式 | 影视剧、综艺节目 | 个人表演、场景短剧 | 参考优质内容和形式 |
| | 新闻播报、硬广告…… | 口播、日常…… | 提高内容效度和密度 |
| 内容成本 | 高成本、大制作 | 普遍低成本 | 以低成本形式 |
| | 明星阵容、数量极限、…… | 海量产出 | 学习优质内容和创意 |
| 受众人群 | 管理者向被管理者 | 被管理者及管理者都向被管理者 | 信息茧房的灵活运用 |
| 风险 | 精准被控制 | 边界模糊 | 监管加强中 |
| 平台代表 | 电视台、电影院、电台、…… | 抖音、今日头条、快手、…… | 基于技术发展的新平台 |
| 理论基础 | 大卫·麦肯兹·奥格威 | 克劳德·艾尔伍德·香农 | 广告学与信息学结合 |

## 2. 媒体"抖音化"的转型趋势

随着算法推送模式的传播，传统媒体需要做出转型，迎接新时代的到来。为了传递重要信息，需要采用人性化语言和受众喜闻乐见的表达形式。因此，传统媒体纷纷重新整合媒体资源，将电视台、报纸、广播台以及PC互联网端和移动互联网端各种平台进行有机组合、优化。

新时代的传播模式是算法+推送，主要靠机器执行，这使得企业的经营成本大大降低。明星流量因各种原因所获得的流量比例严重下降，电视、电影明星在抖音短视频平台上的优待程度也远不如以前的传统媒体时代。

海量人群涌向抖音平台，既扮演观众角色，也扮演内容发送者、制造者。这种明星流量和群众流量的相互切换，使得传统明星无所适从。在海量群众中，优质账号和极个别优质内容视频获得了远超以往的播放量，激发了内容制作者和发售者的热情，推动平台向平民化发展。抖音平台个人口播、表演以及场景短剧等内容每天大量产生，通过平台算法推送，让优质内容视频快速胜出。

抖音、今日头条、快手和微信等平台利用机器算法+推送的传播模式改变了传统的中心扩散式信息传递方式。其优点是拍摄成本低，不需要大制作和专业设备；算法公平，通过选优机制，将普通群众拍摄的视频推送到流量高地，让每个微小声音都能变成巨大喇叭向所有人播放内容。

这种传播模式的理论基础是帕累托原理和信息熵原理。平台不断通过推送和探测受众反应来了解内容的优劣和适用性，进而复制创意并迁移，从而灵活应用于不同行业，最后通过获得流量市场空间并放大声音而获得更多商业利益。

## 1.3.2　抖音拥有卓越的获客渠道能力

市场上的获客渠道各有优劣，传统方式需要付费，投资渠道需要资金，社交渠道需要人际关系，内容渠道需要时间。这些渠道都有不同的成本和效果，而且会随着市场变化而变化。

随着社交媒体的快速发展，新媒体营销已经成为企业获客的重要途径。抖音作为一款热门的新媒体营销应用，在新媒体营销领域中扮演着重要角色。抖音拥有超过8亿的用户量，能够帮助企业快速推广产品，提高销量并吸引更多客户。

抖音拥有庞大的用户群体，涵盖了不同年龄段和兴趣爱好的人群。这使得企业能够根据用户特征制定针对性的营销策略，更有效地推广产品。

抖音提供了丰富的视频内容，不仅能够帮助企业提升产品知名度，还能有效传播品牌理念。企业可以通过分享产品视频来吸引更多用户，从而提高知名度。

抖音还提供了多种互动功能，企业可以利用这些功能与用户建立联系并进行互动，让用户更深入地了解企业，进一步提升企业的品牌知名度。

总之，抖音在新媒体营销中扮演着重要角色。它能够帮助企业更有效地推广产品、提高销量并吸引更多客户，将品牌理念传播给更多用户，从而提升企业知名度。

抖音短视频是一种新型的内容渠道，它可以利用短视频和直播的形式，展示产品或服务的特点和优势，吸引用户的兴趣和需求。抖音短视频有以下几个特点：

（1）用户数量庞大，活跃度高，内容丰富多样，数据积累量大。

（2）通过算法推荐，可以根据用户的喜好和行为，精准匹配目标人群。

（3）通过获客宝等工具，可以实现自动化营销，及时转化用户的意向。

（4）通过购买流量、与达人合作、开通企业号等方式，提高品牌知名度和信任度。

（5）通过落地页、智能客服、数据监控等功能，提高用户的转化率和复购率。

综上所述，抖音短视频是一种高效、低成本、高转化的获客渠道，值得企业尝试和利用。

### 1.3.3　抖音能够实现多元营销目标

抖音是一个短视频媒体平台，企业可以通过蓝V形式在抖音平台开拓线上渠道，向目标人群播撒流量。此外，抖音还提供了评论、私信和粉丝群等工具，使企业可以与客户进行在线互动，并通过小程序的方式把信息导入到企业的平台进行处理。抖音不仅可以作为内容的发布平台，也可以作为内容的接收平台。企业可以通过搜索申请或者账号标签接收到平台反向推送的内容，并将其与本企业实际情况相结合，制作出植入本企业产品或特性的脚本，再安排外部拍摄团队或内部员工制作视频，放置于抖音平台。

抖音可以通过机器算法对顾客行为进行洞察以此获取信息。顾客即使不是实时在线收看收听，系统也会在他们登录并浏览抖音时，根据这些标签进行智能推送。顾客的反馈，如点赞、留言或评论，都会被系统记录，并用于调整未来的推送策略，以提高内容的相关性和吸引力。顾客对这些内容的喜欢或不喜欢，是否有留言或评论，都会被记录下来，并在下次推送时，根据机器计算和推送的要求再次分配流量。这种客户行为洞察是机器帮助企业或商家来完成的，不仅免费，而且高效，其精准度也远超个人的观察。

线下活动，如技术交流会、产品展示等，可以通过抖音平台实现，利用抖音的短视频来吸引用户，同时也可以通过直播来介绍产品、宣讲企业信息和展示产品。此外，抖音还提供了商品展示工具、添加商品图片和参数等功能，以此复制电商平台的功能到企业抖音账号下。抖音短视频平台可以实现用户吸引、产品介绍与展示、商品展示工具、线上媒体投放、效果归因与衡量五个重要功能，从而达到企业所希望的销售线索培育功能，并且可以实现线上媒体投放、效果归因和衡量。

抖音本身也是一种媒体投放渠道，可以播放企业产品介绍、宣传视频，以及更加人性化的互动视频，以此来推进企业和产品在目标人群中的流量触达。抖音短视频平台能够有效帮助商业企业实现引流、扩张、获客、品牌宣传、招聘、采购等功能，并且可以将关键信息传递给目标人群。

# 1.4 抖音平台的关键优势

## 1.4.1 抖音的标签体系与算法推荐机制

抖音平台的核心是其算法推荐机制，而这一机制的基础是标签体系。标签体系是一种对用户和视频进行分类和归纳的方法，它可以反映用户的兴趣、偏好、属性等特征，也可以反映视频的内容、风格、主题等特征。算法通过不断地收集、分析用户和视频的信息，为它们打上各种标签，然后根据标签的匹配度和权重，为用户推荐合适的视频，如图1-4所示。

这些标签并不都是人为定义的，有些是由计算机自动生成的，比如一个数字或一串代码。这些标签可能随着时间和数据的变化而变化，有些可能逐渐具有明确的含义，有些可能一直保持模糊。当某个标签被算法不断强化，它就会成为一个具有影响力的标签，可以在更大的范围内传播和感染，形成一个共同的兴趣圈或话题圈。反之，如果某个标签被算法逐步削弱，它就会逐渐失去作用，甚至消失，不会再出现在更多用户的推荐中。

图1-4 算法 = 标签体系

这是一种基于数据和算法的标签体系，而非传统意义上的人为设定的标签。它可以更好地捕捉用户和视频的多样性及动态性，从而提高推荐的效果和质量。

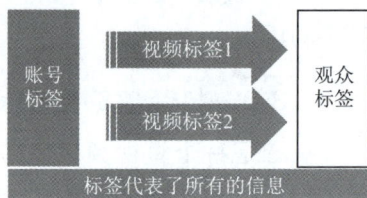

## 1.4.2 抖音的数据优势及投放优势

首先，抖音平台的精准投放是建立在抖音平台数据优势基础之上的，没有数据的长期积累整合、标签化、颗粒度精细化，精准投放无从谈起。

其次，有数据的互联网平台很多，但是能将用户数据和商业投放进行合理分布规划的平台却不多。数据使用得过度了，会影响到用户体验；数据使用深度不足，又难以达到投放效果。

抖音平台在数据优势和精准投放间，找到了一个既照顾用户体验，又能给企业抖音带来价值的平衡点。让数据优势和投放优势，合理的共存共生共长，如图1-5所示。从图1-5中可以看出，精准投放使用了平台底层数据，又没有百分百地侵占和影响数据，同时，数据和投放形成了合理闭环。

图1-5 抖音的数据优势及投放优势

### 1. 数据优势

抖音的数据优势在于其拥有海量的用户和多样的人群标签，以及强大的数据整合能力。抖音可以通过手机的串码、imei码、安卓的ID和IP地址以及cookie等各种通道，实现跨多种类型ID的聚合，并最终汇聚在一个账号之下。

用户在使用抖音短视频时，各方面的数据会被汇总至使用者的名下，形成一系列不同权重的标签，以便被计算机识别，从而帮助定位内容信息，以及作为信息接收者来判断应该接收什么样的视频。随着使用者长期且频繁地使用，数据会持续积累，行为标签也会更加细致多元，从而使信息接收者可以精准接收信息。

### 2. 投放优势

因为信息积累的数量足够大，细分类别足够多、足够深，使得抖音短视频平台出现了千人千面的智能投放现象。平台通过算法识别出常见的分类标签，比如职业、国籍、年龄、性别、爱好等，从而精准地筛选出合适的人群，提高匹配精准度。

这种匹配度也切合了受众的需求，不会因强硬推送而让观众感到不舒服。抖音通过一轮又一轮的优选机制，根据受众的反应和反馈，指数级放大流量，把播放量提升到惊人的程度，从而达成了发送者、接收者和平台三方都满意的局面：发送者使自己想说的话、想表达的产品、想宣传的公司价值观以及产品卖点都推送到了合适的人群中，并获得了满意的流量，而受众也看到了自己喜欢的内容，平台留住了两边的人（组织）或商业企业，让平台的生命力表现的特别旺盛，同时，也让信息发送者以及信息接收者沉迷于平台。

## 1.5　企业急需开展抖音营销和销售

### 1.5.1　企业抖音：企业的最优选择与不得不选择

抖音是移动互联网发展史中，发展变化最为快速的应用之一。笔者（程然）在2018年开始写作《从零开始做抖音》时，周围许多朋友对这个应用还一无所知。即便是知道这个应用名字的朋友，也大多没有使用这个应用。而今的抖音，已经成长为几乎每个手机用户都离不开的应用软件。

既然几乎所有的消费者和客户都在使用抖音，那么，企业在抖音上进行营销就是最优选择。同时，这也是不得不做出的选择。但由于抖音在新视频领域（短视频及直播）近乎一家独大，因此导致千军万马都拥挤在这个小小应用中。

有前瞻性的企业已经全面开展企业抖音，并且做得风生水起。在这种情形下，企业抖音的竞争强度超乎想象。

造成这种情形的原因在于，每家企业在利用抖音进行营销时，面对的不只是自己企业细分领域的竞争者，也包括所有视频内容的发布者。这意味着，虽然这家企业在细分领域中可能非常出众或是独具特色，但当进入新视频领域的汪洋大海中时，也不过是一叶扁舟。

如今，越来越多的企业已把营销的重心放到了短视频直播上，特别是放到了抖音平台上。当面对越来越激烈的竞争环境，越来越多的竞争对手时，企业想要在抖

音上做得有声有色，就必须有不菲的人、财、物投入。

### 1.5.2　企业急需各类抖音人才

抖音是一款短视频社交应用软件，自2016年上线以来，迅速成为了国内外最受欢迎的移动应用之一。截至2023年底，抖音的全球月活跃用户达到了18.11亿，其中中国用户占据了7.3亿。抖音平台不仅拥有海量的用户和流量，还孕育了许多新兴的职业和行业，如抖音达人、抖音运营、抖音营销、抖音电商等。这些职业和行业对人才的需求也随之增长，形成了一个庞大的抖音类人才市场。

根据前程无忧网站2024年3月27日的页面显示，抖音类职位的需求已经超过3万个，抖音类职位的招聘数量达到22 804个，其中大部分的薪资水平在6 000元至8 000元之间。具体来看，薪资在6 000元以下的职位有4 387个，占比19.24%；薪资在6 000元至8 000元之间的职位有9 144个，占比40.09%；薪资在8 000元至10 000元之间的职位有4 057个，占比17.78%；薪资在10 000元至15 000元之间的职位有3 029个，占比13.28%；薪资在15 000元至25 000元之间的职位有1 411个，占比6.19%；薪资在25 000元至50 000元之间的职位有618个，占比2.71%；薪资在50 000元以上的职位有158个，占比0.69%。

从学历和薪资的关系来看，大专学历的抖音类人才需求量最高，但薪资水平较低，主要集中在6 000~8 000元。相反，本科及以上学历的抖音类人才需求量虽然较低，但薪资水平较高，有6 291个职位的月薪在2万~3万元，还有1 481个职位的月薪超过5万元。

在企业性质上，民营企业占据了绝大多数，对抖音类人才的需求量最高，但薪资水平一般。创业公司则表现出了较高的薪资意愿和竞争力。国有企业、政府机关、非营利机构等其他性质的组织也开始关注抖音平台的作用和优势。

总之，随着抖音平台的不断发展壮大，各类型企业都急需各类型抖音人才来支撑其业务发展。因此，对于希望在新视频领域谋求发展的人才来讲，现在是一个非常好的机会。

**思考题：**

1.如何根据企业自身的特点和目标，制定适合的抖音营销策略？

2.企业在进行抖音营销时，如何避免常见的误区？

# 第2章
# 企业抖音的关键认知与阶段分工

## 2.1　企业抖音的定义与边界

### 2.1.1　企业抖音的定义

#### 1. 企业抖音的概念和作用

企业抖音是指以企业号为主体的抖音账号，需要通过企业认证（蓝V）才能开通。企业抖音的主要目的是展示企业的品牌、产品或服务，提升品牌形象和知名度，吸引潜在客户，增加销售额等。

#### 2. 抖音的类型

抖音的类型主要有企业抖音、自媒体抖音和带货抖音，如图2-1所示。

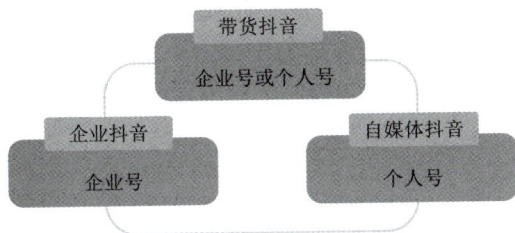

图 2-1　抖音的类型

##### 1）企业抖音

企业抖音的内容一般与企业的业务相关，需要符合抖音的内容规范，不能涉及违法违规、低俗色情、暴力血腥等内容。企业抖音可以开通橱窗功能，展示商品信息，引导用户下单购买。企业抖音可以享受更多的平台资源和权益，如流量扶持、评论管理、首页电话等。

##### 2）自媒体抖音

自媒体抖音是指以个人号为主体的抖音账号，可以通过实名认证（个人号）或

个人认证（黄V）开通。自媒体抖音的主要目的是分享个人的知识、经验、见解、创作等，建立个人影响力和粉丝基础，实现个人价值和收益。

自媒体抖音的内容一般与个人的专业或兴趣相关，可以涵盖各种领域，如美食、旅游、教育、科普、娱乐等。自媒体抖音的内容需要有一定的质量和创新性，才能吸引用户的关注和互动。自媒体抖音可以通过直播打赏、广告分成、电商佣金等方式获得收入。

3）带货抖音

带货抖音是指以带货为主要目的的抖音账号，可以是个人号或企业号，需要开通带货权限。

带货抖音的主要目的是通过短视频或直播的形式，推荐商品或服务，引导用户进行转化，如关注、咨询、下单、购买等。带货抖音的内容一般与商品或服务的特点、优势、使用方法等相关，需要有一定的说服力和吸引力，才能激发用户的购买欲望。带货抖音可以通过电商佣金、直播分成、品牌合作等方式获得收入。

## 2.1.2　企业抖音的边界

### 1. 企业抖音的主体

企业抖音的主体是企业号，而不是个人号。企业号是抖音为企业或商家提供的一种认证账号，可以享受更多的营销功能和资源。企业号需要通过抖音的认证流程，提交相关的资质证明，才能开通。

### 2. 企业抖音的案例

（1）雅鹿：这是一个服装品牌，利用抖音的直播带货功能，实现了高效的转化。近30天内，雅鹿共直播带货4 487场，共推广2 996件商品，销售额破亿。

（2）飞机之家：这是一个航空爱好者的社区，通过把业务内容变成趣味视频，吸引了大量的粉丝。单天增长200万粉丝，爆款视频获397.7万点赞。

（3）海底捞：这是一个知名的火锅连锁店，通过抖音展示其服务细节和特色，提升了品牌形象和口碑。同时，还利用抖音的互动功能，与粉丝进行互动，增加了粉丝的黏性和忠诚度。

### 3. 企业抖音的内容

企业抖音的内容是与企业业务相关的短视频，而不是随意的娱乐视频。企业抖音的内容需要符合抖音的内容规范，不能涉及违法违规、低俗色情、暴力血腥等内容。

企业抖音的内容需要体现企业或商家的品牌形象，传递企业或商家的价值主张，吸引目标用户的兴趣和需求。

### 4. 企业抖音的目的

企业抖音的目的是实现商业价值，而不仅仅为了增加粉丝和流量。企业抖音的目的是通过短视频内容，引导用户进行转化，如关注、咨询、下单、购买等。企业抖音需要通过数据分析，评估内容的效果，优化内容的策略，提高内容的质量和转化率。

## 2.2　建立深度、清晰、理性的企业抖音认知

### 2.2.1　企业抖音走上C位

从2019年起，抖音获得了突飞猛进的发展，成为信息传播和营销宣传领域的重要力量，但还不是唯一的绝对力量。2020年突发的商业环境巨变，使得抖音的短视频和直播成为了商业宣传的中流砥柱。

在抖音发展的过程中，占据主要位置的是秀场和自媒体，以及直播带货。在这个过程中，许多企业并不是自己做抖音，而是将抖音作为宣传和销售渠道之一，由自媒体进行宣传，带货主播帮助销售。

但是，自媒体营销成本过高，效果难以保证或是成效寥寥；而直播带货的成本费用越来越高，对于不少企业来说，卖的越多，亏的越多，品牌并没有建立起来，或是建立了低价的消费者认知。到了2023年，对于许多企业来说，借助自媒体和直播带货的方式进行营销，价值降低，难以为继。随着这种情况的逐步显现，企业开始思考自己下场做抖音。于是，企业自己做抖音的势头，开始形成。大多数企业开始把抖音作为营销战略重心，并以抖音为核心重新构建企业营销团队。

### 2.2.2　企业抖音的三个关键认知

开始做企业抖音之前，要先建立深度、清晰、理性的认知，否则就会有所偏颇，无法达成企业想要实现的目标。

#### 1. 企业抖音在抖音竞争中处境艰难

2018年，当时的媒体C位是微信朋友圈和公众号。那时在营销广告圈以及企业营销部门，抖音的知名度趋近于零，经常使用者更是屈指可数，企业更不会想到用抖音来做宣传推广，而如今的企业，如果不做抖音，就像是停留在上个时代的老古董。

虽然企业做抖音，现在已渐成趋势。但客观地讲，企业在抖音的自然流量中并没有优势。相反，因为企业抖音做的是商业营销内容，经常会被观众直接无视。企业抖音想要更多地出现在观众面向，要么为聚焦的用户提供高品质、高价值的内容，要么就进行付费营销。选择前者，企业要成倍地加大人、财、物的投入，还并不能确保成效；选择后者，企业投入大量营销费用，只能获得一时的流量，一旦不继续投入，就会跌回以前的状态。

可以想见，企业做抖音，内容不只是与同类产品相竞争，其实，是跟抖音所有的内容进行竞争。而且，在可预见的未来，这种竞争只会加剧。但企业又不得不在

抖音进行宣传推广，因为现在这个阶段，还没有能够进行等量替代的媒体。

### 2. 企业抖音的复杂性和专业度远超以往

以往的企业营销，虽然竞争同样激烈，但需要投入的人、财、物是有限的。例如，一个企业的公众号营销团队，2~3人已经是非常多的人员配置了，大多数企业往往只是投入一个人，甚至是半个人（兼职）的时间和精力，就能同时运作多个媒体平台、多个账号。

企业抖音的复杂性极高，一个岗位相对完整的短视频团队，起码需要3~5人；做直播营销，最少也需要2~4人；如果要做直播销售，最少需要3~5人，才能实现日播。由于做短视频、直播营销和直播销售的能力特征不同，因此，如果企业想要全方位开展抖音营销，那么就需要有三个单项团队，合在一起至少需要10人左右。

由于企业抖音的工作内容以及岗位分工已经极为细致，专业性极高，岗位之间无法互相调动，因此这又增加了企业抖音的难度，在工作时，不能有人缺位，否则工作无法正常进行。

由此可见，企业抖音运营与传统的企业营销模式存在着巨大差异。它需要更专业的团队、更精细化的分工以及持续的内容创作能力，对企业的人力、物力、财力都是极大的考验。企业需要根据自身情况和目标，理性评估是否具备进行抖音运营的条件。贸然投入而缺乏充分准备，很可能导致资源浪费，难以达到预期效果，最终陷入进退两难的困境。因此，企业在进军抖音之前，必须充分认识其复杂性和专业性，做好全面的规划和准备，才能在激烈的竞争中脱颖而出。

### 3. 企业抖音的真正难题是从图文到视频的营销时代转变

在公众号火爆的时代，核心就是文字的创意和输入。文笔优秀且产出量高的文案人员，并不难找到，因此很容易就顺畅地开展公众号营销。然而到了抖音的短视频和直播时代，文案脚本只是各类视频中一小部分的工作，视频拍摄与剪辑的技术难度，是大多数营销人从未遇到过的挑战。

现今的绝大多数营销人，接受的是图文营销思维和能力训练，想要转变是非常艰难的。这就是许多策划文案看起来很炫酷，一旦拍摄出来却差强人意的原因。营销人完成从图文到视频的思维、能力转化，需要一个漫长的过程，需要3~5年甚至更长的时间。

> **小结**：对于企业来说，有了以上对于企业抖音的深度、清晰的认知之后，就能形成一个理性的判断和预期，即企业抖音是复杂度高、专业性强的长期工作，非一日之功。

### 2.2.3 厘清企业抖音中的混乱观念

想要做好企业抖音，首先需要甄别关于企业抖音中混乱的观念。

### 1. 自媒体的套路达不成企业抖音目标

在抖音发展的初期，自媒体作为平台内容创作的主力军，其运营方法和技巧得到了广泛传播和应用，并积累了可观的影响力。自媒体做抖音与企业做抖音，差异巨大。例如，自媒体做抖音，可以自由选择内容和形式，也可以不断变化内容和形式，而对于企业来说，主要内容基本是被限定的。又如，抖音自媒体对于如何变现、变现的路径，非常重视，而对于企业抖音来说，这是非常明确的。

如果企业抖音完全学习自媒体的套路，表面上看起来会很实用，但却无法帮助企业实现目标。

### 2. 运营很重要但策略更重要

企业抖音想要达成目标，需由运营落地实现，但这也使得关于运营的涵盖范围，有时被故意放大，似乎做好运营就能做好企业抖音。如同"只见树木不见森林"一般，缺乏策略的制定和指引，再好的运营工作，也不能将企业抖音送到正确的方向上，实现企业目标（见图2-2）。

策略是指挥行动的大脑。

运营是行动的手脚。

再灵活的手脚，也需要大脑的

统一指挥！

运营团队已成为营销领域重要的新生力量

被忽视的企业抖音策略是成败的关键起点

图 2-2　企业抖音：运营很重要但策略更重要

#### 1）抖音平台的运营团队已成为营销领域重要的新生力量

随着抖音平台的快速成长，抖音平台的运营团队已成为营销领域中的新型稀缺人才。抖音平台的运营团队和传统媒体的运营团队非常不同，他们平均年龄低，对

视频内容敏感，有非常强的内容视频化的动手能力，能够在数据分析中找到平台的规律，对于社会热点的捕捉能力强，优秀的抖音运营团队已成为营销领域重要的新生力量。运营的重要性已经与策略比肩。再好的策略，如果运营不到位，也是枉然。在运营过程中，可以修正策略中存在的问题，并且根据新情况及时调整。

但是，过分夸大运营的作用，无限扩张运营的工作范围，也是不对的。运营始终是执行层面的工作，无法触及策略层级的顶层设计。策略与运营需要相互支撑才能达成营销目标。

2）被忽视的企业抖音策略是成败的关键起点

对于企业抖音的第一阶段——策划阶段，是许多人并未涉及的部分。但是，这个阶段的工作重要性是最高的，是决定企业抖音成败的起点。

许多企业，其视频创意、主播的单项实力，并不是顶级的，但由于策略得当，就成为了抖音平台中具有很大影响力的账号，这样的例子不胜枚举。

企业中负责制订企业抖音策略的人士，基于保密原则，一般不会对外宣传介绍自己制订的抖音策略。导致相关内容极少，甚至在百度都查询不到。没有企业抖音策略的内容产出，就没有企业抖音策划的话语权和影响力。

作者团队经过多年来在抖音领域的咨询、实操和培训工作，深知如今企业抖音的竞争焦点和难点是如何制订出有竞争力的营销策略。但在这个方向上，还鲜见经验的总结和沉淀，因而想通过梳理和总结，帮助即将开始进行抖音营销的企业理清头绪。

### 3. 技巧只能锦上添花

1）"秘籍"满天飞、实事无人做

企业抖音涵盖短视频、直播营销和直播销售。在每种类型中，都有许多技巧。掌握这些技巧，就能做出炫酷的画面、吸引人的主播话语。但问题是，这些技巧都需要有基础能力的支撑，而这些基础能力的培养，需要不断地磨练和提升，才能达到"锦"的水平，这也是本书重点讲述的内容。

2）被夸大作用的拍摄剪辑技巧

无论是短视频还是直播，其拍摄和剪辑的设备、技巧都是无止境的。对于企业抖音来说，最好的方式是：一方面建立自己的视频团队，配置与营销需求适合的器材和软件；另一方面，当需要有专业的、高水准的视频拍摄和剪辑时，就需要与专业级的视频团队合作。

本书作者高广英所在的公司，在视频领域已深耕20年，其配置齐全的直播间、琳琅满目的专业视频设备，水准高于小型专业电视台。这些设备和经验，不是短期内就能达到的。

3）不能无限制地投入人财物

企业经营需要计算投入产出比，企业抖音的运营同样需要计算投入产出比。企业切忌头脑一热，没有经过人、财、物的合理规划，就雄心勃勃地做企业抖音。

在实践案例中，作者团队见过，花巨资搭建影棚、直播棚，投入了大量硬件，却因在当地找不到合适的运营团队半途而废的；也见过，招贤纳士了运营团队，却没有力量再进行投放，运营团队巧妇难为无米之炊，只能放弃的；更见过，投入了很多，却与企业的期望值相差甚远，最后草草收场的。

企业做抖音运营，不能无限制地投入人、财、物，合理投入、合理预期、合理节奏，才能长线经营。

## 2.3　企业抖音的阶段分工与团队建设

### 2.3.1　企业抖音的阶段分工

不同行业的领军企业和创新企业，已经在抖音运营中探索多年。笔者在与这些企业的合作过程中，一直试图促进这些企业进行能力提升和业务实践突破。经过多年来的实践，笔者总结出了企业抖音的诸多经验，本书即为这些经验的汇总呈现。

企业抖音分为两大阶段——策略阶段、实施阶段；包含六个环节：目标策略、账号布局、内容体系、内容生产、运营推广和复盘改进，如图2-3所示。

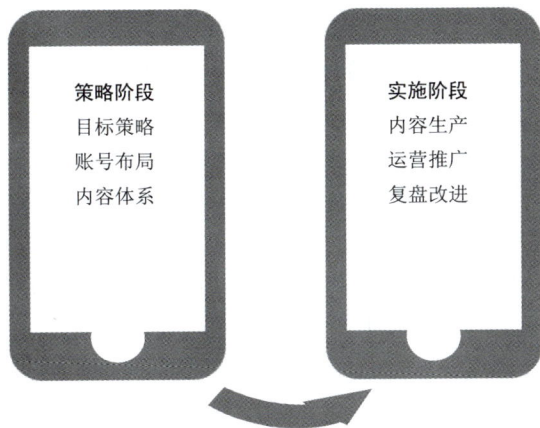

**策略阶段**
目标策略
账号布局
内容体系

**实施阶段**
内容生产
运营推广
复盘改进

**图 2-3　企业抖音的阶段分工：策略阶段和实施阶段**

1）策略阶段

明确总体的经营目标，落实和分解抖音平台需要达成的具体目标和实际的具体目标。

这个阶段包含目标策略、账号布局、内容体系三个环节，主要进行策略思考和策略制定的工作。

2）实施阶段

根据策略部分的计划，做具体的实施工作。包括短视频和直播的落地实施、运营工作全面的配合、团队建设需要提供的有力保障等。

这个阶段包含内容生产、运营推广、复盘改进三个环节，是实际执行层面的工作。

### 2.3.2 企业抖音的全过程支撑——团队建设

企业抖音的团队建设伴随着企业抖音工作的全过程。根据团队建设的过程，可以分为团队组建、团队优化和团队迭代，以为企业抖音提供基础支撑，如图2-4所示。

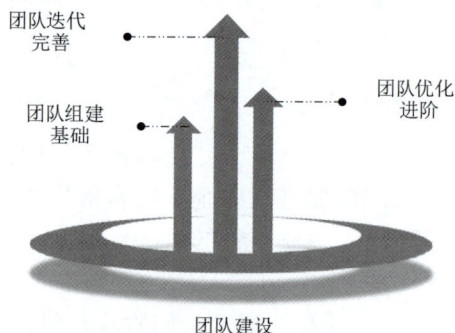

图 2-4 企业抖音的团队建设

# 2.4 "策略阶段"的特征

### 2.4.1 "无策略 不抖音"

"无策略，不抖音"是抖音成功者的共识。如果不设定好目标策略，就盲目进入抖音的"战场"，就如同没有带作战地图的士兵，其命运可想而知。

对于品牌企业来讲，想要在抖音上获得成功，光靠拍摄和发布视频是不够的，还需要有明确的目标和策略，才能有效地吸引和留住用户，实现品牌的传播和转化，如图2-5所示。

图 2-5 企业抖音的策略三步曲

企业抖音的策略是非常重要的，它决定了企业抖音的方向和效果。企业抖音的策略可以分为三个步骤，分别是目标策略、账号布局、内容体系。这三个步骤是相互关联的，需要根据品牌定位、目标用户、竞争对手等因素进行综合分析和制定。下面，本书将逐一介绍这三个步骤的具体内容和注意事项。

### 2.4.2　企业抖音策略的重要性

企业抖音的策略不仅是抖音营销的前提，也是抖音营销的核心。没有好的策略，就没有好的实施，也就没有好的结果。企业抖音的策略可以帮助品牌做到以下几点，如图2-6所示。

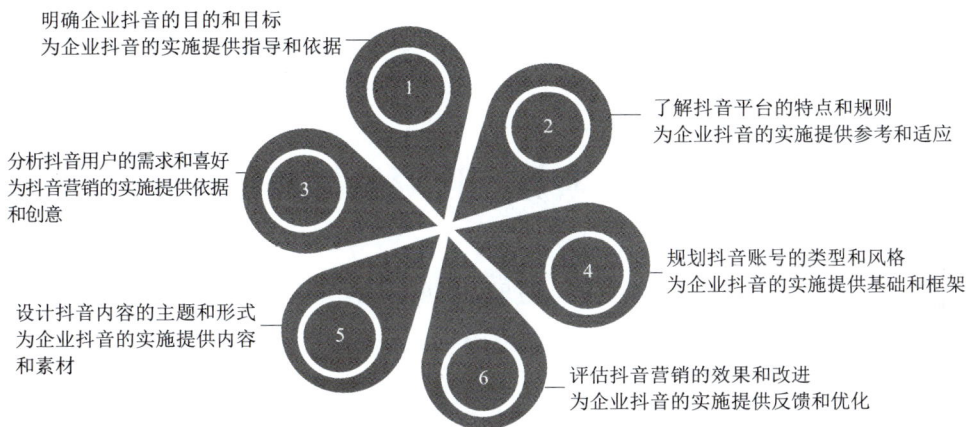

明确企业抖音的目的和目标
为企业抖音的实施提供指导和依据

了解抖音平台的特点和规则
为企业抖音的实施提供参考和适应

分析抖音用户的需求和喜好
为抖音营销的实施提供依据和创意

规划抖音账号的类型和风格
为企业抖音的实施提供基础和框架

设计抖音内容的主题和形式
为企业抖音的实施提供内容和素材

评估抖音营销的效果和改进
为企业抖音的实施提供反馈和优化

图 2-6　企业抖音策略的重要性

从以上几点可以看出，企业抖音的策略是一个系统的、全面的、动态的过程，需要品牌方投入足够的时间和精力，才能保证抖音营销的质量和效果。企业抖音的策略也是一个不断学习和创新的过程，需要品牌方根据抖音平台的变化和用户的反馈，不断调整和优化，才能保持企业抖音的活力和竞争力。

### 2.4.3　企业抖音策略过程中的难点与挑战

#### 1. 选定目标策略的难点和挑战

确定抖音的营销目标，关键在于与业务部门、经营部门、品牌公关部门的深度沟通，只有对涉及内容深度了解，才能决定每项目标是否符合对应部门的需求。同时，也需要让这些部门理解抖音平台的营销特征与运作方式。以下两种情况会经常出现：业务部门希望每个短视频都有高的播放量以及转化率；有的经营部门则对能利用抖音做营销完全无感。

#### 2. 设计账号布局的难点和挑战

账号布局的难点在于：要让理想与现实对接，并将账号与营销目标协同。这需要对营销目标的充分理解，以及对抖音账号特征的清晰认知。

账号布局的挑战在于：一是始终遵循账号垂直内容的原则，这就需要同时打造多个账号，形成账号矩阵，并与其他媒体账号形成账号体系；二是同一个账号里的短视频和直播内容，要相互协调、联动，不能各自为政。

3. 规划内容体系的难点和挑战

内容规划的难点是：内容的出发点，需要从企业视角转换到抖音的观众视角。只从外部观察抖音是不够的，还需要从抖音的大数据出发，才能深刻理解抖音平台的内容特征和观众偏好。视频内容必须符合抖音观众的消费行为特征以及观看视频的习惯。

内容规划的挑战是：要能客观评估自己的内容创意和产出能力，不应过度规划而导致无法实现。同时，也不能将对内容的要求设计得过低。虽然低要求比较容易实现，但在竞争中可能不会有赢的机会。

# 2.5 "实施阶段"的特征

## 2.5.1 三大环节保证企业抖音的落地实施

在前期进行了目标策略、账号布局、内容体系的策略规划之后，就能非常明确的知道做抖音的目标，一共需要做几个账号，每个账号对应的关键绩效指标（KPI），每个账号可以做的内容方向，那么就来到了落地实施的阶段。

企业抖音落地实施，包含三个环节，分别是内容生产、运营推广、复盘改进。通过这三个环节的工作，可将每个账号的规划都落实下去，如图2-7所示。

图2-7　企业抖音落地实施三大环节

实施阶段，既需要前期策略的清晰明确，也需要这三个环节之间的高效配合。

## 2.5.2 实施阶段三个环节的关键点

1. 内容生产的关键点

内容生产是根据每个账号具体的KPI，以及可以做的内容规划方向、内容调性，来生产和制作视频内容。包含视频内容生产和直播内容生产两部分。

（1）视频内容生产是指传统意义上的脚本编辑、拍摄剪辑、制作上传。

（2）直播内容生产是指直播间直播和场景动线直播，或者说直播带货类直播和营销类直播。

内容生产的难点：既需要有常规的基础性内容进行账号的日常维护，也需要有爆款内容，来进行营销的亮点突破。为了能够脱颖而出，可以根据抖音的特征，制订爆款策略或打造自己的IP，强化营销的效果。

**2. 运营推广的关键点**

很多人认为，在抖音平台上，发布了视频内容，做了直播，那么工作就结束了。其实，视频的发布和直播的实施只是抖音平台落地实施工作的一部分。运营工作包含以下内容，如图2-8所示。

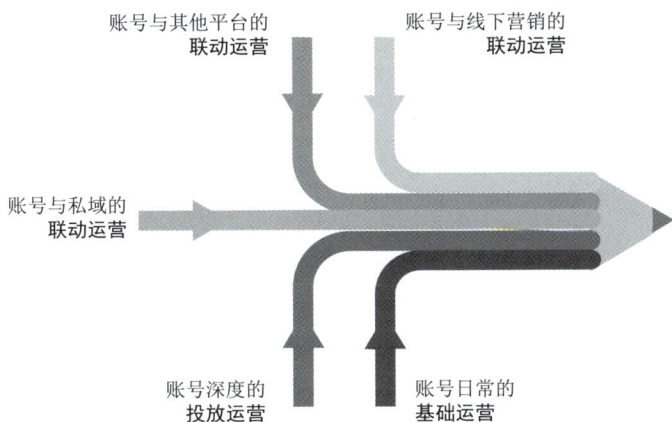

账号与其他平台的 **联动运营**　账号与线下营销的 **联动运营**

账号与私域的 **联动运营**

账号深度的 **投放运营**　账号日常的 **基础运营**

图 2-8　企业抖音日常运营工作

只有将各种运营工作综合在一起，才能把抖音运营和其他的营销行为整合起来，形成更大的营销力量。

运营是企业抖音的重要实施工作。不仅是在所有运营细节上要精益求精，而且要在策略上高度重视，应确定运营的整体策略。运营策略包含如何对不同类型的客户进行内容服务，如何进行社区运营，如何开展营销活动，如何提升产品销量和品牌知名度与认可度。

只有在清晰的运营策略的指导下，实际进行运营的人员，才能在纷乱的工作中，把握好重点，解决好难点。

运营策略的难点在于：只有做好运营工作的准备，制定好目标、体系和重点，才能在具体运营实践中，运用各种方法和技巧，实现运营效果。同时，还要对能力和精力做好估算，不让运营工作陷入重重项目当中，顾此失彼。

**3. 复盘改进的关键点**

企业抖音落地实施的工作，是高强度且持续不断地。当完成一项工作之后，每

个参与其中的工作人员，都会感到疲惫不堪，只想赶紧休息放松一下。因而，复盘就成了总被习惯性忘记的工作。

但是，在实施过程中出现的问题、存在的隐患，如果不能及时找出来，进行改正，那么这些问题和隐患，将持续存在，势必造成更大的事故。因此，对企业抖音进行即时或定期的复盘工作，非常重要。

**思考题：**

1.企业抖音与自媒体抖音有何区别？企业应如何定位自己的抖音账号？

2.企业应如何根据抖音营销的不同阶段进行团队建设和分工？

# 第3章
# 目标策略

## 3.1 目标策略为企业抖音确定方向

### 3.1.1 "策略阶段"的第一步：目标策略

#### 1. 从目标策略开始企业抖音的"策划阶段"

如今的抖音，已经是激烈竞争的场域，不再像初起时，允许各种尝试和探索。因此，企业抖音需要谋定而后动，要先进行策划，才能进入实施，而策划阶段的第一步，就是选定目标策略。

#### 2. 企业抖音的起手式——选定目标策略

开启一个新项目时，起手式的重要性不言而喻。例如，创业项目的起手式是极具吸引力的商业计划书，话剧的起手式是开幕时的主角亮相，而企业抖音的起手式就是选定目标策略。

在实际工作中，会经常遇到这种情况：许多企业主之所以做抖音，是因为看到竞争对手做了抖音。于是企业主便开始装修最好的直播间、买最好的设备、招聘有经验的带货直播，期待一举成功。但实际情况却是，除了开始几天有点业绩，之后成效平平。

#### 3. 企业抖音起手式的正途——选定目标策略

抖音平台上有两种成功模式广为人知，一种是自媒体抖音，另一种是直播带货。自媒体抖音通过创造有趣、有料、有用的内容，吸引用户的关注和喜爱，从而实现变现。直播带货通过挑选优质、低价的产品，利用主播的影响力和与用户的互动，促成用户的购买行为。这两种模式都有很多成功的案例，也被广泛地传播和学习。

然而，对于企业来说，这两种模式并不适合直接套用。因为企业抖音和自媒体抖音、直播带货有着本质的区别。首先，企业抖音的目的不是单纯地卖货赚钱，而是为了建立品牌形象，提升品牌知名度，增强品牌忠诚度，扩大品牌影响力。其次，企业抖音的内容不能随意地选择和变换，而是要符合企业的定位、风格、价

值，展示企业的产品、服务、文化。再者，企业抖音的形式不是只追求用户的眼球和点击，而是要考虑用户的需求、兴趣、痛点，为用户提供解决方案。

因此，企业抖音的起手式不是账号定位或选品，而是选定目标策略。目标策略是指明确企业抖音要达成的目标，并制定相应的策略来实现目标。目标策略包括以下方面，如图3-1所示。

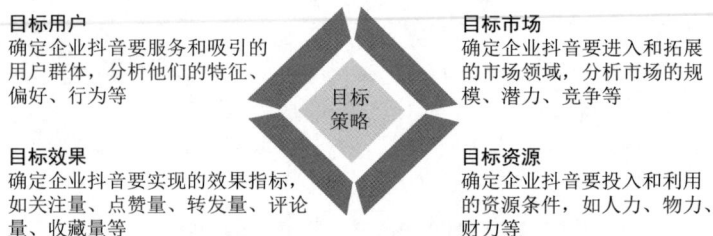

**目标用户**
确定企业抖音要服务和吸引的用户群体，分析他们的特征、偏好、行为等

**目标市场**
确定企业抖音要进入和拓展的市场领域，分析市场的规模、潜力、竞争等

目标策略

**目标效果**
确定企业抖音要实现的效果指标，如关注量、点赞量、转发量、评论量、收藏量等

**目标资源**
确定企业抖音要投入和利用的资源条件，如人力、物力、财力等

图 3-1　企业抖音目标策略四个方面

只有选定了目标策略，才能有效地进行账号定位和选品。账号定位是根据目标用户和目标市场来确定账号的主题、风格、口吻等。选品是根据目标效果和目标资源来确定产品或服务的类型、特点、优势等。这样才能保证企业抖音的内容和形式与目标策略相一致，从而达到最佳效果。

总之，企业抖音不应盲目地跟风自媒体抖音或直播带货的成功模式，而应根据自身的情况和需求，选定目标策略作为起手式。这样才能够让企业抖音真正成为企业营销的利器。

大多数不成功的企业抖音，都是在选定目标策略环节出现了问题，或是基础定调错误，或是路线选择错误。在企业抖音上，大多数的失败是起手式选择错误，没有知己知彼，没有选定好适合自己企业的目标策略。本书将在下一节，剖析企业抖音起手式的常见误区。

### 3.1.2　企业抖音起手式的常见误区

#### 1.账号定位是自媒体抖音的赢家之路

企业抖音与自媒体抖音，虽然都共生在抖音平台上，但实际却是两种不同的"生物"。可以这样比喻：企业抖音就像精心培育的温室花朵，而自媒体抖音则像自然环境中的野花。看似体型、动作非常相近，却是天壤之别。

自媒体抖音在抖音平台上肆意驰骋，数量众多、声量大，其成功者的影响力也大。这其中，自媒体抖音的起手式——账号定位，也作为典型模式广为传播。自媒体抖音的账号定位，就是从自己喜好以及抖音现状出发，通过多次尝试，探索出自己独特的内容和表达形式。

抖音的账号定位不仅是成功者的起手式，也是在抖音平台上取得影响力的关键因素之一。在这个过程中，为什么要做账号定位成了一个重要问题。

　　爱好与能力相匹配是进行账号定位的基础。首先，读者需要对所选择的领域有浓厚的兴趣和热情，这样才会付出更多精力和时间去深入研究和创作相关内容。同时，这种热情也将成为自己坚持下去的动力，使自己乐此不疲。除了兴趣，还需具备一定的专业能力，如摄影、视频剪辑、写作等，这些技能将帮助读者更好地表达和展示自己的内容。

　　确定抖音领域对于账号定位至关重要。在选择抖音领域时，需考虑市场需求、目标受众以及自身优势等因素。通过分析市场趋势和用户喜好，读者可以找到一个有潜力且符合自己兴趣的领域。同时，了解目标受众的特点和需求，能够更好地定位自己的内容，吸引他们的关注和互动。此外，要认识到抖音平台上已存在的竞争对手，以及他们在该领域的影响力和策略，这将有助于制定独特的内容和表达形式，如图3-2所示。

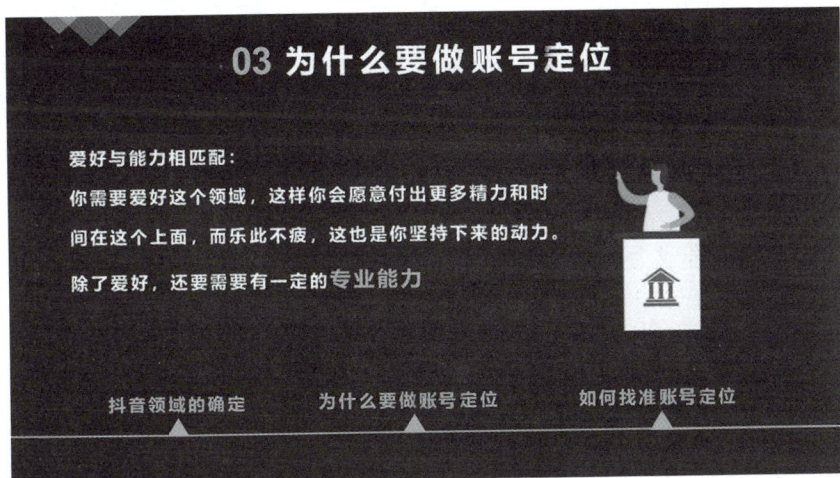

**图 3-2　企业抖音定位的重要性**

　　许多做企业抖音的人，学习、模仿自媒体抖音的成功模式，一开始就做账号定位。然而，账号定位对于企业抖音来说，只是整个过程中的一环，而不是起手式。企业抖音需要更加细致地考虑自身的品牌优势、目标受众以及市场需求，以制定一个符合企业形象和目标的定位策略。

　　在进行账号定位时，首先需要考虑创作者自身的优势定位。企业抖音可以通过分析自身的产品或服务特点、品牌理念以及核心竞争力，找到与之匹配的定位方向，唯有如此，企业抖音才能更好地展示自身的独特价值，吸引目标受众的关注和认同。

　　其次，针对短视频账号的创作者定位也是至关重要的。企业抖音需要了解目标受众在抖音平台上的兴趣、需求以及喜好的内容类型，以便为他们提供有价值的内容。通过深入了解受众群体，企业抖音可以精准定位自己的创作方向，从而获得更多的流量和关注。

　　最后，获取高变现的内容定位也是企业抖音需要考虑的重点。除了吸引流量和

关注，企业抖音还需要思考如何将这些流量转化为商业机会。通过制定符合目标受众需求的内容定位，企业抖音可以提供与产品或服务相关的有价值的内容，从而促进转化和变现，如图3-3所示。

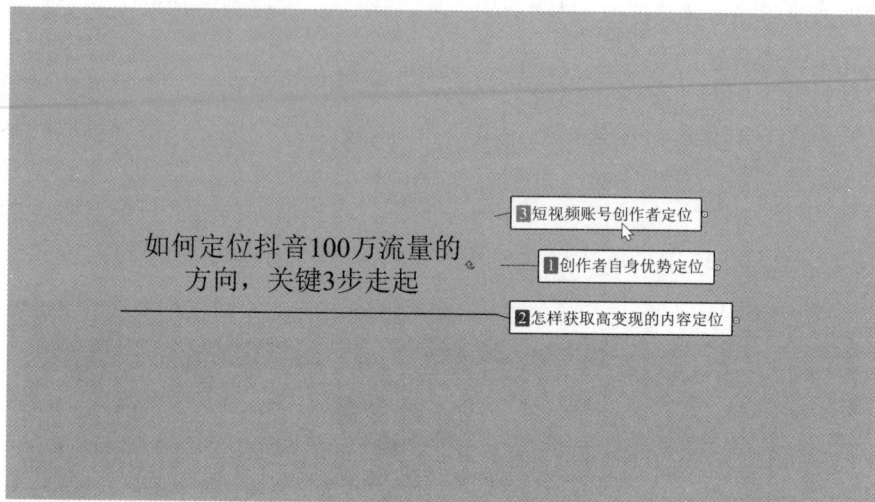

如何定位抖音100万流量的
方向，关键3步走起

3 短视频账号创作者定位

1 创作者自身优势定位

2 怎样获取高变现的内容定位

图 3-3　企业抖音定位的关键三步

账号定位不适合成为企业抖音的起手式，原因有三个：

其一，企业抖音凭空设定的定位，缺乏基础支撑的稳定性，一旦主观客观、内部外部情况发生变化，这个定位就失去了立身之本。

例如，一个教育培训企业，如果以某个网红老师为账号定位，那么一旦这位老师离职，或是不愿意继续做抖音，那么这个账号定位瞬间就无法继续。

企业做抖音，如果一开始就直接进行账号定位，就如同凭空就要在苍茫大海的孤岛上建设一个度假村，根本没有考虑是否有长期经营的基础和支撑，那么这个度假村的命运可想而知。

其二，企业抖音的定位是已经基本确定好的。

起手式就做账号定位是抖音自媒体的套路。因为自媒体在抖音当中，内容和形式可以自由选择。自媒体为了能在抖音平台中获得一席之地，就需要尝试不同的定位。如果能做起来，那么就确定下来持续做；如果做不起来，就毫不犹豫地放弃这个账号，改变定位重新再做一个新账号，那么其中的内容和形式，自然也会进行改变。这种定位和内容的转变，不符合企业的需求。

企业抖音需要定位清晰且持续，不能随意改变。对于企业抖音来说，内容和形式是被限定在一定范围里的，账号更不可随意改变。由此可见，自媒体与企业在做抖音时，其基本思路和起点就是不同的。

其三，自媒体抖音的账号定位其底层目的是找到变现方式，而企业抖音的变现方式，早就有了，就是企业的经营模式，并且，这种经营模式，不会因为做了抖音而轻易改变。

企业抖音和自媒体抖音，虽然都在抖音平台上，但实际上是不同的存在。自媒体抖音可以自由选择内容和形式，通过尝试不同的定位，找到适合自己的变现方式；而企业抖音的内容和形式是受限的，变现方式也是固定的，所以不能随意改变定位。

因此，企业抖音的起手式不是账号定位，而是要考虑以下三个问题：

企业抖音的定位是否有稳定的支撑？如果定位依赖于某个人或某个情况，一旦发生变化，就会影响账号的持续性。

企业抖音的定位是否符合企业的需求？如果定位和企业的品牌、产品、服务等不一致，就会造成用户的困惑和失望。

企业抖音的定位是否能吸引目标用户？如果定位和用户的需求、兴趣、痛点等不匹配，就会导致用户的流失和反感。

综上所述，企业抖音的起手式不是账号定位，而是要从企业自身出发，找到适合自己的内容和形式，然后再进行账号定位。这样才能保证企业抖音的效果和效率。

### 2. 选品是直播带货的赢家之路

企业抖音起手式的另一个误区是选品。选品是直播带货的赢家之路。直播带货之所以能火爆，其关键在于百里挑一甚至千里挑一地挑选产品，选择的都是品质优异、非常有性价比或价格极其低廉的产品。

对于企业抖音来说，可以重点推荐某些产品，但是企业的所有产品都必须进行宣传推广，那么，自然有些产品的品质、性价比不是最优的。同时，直播带货中常用的大量采购、超低压价的商务策略对企业抖音来讲也不现实，除非在大促期间，否则企业不会对产品价格随意调整，特别是大幅度降价，

在企业抖音中，除了账号定位和选品外，直播带货也是一个重要环节。然而，企业抖音需要注意与自媒体抖音的差异，并采取适合自身的策略来敲定直播品。下面将介绍如何进行直播品的选择和展示流程。

在选择直播品时，首先需要进行产品定位。企业抖音应该选择适合自己的商品，考虑品牌定位、目标受众以及市场需求，找到与企业形象和目标相匹配的产品。接下来是货品组合，包括引流款、利润款和话题款的组合，以吸引不同类型的观众和满足不同的需求。

商家谈判也是选择直播品的重要环节。在与商家谈判中，企业抖音需要争取活动价格和利润，与供应商协商达成双方都满意的合作方式。此外，信息收集也至关重要，包括了解品牌背景、产品卖点以及使用方法和场景等，以便在直播中进行专业的口播。

最后是直播展示，这包括直播间的布置和确认口播文字脚本。企业抖音需要精心设计直播间的布局，使其符合品牌形象和产品特点，同时确认好口播文字脚本，以提供清晰、有吸引力的产品介绍和推荐，吸引观众的关注和购买欲望，如图3-4所示。

○ 如何敲定直播品：货品选择到展示流程一览

图 3-4　货品选择到展示流程

由此我们看到"选品""超低价"这些直播带货的致胜法宝，对于企业抖音来说，只可能是短期、零星的营销动作，但不可能是长期的经营策略。

企业抖音和直播带货，虽然都是短视频平台上的营销方式，但实际上是有很大区别的。直播带货的核心是选品，也就是从众多的产品中挑选出品质好或价格低的产品，通过主播的推荐和现场互动，吸引用户的购买欲望；企业抖音的核心是品牌，也就是通过展示企业的产品、服务、文化等，建立用户的信任和忠诚。

### 3.1.3　选定目标策略的含义、常见问题与作用

#### 1. 目标策略的含义

目标策略是"选择营销目标、制订实施策略"的简写。这个环节的工作是通过分析，最终选定企业抖音的目标和策略。

首先是，需要根据企业的实际情况和需要，选择营销目标：营销目标有可能是单一目标，更多情况下会选择多个目标。之后，为了能够实现目标，需要通过营销计划和媒介选择，制订出实施策略。

#### 2. 选定目标策略时的常见问题和解决方法

目标策略包括目标用户、目标市场、目标效果、目标资源等方面。选定目标策略是为企业抖音确定方向，其重要性不言而喻。如果方向选定错误、或是不清晰，就会造成后续工作的迷失或混乱。

在选定目标策略过程中，最经常出现的问题是选定不切实际、高不可攀的目标。例如，有些企业抖音希望在短时间内获得大量的关注、点赞、转发、评论等数据，或者希望通过抖音直接实现大额的销售额。这些目标虽然看起来很美好，但实际上却很难达成。这会使得企业因为达不成目标而丧失信心，甚至放弃企业抖音。

出现这种情况，往往是由于企业高层缺乏对抖音平台和抖音营销特征的深度认知，轻视抖音营销和销售的复杂度及竞争难度。他们可能认为抖音只是一个简单的短视频平台，只要制作一些有趣或有用的视频，就能吸引用户的注意和购买。他们可能没有意识到，抖音平台上有数以亿计的用户和视频，要想在这样一个庞大而多样的市场中脱颖而出，需要付出大量的时间、精力、资源和创意。他们可能也没有意识到，抖音营销和销售是一个长期而系统的过程，需要通过持续而有质量的内容输出，建立品牌形象和用户信任，才能最终实现转化。

为了避免以上问题的发生，本书建议企业在选定目标策略时，遵循以下几个原则，如图3-5所示。

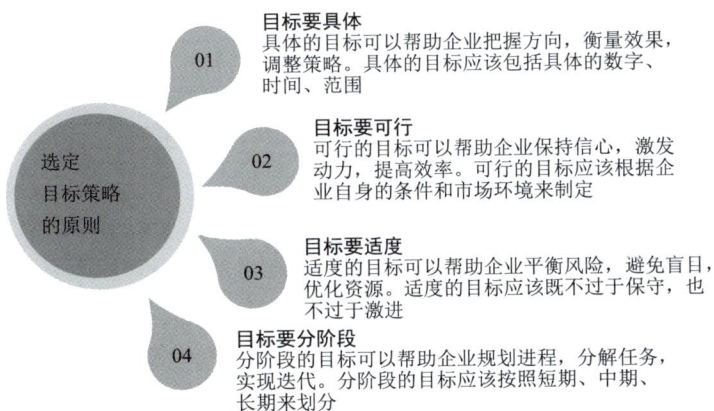

图 3-5　选定企业抖音目标策略需要遵循的四大原则

### 3. 选定目标策略为企业抖音确定方向

虽然抖音只是一个小小的移动应用，但这个平台中的内容和形式，却如同汪洋大海，变幻莫测。企业抖音如果不能确定好自己的方向，那么就会在波涛汹涌的大海里迷失自己，忘记自己是谁、要到哪里去。

通过认真选定企业抖音目标、制订实施策略的过程，有助于企业高层、相关的部门领导以及企业抖音的实操人员，形成一个清晰且一致的目标策略，从而为企业抖音的成功奠定基础。

# 3.2　目标策略的前提条件

## 3.2.1　企业整体的营销策略和营销计划

### 1. 企业抖音的目标和策略要与企业整体营销相一致

企业抖音是企业营销的一个重要组成部分，它需要与企业整体的营销策略和计划相一致，才能发挥最大的效果。因此，在选定企业抖音的目标和策略之前，必须

要有清晰明确的企业整体的营销策略和计划作为前提条件。

不同规模和类型的企业，可能有不同的营销策略和计划。大型企业往往有明确的营销策略与年度工作规划，中型企业一般会制订年度营销计划，而小型或初创企业可能只有一个简单的营销思路。无论是哪种情况，都需要有一个清晰的目标，来指导企业的营销行动。

有了企业整体的营销策略和计划，就可以开始选定企业抖音的目标和策略了。企业抖音的目标和策略，应该与企业整体的营销策略和计划相协调、相支持、相补充。例如，如果企业整体的目标是提升品牌知名度，那么企业抖音的目标就应该是增加关注量、点赞量、转发量等数据；如果企业整体的定位是权威、高端，那么企业抖音的风格就应该是专业、精致等。

2. 从企业战略到营销计划再到抖音目标的示例

（1）从企业战略到直播活动策划的推导过程（大型企业），如图3-6所示。

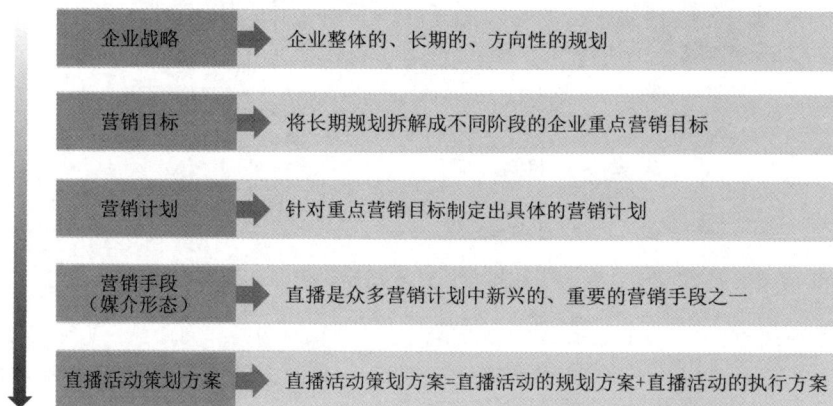

| 企业战略 | ➡ | 企业整体的、长期的、方向性的规划 |
| 营销目标 | ➡ | 将长期规划拆解成不同阶段的企业重点营销目标 |
| 营销计划 | ➡ | 针对重点营销目标制定出具体的营销计划 |
| 营销手段（媒介形态） | ➡ | 直播是众多营销计划中新兴的、重要的营销手段之一 |
| 直播活动策划方案 | ➡ | 直播活动策划方案=直播活动的规划方案+直播活动的执行方案 |

图 3-6　从企业战略到直播活动策划的推导过程（大型企业）

企业抖音年度营销计划（示意），见表3-1。

表 3-1　企业抖音年度营销计划（示意）

| 季度 | 营销目标 | 营销手段 |
| --- | --- | --- |
| 第一季度 | 提高品牌知名度和影响力 | 开展线上广告推广，组织线下活动，与媒体合作发布新闻稿 |
| 第二季度 | 引导消费者体验产品并提升产品销售 | 发起优惠活动，举办体验日活动，推出产品试用与评价活动 |
| 第三季度 | 建立并培养忠实客户群体 | 推行会员优惠计划，推出积分兑换活动，开展客户回馈活动 |
| 第四季度 | 完善售后服务，提高客户满意度 | 建立售后服务团队，进行售后服务满意度调查，改进售后服务流程 |

（2）案例：卫浴产品的年度企业抖音计划（示意）。

企业在确定年度营销总计划后，就会将计划落实到具体的营销手段当中，其中就有抖音。以下是一家卫浴企业的抖音目标策略。为了便于对应年度营销总计划，企业将抖音的目标策略，分解到了每个季度当中。

第一季度：

制作卫浴产品相关的有趣短视频来吸引用户关注，建立品牌形象。

通过抖音达人进行产品广告推广，拓宽影响力范围。

第二季度：

制作产品使用教程或者体验视频，引导消费者更好地了解和使用产品。

通过直播销售，让消费者在家就可以购买到产品，并邀请抖音红人参与直播互动。

第三季度：

推出粉丝专享活动，鼓励粉丝互动，比如点赞、转发等。

通过抖音小店功能，对积累的粉丝进行商品推送，增加销售额。

第四季度：

在售后服务方面推出一些短片，如安装、保养、清洁等教程，使得消费者感受到贴心的售后服务。

邀请满意的客户分享他们的使用经验，通过实际使用者的口碑来提高企业的信誉。

### 3.2.2　现实的纷乱情况

虽然理想情况下，企业抖音的运营建立在清晰的营销策略和计划之上，但在实际操作中，很多企业并没有完善的前期规划。因此，应考虑实际工作中，企业抖音所面对的现实状况。

#### 1. 企业抖音并不在原本的营销计划当中

许多企业在制定营销计划时，并没有考虑抖音这一平台的潜力和影响力。只是看到抖音在营销和销售方面的突出表现后，才临时加入了抖音的相关工作，从而导致了一些企业抖音的账号，缺乏系统的策略和规划，只是随意地发布一些短视频，效果不佳。

尤其是一些国际知名企业，在中国区的抖音营销，与其品牌形象和市场地位不符。这是因为国际企业的总部在欧美，对于抖音这种在中国盛行的新媒体形式，缺乏足够的认识和投入，因此，在整体营销策略和规划中，没有给予抖音营销足够的重视和支持。中国区的营销高管，虽然意识到抖音营销的重要性，但又受制于人力、财力、物力等资源的限制，只能让营销部的同事，在工作之余做一些抖音营销。

#### 2. 本行业/企业与抖音营销无关

对于快消品行业的企业来说，抖音营销已经成为必不可少的一部分，而一些距

离消费品和普通消费者较远的行业，对于抖音营销的态度，往往是冷漠或排斥。例如，在同时拥有To C（企业对个人的商业模式，即一个企业的产品或服务是面向个人消费者的）产品和To B（企业对企业的商业模式，即一个企业的产品或服务是面向其他企业客户的）产品的企业里，To C产品的抖音营销已经全面展开，而To B产品的抖音营销内容，则几乎不见。

加剧这种混乱情况的，还有技术条件的制约。有的产品，特别是To B、工业品等，以往很难用视频方式展示其特点和优势。因而，许多To B领域的企业高管，认为抖音营销对他们来说毫无意义。

事实上，视频营销、企业抖音可以帮助企业实现多样化和差异化的传播效果。简单地认为自己所处的行业、自己的企业，不适合视频营销、不需要用抖音做宣传和推广，是有失偏颇的。本书在后续内容中，会举例说明，已经有各行各业、不同内容形式的企业抖音内容。

### 3. 每个人心中都有不一样的"抖音"

从信息媒介的角度来看，抖音是新视频媒介的代表，在大数据等算法的支持下，开启了营销从图文到视频的新时代。许多人还没意识到这种根本性的变革，因此还在将抖音与其他传统的信息媒体相提并论。

由于抖音的算法和推荐机制，使得每个人看到的抖音都是不同的。有人看到的是娱乐性质的抖音，有人看到企业利用抖音做品牌建设，有人看到直播带货带来巨大收益。这就导致，在谈论"抖音"时，每个人心中想象的是自己看到过或者喜欢的那个抖音。因而在讨论如何做抖音时，就会出现分歧。

例如，在珠江三角洲地区，提到抖音，一般是指产品展示和销售；在杭州附近的抖音，大多是指直播带货和电商平台。由于所指的实质内容不同，就导致思路无法对接。

## 3.2.3　企业抖音的现实选择

企业使用算法+推送模式的抖音短视频媒体平台，已经是营销领域的大势所趋。随着视频技术的发展，如虚拟现实VR、增强现实AR等技术的商业应用能力不断提升，许多以前难以用视频呈现的产品，将实现突破。在这种大趋势下，企业必须要开展以抖音为代表的视频营销。

### 1. 基于现实的企业抖音选择

虽然有许多现实情况，阻碍企业抖音工作的开展，但企业还是要勇于跨出第一步。可以先选定一个初步的抖音营销目标和策略，之后在实践过程中不断调整。这就需要企业在做抖音营销的过程中，一边开始深度研究抖音平台和抖音营销的特征，一边在实践中开始抖音营销，并不断改进提升。建议读者跟随第三章到第五章的内容，边学习、边制订出做企业抖音的第一版策略方案，而后不断修订和提升。

对于有的企业来说，企业抖音甚至不能算是一个工作项目，而是夹杂在经营过程中的一部分工作内容。例如，在营销活动中有个抖音直播的工作，由一位员工顺带做了。即使是这种情况——这种在工作中的尝试，对于企业抖音也是好事，可以让企业开始进行抖音营销或销售，并在抖音营销和销售过程中积累经验和感觉。

#### 2. 从图文到视频营销的转变需要5年以上的时间

从营销领域发展的大视角来看，营销的内容形态，正在从图文营销向视频营销转变。这个转变的过程，将持续5年，甚至更长的时间，而企业抖音就是视频营销的代表。

对于那些长久以来习惯图文形态的营销人来讲，其思维意识转变的通常比较慢。而年轻一代、特别是"Z世代"的营销人，几乎不需要转变，他们是视频形态的原住民。从营销行业整体而言，这种从图文到视频的转变，起码需要5年左右的时间。

# 3.3　从选择目标到制订策略

## 3.3.1　企业抖音的常规目标

想要确定企业抖音的目标，需要从了解常见的企业抖音目标开始，如图3-7所示。

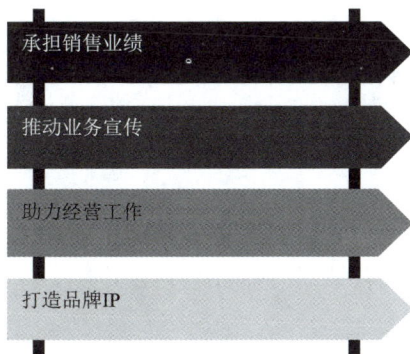

承担销售业绩

推动业务宣传

助力经营工作

打造品牌IP

图 3-7　常见的企业抖音目标

#### 1. 承担销售业绩

由于抖音与各类消费者直接连接，并提供了购买通路，使得企业可以直接在抖音上进行销售。因此，许多企业会设立抖音电商销售部门或小组，甚至是独立公司，来进行产品销售工作。

> 案例：**小米**是一家以生产和销售智能手机为主的科技公司，在抖音上拥有超过1.3亿的粉丝。小米通过抖音平台，展示其产品的功能、特点和优势，吸引消费者的兴趣和信任，并通过直播带货、短视频购物车等方式，实现了高效的销售转化。

### 2. 推动业务宣传

企业的各项业务，都可以通过抖音进行直观、有趣的推广宣传。这类工作目标，往往由企业营销部门中专门的抖音营销小组来实现。

> **案例：星巴克**是一家全球知名的咖啡连锁店，在抖音上拥有超过5 000万的粉丝。星巴克通过抖音平台，发布其咖啡文化、新品推荐、活动信息等内容，增加消费者的品牌认知和忠诚度，并通过话题挑战、UGC互动等方式，扩大其社会影响力。

### 3. 助力经营工作

在主营业务之外，企业的其他部门也会有许多希望用抖音来进行视频呈现的内容，这些内容对于企业的高效经营，帮助极大。例如，人力资源部门需要制作招聘短视频、团建活动视频；客户服务部门需要制作产品使用技巧视频；招商部门需要制作项目招商视频。

> **案例：抖音有限公司**是一家以制作和发布短视频为核心的互联网公司，在抖音上拥有超过3000万的粉丝。字节跳动通过抖音平台，发布其招聘信息、员工风采、企业文化等内容，吸引优秀人才的关注和申请，并通过直播答疑、内推码发放等方式，提高其招聘效率和质量。

### 4. 打造品牌IP

除了对于产品和服务的宣传，抖音还能帮助企业建立品牌、打造IP，这类工作通常由企业的品牌公关部或营销部门中品牌小组负责。

> **案例：海底捞**是一家以火锅为主的餐饮连锁公司，在抖音上拥有超过1.8亿的粉丝。海底捞通过抖音平台，打造了一个以"海底捞老板"为主角的IP形象，通过幽默风趣的视频内容，展示其品牌理念、服务特色和社会责任，并通过赠送优惠券、邀请明星合作等方式，提升其品牌价值和口碑。

## 3.3.2 从多维度思考企业抖音的目标

根据自身情况选定企业抖音的目标，并不是一件简单的事情。许多企业在开始做抖音营销和销售时，往往会下意识地模仿同行或是顶级企业的抖音策略，但很快就会发现，别人的抖音营销，并不一定适合自己。

事实上，不同企业在做企业抖音时，目标是各不相同的。即使是在一个行业的不同企业、或是一个企业中的不同业务项目，其目标也不会相同。因此，在确定企业抖音的目标时，需要多个维度的思考和权衡。

下面将从多个维度，介绍如何根据企业自身情况选定企业抖音的目标，如图3-8所示。

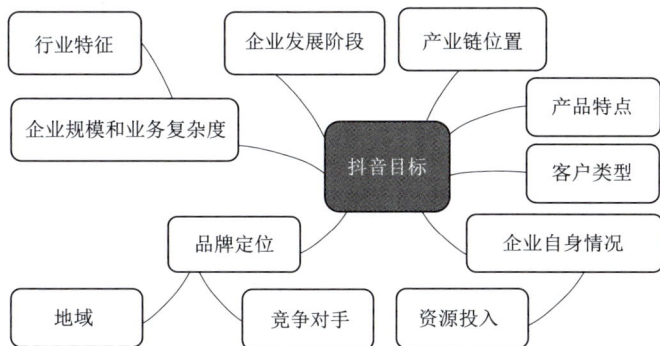

图 3-8　选定企业抖音的目标时需要考虑的维度

### 1. 行业特征

不同行业的企业抖音目标，可能存在巨大差异。

对于许多新锐的服装、化妆品、食品等消费品企业来说，抖音的电商销售是主要的，甚至是唯一的营销目标。他们需要通过抖音平台展示产品的外观、质量、功能等，以吸引消费者的兴趣和购买意愿。

对于教育培训机构来说，由于其产品属于高价值、高风险、高参与度的服务类产品，消费者在购买前需要有足够的信任和认可。因此，企业抖音的目标是以打造品牌为主。他们需要通过抖音平台展示自己的教学理念、师资力量、学员成果等，以提升品牌知名度和影响力。

因此，企业要根据行业特征、产品特征和品牌特征，确定企业抖音的目标的可能性，并参考行业内的领先企业以及主要竞争对手在抖音营销上的行动。

### 2. 企业发展阶段

在企业的不同发展阶段，对于企业抖音的运用也是不同的。

如果是初创企业，正在促使消费者建立对自己产品和服务的初步认知，这时产品宣传是企业抖音的工作重心，还没到考虑品牌IP的阶段。他们需要通过抖音平台介绍自己的产品或服务是什么、有什么优势、解决了什么问题等。

对著名品牌来讲，销售渠道已经完善，最关键的是通过提升品牌认可度，打造IP，实现增量。此时，品牌IP是关键目标。他们需要通过抖音平台塑造自己独特的品牌形象和个性，以与消费者建立情感连接和忠诚度。

对于那些在传统渠道有知名度但在互联网上还不够强势的品牌来讲，需要在抖音这个新媒体上，建立与新消费群体的认知和联系，此时，业务宣传与品牌建立是重中之重。他们需要通过抖音平台展示自己的产品或服务的新鲜度、创新性和适应性，以吸引更多年轻消费者的关注和喜爱。

### 3. 企业规模和业务复杂度

企业规模、业务复杂度对企业抖音的目标选择，也有重要影响。

跨国企业、大型企业的事业部和业务线众多，其中每个业务线又处于不同的产品生命周期，需要设立不同的营销目标。对于新产品，需要进行宣传推广。对于成熟产品或爆款产品，需要追求销量。

对于分布在不同区域的分公司或连锁门店来讲，每个分公司或门店，都会有自己单独运营的抖音账号，并且，由于每个分公司或门店的经营状况不同，因此企业抖音也会不同。有些可能需要提高当地的品牌知名度和市场份额，有些可能需要增加用户忠诚度和口碑传播。

### 4. 产业链位置

根据企业在产业链的不同位置，企业抖音的目标也会有所不同。以下是一些企业抖音的目标示例：

#### 1）上游供应商

如果企业处于产业链的上游供应商位置，企业抖音的目标可能是提升品牌知名度，吸引更多下游客户和合作伙伴的关注与合作意向。

> 案例：**中钢集团**是一家钢铁制造商，其抖音账号主要发布钢铁行业的相关资讯、钢铁制造过程的幕后花絮、钢铁产品的质量保证等，以展示自己在钢铁行业的专业地位和实力，并吸引更多下游客户和合作伙伴的关注与信任。

#### 2）中游制造商

如果企业是中游制造商，企业抖音的目标可能是增加销售量，通过展示产品特点和使用方法吸引更多消费者的兴趣与购买意愿。

> 案例：**联想**是一家电脑和智能设备制造商，其抖音账号主要发布联想电脑的新品发布、功能介绍、使用技巧、用户评价等，以展示自己的产品优势和创新性，并吸引更多消费者的兴趣和购买意愿。

#### 3）下游零售商

如果企业是下游零售商，企业抖音的目标可能是提高用户忠诚度，通过与消费者互动和提供增值服务，建立良好的用户关系并增加复购率。

> 案例：**屈臣氏**是一家主营个人护理和健康产品的连锁店，其抖音账号主要发布屈臣氏产品的制作过程、产品文化、产品知识、产品活动等，以展示自己的产品品质和服务水平，并与消费者进行互动和沟通，提升用户忠诚度和口碑。

**4）服务提供商**

如果企业是提供相关服务的企业，企业抖音的目标可能是扩大市场份额，通过广告投放和与行业相关账号合作，提升品牌曝光度和市场份额。

> **案例：滴滴出行**是一家提供出行服务的企业，其抖音账号主要发布滴滴出行的服务介绍、优惠活动、安全保障、用户故事等，以展示自己的服务优势和社会责任，并通过广告投放和与旅游、生活等相关账号合作，提升品牌曝光度和市场份额。

**5. 客户类型**

企业的客户类型不同，自然会导致企业抖音的目标不同。如果是To C的企业，产品可以直接进行销售，企业抖音可以直接种草宣传。如果是To B的企业，一般通过优秀案例来进行宣传，以引导、影响客户的购买决策，见表3-2。

表3-2 不同客户类型的企业抖音目标

| 客户类型 | 企业抖音目标 |
| --- | --- |
| To B | 提升品牌影响力、拓展业务渠道、增加销售机会、建立业务合作关系 |
| To C | 增加品牌知名度、吸引目标受众、提升用户互动、促进产品销售 |

**1）To B类型的企业抖音特征**

对于To B业务类型的企业来说，企业抖音的目标主要是提升品牌影响力、拓展业务渠道、增加销售机会和建立业务合作关系。在抖音平台上，企业可以通过发布优质的内容，展示自身的专业能力和行业经验，以提升品牌的知名度和影响力。

同时，通过抖音的广告投放和精准定位功能，企业可以将自己的产品或服务推广给潜在客户，拓展业务渠道，增加销售机会。此外，企业还可以利用抖音平台与潜在合作伙伴进行互动，建立业务合作关系，共同发展。

> **案例：阿里云**是一家提供云计算服务的企业，其抖音账号主要发布阿里云的产品介绍、技术分享、行业案例、客户评价等，以展示自己在云计算领域的专业能力和行业地位，并吸引更多潜在客户和合作伙伴的关注与信任。

**2）To C类型的企业抖音特征**

对于To C业务类型的企业，企业抖音的目标主要是增加品牌知名度、吸引目标受众、提升用户互动和促进产品销售。在抖音这个大众化的社交媒体平台上，企业可以通过制作有趣、有创意的视频内容吸引用户的关注，增加品牌的知名度。

同时，通过精准定位和定向推送功能，企业可以将自己的产品或服务展示给目

标受众，吸引他们的关注和购买意愿。此外，企业还可以与用户进行互动，例如，通过评论、点赞等方式，增加用户与品牌的互动，提升用户忠诚度和口碑。通过这些活动，企业可以促进产品的销售，实现商业目标。

> **案例**：**美团**是一家提供生活服务的企业，其抖音账号主要发布美团的服务介绍、优惠活动、安全保障、用户故事等，以展示自己的服务优势和社会责任，并通过广告投放和与旅游、生活等相关账号合作，提升品牌曝光度和市场份额。

### 6. 地域

不同地区的市场环境和消费者偏好可能存在差异，因此企业在不同地区制定企业抖音策略时，目标可能会有所不同。例如，针对不同地区的消费者特点和文化背景，企业抖音的目标可以是提升品牌在该地区的认知度和市场份额。

> **案例**：**肯德基**是一家快餐连锁店，其在全球各地都有分店。为了适应不同地区的消费者口味和习惯，肯德基在每个地区都推出了一些特色菜品，并通过抖音平台进行宣传。例如，在中国，肯德基推出了老北京鸡肉卷等菜品，并通过抖音账号发布相关视频，展示其制作过程和风味特点，并邀请网红和明星进行试吃和推荐。这样既能提升企业品牌在中国市场的认知度，又能吸引更多消费者的兴趣和购买意愿。

### 7. 竞争对手

不同企业的竞争对手，其情况可能存在差异，企业在制定抖音策略时需要考虑与竞争对手的差异。例如，如果某个企业的竞争对手在抖音平台上已经有较大影响力，企业抖音的目标可能会是突出自身的独特卖点，吸引并留住潜在客户，以与竞争对手形成差异化竞争优势。

> **案例**：**小红书**是一个社交电商平台，其主要竞争对手是淘宝等电商平台。为了与竞争对手区分开来，小红书在抖音平台上主要发布一些关于海淘、美妆、旅游等方面的内容，并邀请一些有影响力的网红和明星进行分享和推荐。这样既能展示小红书的产品优势和服务特色，又能吸引更多对海淘、美妆、旅游等感兴趣的用户，与淘宝等电商平台也形成了差异化竞争优势。

### 8. 品牌定位

不同企业在市场上的品牌定位存在差异，因此企业抖音的目标也会有所不同。例如，一些企业可能希望通过抖音平台提升品牌的年轻化形象，吸引更多年轻消费者；而另一些企业可能更注重产品的专业性和高端形象，因此企业抖音的目标是提升品牌的知名度和声誉。

案例：**奔驰**是一家汽车制造商，其品牌定位是高端、专业、奢华。为了在抖音平台上提升品牌的知名度和声誉，奔驰在抖音账号上主要发布一些关于汽车的技术、设计、性能、安全等方面的内容，并邀请一些有影响力的汽车专家和明星进行评测和推荐。这样既能展示奔驰的产品优势和专业性，又能提升品牌的高端形象和信任度。

### 9. 资源投入

不同企业在抖音营销中可能投入的资源不同，这将影响其目标的选定。例如，一些企业可能拥有较大的营销预算，因此他们可能将抖音营销的目标选定为提高销售额和市场份额；而另一些资源有限的企业可能更关注品牌曝光和用户互动的增加。

案例：**小米**在抖音平台上的目标是提高品牌曝光和用户互动。为了实现这个目标，小米在抖音账号上主要发布一些关于小米产品的创意视频、趣味活动、用户故事等，并与用户进行互动和沟通，以提升用户对小米品牌的认知度和好感度。

### 10. 产品特点

不同产品的特点和属性差异将影响企业抖音的目标选定。例如，一些创新型产品可能更注重在抖音平台上展示其特色和功能，因此企业抖音的目标可能是提升产品的认知度和用户体验；而一些消费品牌可能更注重通过抖音平台建立品牌与消费者之间的情感连接，因此企业抖音的目标可能是提升品牌忠诚度和口碑传播。

以下是一些关于不同产品特点导致的企业抖音目标不同的案例：

#### 1）创新型产品

如果企业的产品属于创新型产品，即具有新颖、独特、先进等特点，那么企业抖音的目标可能是提升产品的认知度和用户体验。这类产品通常需要通过视频等形式来展示其特色和功能，以吸引用户的注意力和兴趣，并引导用户进行尝试和使用。

案例：**Dyson**是一家创新型产品制造商，其主要产品包括吸尘器、风扇、吹风机等。为了在抖音平台上提升产品的认知度和用户体验，Dyson在抖音账号上主要发布一些关于Dyson产品的科技原理、功能演示、使用效果等，并邀请一些有影响力的科技达人和明星进行评测和推荐。

### 2）消费品牌

如果企业的产品属于消费品牌，即具有较高的市场占有率、用户认知度、品牌忠诚度等特点，那么企业抖音的目标可能是提升品牌忠诚度和口碑传播。这类产品通常需要通过视频等形式来展示其与消费者之间的情感连接，以增加用户对品牌的喜爱和信任，并促进用户进行推荐和分享。

> **案例：奥利奥**是一个消费品牌，其主要产品是饼干。为了在抖音平台上提升品牌忠诚度和口碑传播，奥利奥在抖音账号上主要发布一些关于奥利奥饼干的创意视频、趣味活动、用户故事等，并与用户进行互动和沟通，以提升用户对奥利奥品牌的认知度和好感度。

### 11. 企业自身情况

每个企业都会有基于企业自身情况的、特定的营销目标。这些目标可能与销售业绩、业务宣传、经营运作、品牌IP等方面有关。在实际工作中，企业需要根据自己的实际情况以及发展战略，确定自己的营销目标。

以下是一些关于不同企业自身情况导致的特定营销目标的案例：

### 1）品牌新媒介认知建设

如果企业之前没有利用互联网进行过宣传，那么想要开展抖音营销时，就需要将原有的品牌形象，转移到抖音这种新媒体中，让观众和消费者有基础认知。此时企业抖音的目标，就是品牌新媒介认知建设。

> **案例：海尔**是一家家电制造商，其在传统渠道上有较高的知名度和市场份额。为了在抖音平台上进行品牌新媒介认知建设，海尔在抖音账号上主要发布一些关于海尔家电的产品介绍、使用方法、用户评价等，并与用户进行互动和沟通，以让用户对海尔品牌有更深入和全面的了解。

### 2）品牌年轻化形象塑造

如果企业之前在市场上的品牌形象比较老旧或保守，现在想要通过抖音平台提升品牌的年轻化形象，以吸引更多年轻消费者，那么此时企业抖音的目标，就是品牌年轻化形象塑造。

> **案例：百事可乐**是一家饮料制造商，其在市场上的品牌形象比较传统和保守。为了在抖音平台上进行品牌年轻化形象塑造，百事可乐在抖音账号上主要发布一些关于百事可乐的创意视频、潮流活动、明星合作等内容，并与用户进行互动和沟通，以让用户对百事可乐有更多的兴趣和喜爱。

### 3.3.3　选择企业抖音目标的方针和过程

#### 1. 基于企业自身情况选择自己的企业抖音目标

企业抖音目标与企业的整体战略、品牌定位、产品特性、目标客户等因素密切相关。因此，不同的企业会有不同的抖音目标，没有一种通用的模式可以套用。企业在选择抖音目标时，需要根据自己的实际情况和需求，进行深入的分析和评估，才能确定最合适、最可行的抖音目标。

选择企业抖音目标的过程，可以分为四个步骤：确定目标、排序目标、分配权重和设定调性，如图3-9所示。

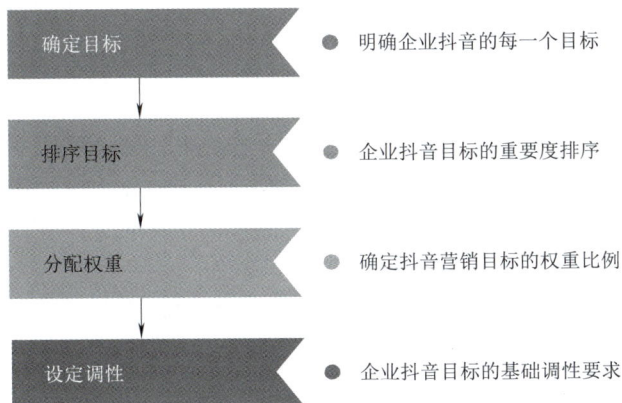

图 3-9　从目标到策略的推导过程

*1）确定目标——明确企业抖音的每一个目标*

在这一步骤中，企业需要根据自己的营销策略和抖音平台的特点，确定自己想要在抖音上实现的每一个目标，并用文字清晰地表达出来。例如，"提升品牌知名度和美誉度""增加产品销量和市场占有率""建立与客户的互动和信任"等，都是可能的企业抖音目标。

*2）排序目标——企业抖音目标的重要度排序*

在这一步骤中，企业需要对已经确定的抖音目标进行重要度排序，即按照优先级从高到低排列。这样可以帮助企业明确自己在抖音上的主要目标和次要目标，以便合理地分配资源和精力。同时，企业还需要考虑，在出现资源紧张或冲突的情况下，哪些目标是必须保留的，哪些目标是可以舍弃或调整的。

*3）分配权重——确定抖音营销目标的权重比例*

在这一步骤中，企业需要根据已经排序好的抖音目标，给每一个目标分配一个具体的权重比例。这个比例表示了该目标在整个企业抖音中所具有的重要程度和影响力。企业在分配权重时，需要考虑自己在抖音上的投入产出比，即每一个目标所需要的资源投入和所能带来的效益回报。权重比例越高，表示该目标越重要，也就

意味着该目标需要更多的资源支持和更高的执行质量。

### 4）设定调性——企业抖音目标的基础调性要求

在这一步骤中，企业需要根据自己的品牌形象和风格，以及每一个抖音目标所涉及的内容和对象，设定每一个目标的基础调性要求。调性要求是指企业在抖音上发布内容时所遵循的基本原则和风格，它可以影响企业与客户之间的沟通效果和关系建立。例如，"正面积极""幽默风趣""专业权威""亲切友好"等，都是可能的调性要求。在设定调性要求时，不需要过于细致或具体，只需要给出一个方向性的指引即可。

### 2. 企业抖音目标和实施策略的示例

在确定好每个目标的调性之后，企业抖音的目标策略就清晰可见了，示例见表3-3。

表3-3　选定不同企业抖音目标后制定的实施策略

| 选定企业抖音目标 | 制定实施策略 | | |
|---|---|---|---|
| | 次序 | 权重 | 基础调性要求 |
| 作为核心业务的主要销售渠道，驱动核心业务发展 | 第一目标 | 70% | 时尚亲切、兼顾性价比 |
| 做品牌宣传的有力支撑 | 第二目标 | 20% | 高站位、引领者、踏实落地 |
| 服务于其他非核心部分 | 第三目标 | 10% | 全面周到 |

备注：如投入或精力有限，可以暂时去除第三目标。

某卫浴产品企业的抖音目标策略实例（见表3-4）。

表3-4　某卫浴产品企业的抖音目标策略实例

| 目标 | 次序 | 权重 | 基础调性要求 |
|---|---|---|---|
| 强化产品特征和优势 | 第一目标 | 60% | 精美、生动、时尚；性价比 |
| 打造品牌基础形象 | 第二目标 | 25% | 高端、专业、可靠；品牌故事 |
| 以服务提升客户好感度 | 第三目标 | 15% | 实用、个性化；价值感 |

# 3.4　选定目标策略的实操步骤

## 3.4.1　研究优秀企业的抖音营销

如今已有许多企业在抖音营销上获得了优异的成效，学习这些企业的成功经验是开始选定目标策略必须做的准备功课。

在关注、研究行业内领先企业以及主要竞争对手是如何进行抖音营销的同时，还要关注其他领域的优秀企业，跨界学习往往能带来许多启发和指引。同时，实地的现场学习对于学习者来说是最为宝贵的经验。图3-10向读者揭示了具体的需要学习的企业抖音账号和内容。

向同行学习　　　　　跨界学习　　　　　实地学习

- 行业内的顶尖企业
- 行业内的自媒体
- 大产业领域内视频营销的领先企业
- 区域内的主要竞争对手
- 行业内的成功案例分析

- 玩转抖音的标杆企业
- 玩转抖音的标杆行业
- 不同平台的数字营销领导者
- 不相关行业、不相关产品的爆款视频

- 直播现场
- 短视频拍摄现场

图 3-10　学习成功的企业抖音账号（内容）

### 1. 向同行学习抖音

作为一个拥有超过7亿日活用户的短视频平台，抖音已经成为许多企业进行品牌营销和产品推广的重要渠道。但是，如何在抖音上打造出有影响力和吸引力的内容，如何与目标用户建立深度的互动和信任，如何将流量转化为实际的销售，这些都是需要企业不断探索和学习的问题。在这个过程中，向同行学习是一个有效的方法，可以帮助企业找到适合自己的抖音营销策略和玩法。以下是一些可以参考学习的同行对象：

#### 1）行业内的顶尖企业

行业内的顶尖企业往往具有较强的品牌影响力和市场占有率，他们在抖音上的表现也值得关注。通过观察他们的账号运营、内容风格、话题选择、活动策划等方面，可以了解他们是如何树立品牌形象、传递品牌价值、吸引和留住用户的。

案例：奶茶品牌"奈雪的茶"在抖音上拥有超过1000万粉丝，其账号内容以展示产品制作过程、分享消费者故事、举办互动活动等为主，形成了一种轻松愉悦、时尚甜美的品牌调性。奈雪的茶还经常利用抖音热点话题和热门挑战来提升曝光度和参与度，如"#奈雪小姐姐""#奈雪小哥哥""#奈雪变装"等。

### 2）行业内的自媒体（机构、个人）

行业内的自媒体，无论是机构还是个人，都值得参考学习。他们通常具有较高的专业性和权威性，能够提供行业相关的资讯、分析、评测等内容，为用户提供有价值的信息和知识。同时，他们也能够通过幽默风趣、生动形象、贴近生活的方式，让内容更加有趣、易懂，从而吸引更多的关注和转发。

> **案例：数英网**是一个专注于数字营销领域的自媒体机构，在抖音上拥有超过200万粉丝。其账号内容涵盖了数字营销的各个方面，如广告投放、数据分析、社交媒体、电商运营等，并且以案例分析、干货分享、行业观察等形式呈现，为用户提供了丰富而实用的数字营销知识。

### 3）大产业领域内视频营销的领先企业

不仅是常见的消费类行业，还可以学习在大产业领域（指国民经济的主要行业分类）内视频营销的领先企业。他们往往具有较强的创新能力和执行力，在视频内容创作、视频营销策略、视频平台运用等方面都有着自己独到的见解和经验。通过借鉴他们在视频营销方面的成功案例和最佳实践，可以为自己在抖音上进行视频营销提供更多的灵感和思路。

> **案例：宝洁**是一个全球知名的日化品牌，其在视频营销方面有着非常出色的表现。宝洁不仅在抖音上拥有多个子品牌的官方账号，还经常与抖音平台合作，开展各种主题活动和社会公益项目，如"#宝洁超级品牌日""#宝洁为爱加冕""#宝洁为爱而行"等，通过视频内容传递品牌理念、展示品牌形象、引发用户共鸣。

### 4）区域内的主要竞争对手

区域内的主要竞争对手与自己的目标市场和目标用户更为接近，他们在抖音上的动向和表现可能会直接影响自己的市场份额和用户忠诚度。通过观察他们在抖音上的账号运营、内容策略、用户互动、营销效果等方面，可以了解他们的优势和劣势，找出自己的差异化优势和改进空间，从而制定更有针对性和竞争力的抖音营销策略。

> **案例：瑞幸咖啡**是一个快速发展的新兴咖啡品牌，在抖音上拥有超过600万粉丝。其账号内容以展示咖啡制作过程、分享咖啡文化、举办互动活动等为主，形成了一种年轻活力、时尚简约的品牌调性。瑞幸咖啡还经常利用抖音热点话题和热门挑战来提升曝光度和参与度，如"#瑞幸椰树联名""#瑞幸咖啡挑战"等。

5）行业内的成功案例分析

对行业内成功的抖音营销案例进行深入分析，了解这些企业在内容创作、粉丝互动和品牌推广方面的创新做法和成功经验。通过分析他们的策略和执行方式，可以发现行业内的趋势和最佳实践，为自己的抖音营销策略提供更多的参考和灵感。

> 案例：**欧莱雅**是一个全球知名的美妆品牌，在抖音上拥有超过3000万粉丝。其账号内容以展示美妆产品效果、分享美妆技巧、举办美妆挑战等为主，形成了一种专业时尚、亲和自信的品牌调性。欧莱雅还经常与抖音平台合作，开展各种主题活动和社会公益项目，如"#欧莱雅超级品牌日""#欧莱雅女性节""#欧莱雅绿色美丽"等，通过视频内容传递品牌理念、展示品牌形象、引发用户共鸣。

### 2. 跨界学习

1）玩转抖音的标杆企业

不同行业的优秀企业抖音，非常值得学习。不同的内容、形式和玩法，能为企业抖音打开视野。例如，"美团"是一家在抖音上表现出色的外卖企业。美团的抖音账号主要发布美食、旅游、生活等相关的视频，吸引了大量的用户关注和互动。美团的视频内容既有品牌宣传和产品推荐，也有趣味性和教育性，形式多样，玩法新颖。美团还利用抖音的直播功能，与网红、明星、达人等进行合作，进行品牌曝光和流量引导，提升了品牌知名度和用户黏性。

2）玩转抖音的标杆行业

向视频营销先发行业"先发行业"通常指的是在某一领域或市场中最早采用新技术、新策略或新模式的行业。这些行业往往能够通过创新来获得竞争优势，并为其他行业提供可借鉴的经验和模式。学习，可以为企业抖音打开新的格局。例如，2022年笔者在中国出版协会主办的直播销售培训中，就以女性服装抖音店为例，向参加培训的各出版社营销人员介绍了在这个细分赛道里，各式各样的营销策略和形式（见图3-11）。随后，出版行业就开始了各种抖音直播的尝试，如图书展会直播、出版社库房直播，并使这些直播销售新形式，逐渐成为主要形式之一。

教育行业在抖音上有着丰富的内容创作和营销手法，如知识分享、课程推荐、学习方法、教育趣闻等，因此也是值得学习的先发行业。教育行业的抖音账号不仅能够传播教育理念和价值观，也能够提供有用的信息和服务，满足用户的学习需求和兴趣。教育行业还利用抖音的互动功能，如评论、私信、话题等，与用户进行沟通和互动，建立信任和忠诚度。

图 3-11　女性服装抖音店不同的营销策略和形式（示例）

3）不同平台的数字营销领导者

企业还可向在其他数字营销平台上表现出色的企业学习。例如，向在微信、微博、快手等平台上有成功营销案例的企业学习。通过借鉴他们在不同平台上的运营策略和创新点，并将其应用到抖音营销中，提升自己的竞争力。

> **案例：星巴克**在多个数字营销平台上都有着优秀表现。星巴克在微信上建立了自己的会员体系和支付系统，提供了便捷的在线下单和支付功能，并通过微信小程序推出了多种互动游戏和活动，增加了用户参与度和消费频次。星巴克在微博上发布了大量与咖啡文化、生活方式、社会责任等相关的内容，塑造了自己的品牌形象和价值观，并通过与网红、明星、公益组织等进行合作，扩大了自己的影响力和口碑。星巴克在快手上也有着不俗的表现，主要通过发布一些有趣的视频，展示自己的产品和服务，吸引了年轻用户的关注和喜爱。

4）不相关行业、不相关产品的爆款视频

学习其他行业的爆款视频并提取经验教训是非常重要和必要的，通过观察和分析其他行业的爆款视频，企业可以从以下四个方面受益：

（1）了解市场趋势和消费者喜好。不同行业的爆款视频可以反映当下流行的话题、风格和创意，帮助企业及时把握市场动态，精准定位目标受众，提供符合市场需求的内容和产品。例如，近期在抖音上火爆的"热血教师"系列视频，就展示了教育行业的热点话题和用户关注点，为其他行业提供了一个借鉴和参考的方向。

（2）借鉴优秀的营销策略和创意思路。爆款视频之所以能够受到广大用户的喜爱和关注，往往是因为其独特的表现形式、引人入胜的故事情节或创新的营销手法。通过学习这些成功案例，企业可以提升自身的创意能力和营销效果。例如，美妆行业的爆款视频，就运用了"反转""悬念"等手法，吸引用户的注意力和好奇心，从而增加视频的播放量和转发率。

（3）发现自身的竞争优势和差距。通过对其他行业爆款视频的观察和分析，企业可以了解到不同行业的竞争状况和各自的优势特点，从而更好地定位自身的市场价值和竞争优势。同时，也可以发现自身在创意、内容或营销手法方面存在的不足和改进空间，促使企业进行自我反思和提升。例如，汽车行业的爆款视频，就利用了"情感""社会责任"等元素，打造了品牌形象和口碑，为其他行业树立了一个榜样。

（4）提供灵感和创意的源泉。不同行业的爆款视频往往有着各自独特的创意和表现形式，通过观察和学习这些视频，企业可以汲取创意的灵感，为自身的内容创作和广告营销提供新的思路和创新点。这有助于企业在竞争激烈的市场中脱颖而出，吸引更多的用户关注和参与。例如，餐饮行业的爆款视频，就运用了"美食""幽默"等元素，制造了用户的口水和欢笑，从而增加了用户对产品的兴趣和购买欲。

### 3. 实地学习

要做好企业抖音，不是一件简单的事情，它需要有专业的技能和经验，而这些技能和经验，往往只能通过到现场学习来获得。

#### 1）直播现场

直播是一种实时的互动方式，它可以让用户感受到企业的真实和活力，增加用户的信任和好感。但是，要做好直播，不仅需要吸引人的内容和风格，还需要有完善的设备和团队。因此，到现场学习，对于企业抖音的开展，尤为重要（见图3-12）。

图 3-12　三机位室内直播现场（示例）

对于直播形式，必须要深入到直播现场的后台，才能理解，屏幕上专业、美轮美奂、目不暇接的镜头，究竟是如何产生出来的；才能了解直播间的布置、灯光、音响、摄像、导播等各个环节的细节和流程；才能获知如何根据不同的场景和主题进行镜头的调整和切换。只有亲身体验过直播现场的复杂性和专业性，才能更好地掌握直播的技巧和规律。

2）短视频拍摄现场

短视频是一种高效的传播方式，它可以用简短而精彩的画面和声音，传递企业的信息和价值。但是，要做好短视频，也需要一定的技术和创意。因此，短视频的拍摄和剪辑过程，也需要进行现场学习，唯有如此，才能理解，每一个镜头、每一帧画面，所需要付出的极大时间和精力（见图3-13和图3-14）。例如，要了解短视频的选题策划、脚本撰写、拍摄、剪辑等各个环节的方法和技巧，以及如何根据不同的平台和用户进行优化和调整，只有亲身经历过短视频拍摄现场，才能知晓短视频拍摄的艰辛，才能更好地学习到短视频的拍摄技巧和积累拍摄经验。

图 3-13　短视频的拍摄（示例）

图 3-14　短视频的剪辑（示例）

总之，做好企业抖音，需要到现场学习。只有通过现场学习，才能真正了解企业抖音的内涵和外延，才能真正掌握企业抖音的技术和艺术。

### 3.4.2　梳理自身特征和优势

#### 1. 切勿好高骛远

好高骛远、不切实际的企业抖音目标，对于企业来讲是非常有害的。许多做过企业抖音营销，又暂停企业抖音的企业，大多是这种情况的受害者。许多培训机构和讲师，故意夸大企业抖音的效果，刻意掩盖企业抖音的复杂度和难度，使得许多企业老板和营销高管，以为企业抖音可以迅速成功，结果却在付出高昂的直播间设备费用和装修费用之后，收效甚微，最后不得不把企业抖音工作暂停下来。

因此，在做企业抖音之前，需要对抖音进行深度认知，同时对企业自己的营销策略和实际能力，做细致分析，才能最终选定出合适的、可行的企业抖音目标。

**2. 示例：新东方特征和优势的梳理**

以下是新东方向直播转型时的自身特征和优势分析。

*1）独特性*

新东方：主播之前是老师，见识广阔、博闻强记、口若悬河。

*2）差异性*

新东方：不只是卖货，还有文化、情怀。

*3）优势*

新东方：直播间经常邀请商业大咖、文化名人……

### 3.4.3　进行目标和策略的推导

在扩展视野、梳理出自身特征和优势之后，可以填写表3-5。

表 3-5　进行企业抖音目标和策略推导的工具表格（示例）

| 项目 | 内容 |
| --- | --- |
| 本行业常规的抖音营销目标 | |
| 行业特征 | |
| 企业发展阶段 | |
| 企业规模、业务复杂度 | |
| 客户类型（To B、To C） | |
| "自己"特定的营销目标 | |
| 自身特征和优势 | |

之后，按照表3-6，进行"选定目标和实施策略推导"，完成目标策略环节的工作。

表 3-6　选定企业抖音目标和实施策略推导的工具表格（示例）

| 目标 | 次序 | 权重 | 基础调性要求 |
| --- | --- | --- | --- |
| 目标 A | 第一目标 | ？% | |
| 目标 B | 第二目标 | ？% | |
| 目标 C | 第三目标 | ？% | |

### 3.4.4　用一张表呈现企业抖音的目标策略

企业抖音选定目标策略的最后产出物，就是一张表格（见表3-7）。可以看到，如此精简的一张表格，集合了企业自身特征和优势、对行业和跨界标杆企业的理解、对抖音平台的认知水平。

在企业内部研讨或行业交流时，可以用这张表格考核任何一家企业对于抖音的目标策略是否清晰。如果这家企业的营销高管或企业抖音负责人，谈起自己企业的抖音，只会谈及文案脚本、拍摄技巧等细节，那么这家企业的整体规划很可能是不清晰、甚至混乱的，其企业抖音的未来发展，是有危险的。当一家企业的抖音负责人，在谈起自己企业的抖音时，对每个账号的方向和目标，都清晰明确，说明这家企业的抖音工作，已经走上了快车道。

表 3-7　企业抖音的目标策略

| 项目 | 企业根据自身情况填写（表中文字为提示和示例） |
|---|---|
| 本行业常规的<br>抖音营销目标 | 常规品牌宣传<br>日常销售带货<br>营销活动提升<br>…… |
| 行业特征 | 行业里有多少品牌或企业已经在做企业抖音？<br>同行友商在抖音平台投入的人、财、物综合力度怎样的？<br>行业里对企业抖音的反馈如何？<br>…… |
| 企业发展阶段 | 成熟阶段，已经是行业龙头企业<br>发展阶段，在行业处于中腰部<br>初创阶段，刚刚进入行业<br>…… |
| 企业基本情况 | 企业品牌<br>产品品牌<br>其他品牌背景<br>…… |
| 企业规模<br>业务复杂度等情况 | 企业自有可控供应链，营销团队健全完整<br>企业擅长营销和渠道，供应链借助外力<br>企业擅长供应链，营销渠道宣传与其他团队合作 |
| 客户类型<br>（To B、To C） | 客户群只是 To B<br>客户群只是 To C<br>客户群 To B 和 To C 都有，占比不同<br>…… |
| "自己"特定的营销目标 | 短期阶段性的利益目标<br>长期战略性的综合目标<br>…… |
| 自身特征和优势 | 自身运营企业抖音所拥有的独特特征<br>自身运营企业抖音所拥有的优势<br>…… |

**思考题：**

1.企业如何根据自身的业务需求和市场情况，确定合适的抖音营销目标？

2.企业在实施抖音营销目标策略时，可能会遇到哪些挑战，应如何应对？

# 第4章
# 账号布局

## 4.1　账号布局为企业抖音奠定基石

### 4.1.1　"策略阶段"的第二步：账号布局

#### 1. 把目标和策略落实在抖音账号上

在抖音平台上，想要实现企业的营销目标，就需要有一个合理的账号布局。账号布局，就是把企业的目标和策略，具化为抖音账号的各个要素，包括账号名称、头像、简介、分类、内容方向、风格等。这些要素，不仅要符合企业的品牌形象和定位，还要适应抖音平台的运作规律和用户需求，唯有如此，才能有效地吸引和留住目标受众。

#### 2. 账号布局奠定企业抖音"赢"的基石

账号布局是"策略阶段"的第二步，为企业抖音奠定"赢"的基石。如果这个基石建立得不稳固或有所偏颇，那么后续的内容创作、运营推广、数据分析等工作，都会遇到非常大的问题和陷阱。

比如，如果账号名称太过普通或难以记忆，那么用户就很难搜索到或关注到该账号；如果账号简介太过空洞或没有亮点，那么用户就很难对该账号产生兴趣或信任；如果账号分类选择不当或不明确，那么用户就很难找到或浏览到该账号的内容；如果账号内容方向太过宽泛或缺乏特色，那么用户就很难对该账号产生认同或喜爱；如果账号风格不统一或不符合受众口味，那么用户就很难对该账号产生亲近或忠诚。

### 4.1.2　账号布局的七项任务

账号布局包含多项工作，包括账号设计、组合、账号体系设计等一系列工作。这项看起来简单的事情，实际工作起来要考虑的维度非常多。一个企业往往需要同时运作多个账号，这些账号之间既有分工，又有合作，从而增加了账号布局工作的难度。账号布局的主要工作内容有以下七项。

### 1. 单个账号设计

单个账号设计是针对每一个抖音账号，确定其内容方向、风格，在符合企业的品牌形象和定位的前提下，实现之前选定的目标和策略。同时，需要适应抖音平台的运作规律和用户需求，有效地吸引和留住目标受众。

### 2. 账号组合设计

账号组合设计是根据企业的营销目标和策略，选择合适的账号数量和类型，使其能够互相支持、互补优势，形成一个有机的整体。比如，一个企业可以同时拥有官方账号、产品账号、服务账号、活动账号等不同类型的账号，分别承担不同的功能和角色。

### 3. 账号体系设计

账号体系设计是在账号组合的基础上，建立一个清晰的账号层级和关系，使其能够有效地协同运作，实现资源共享和价值传递。比如，一个企业可以把官方账号作为核心账号，其他类型的账号作为辅助账号，通过互动、转发、引流等方式，增强彼此的影响力和效果。

### 4. 账号矩阵设计

账号矩阵设计是根据企业的目标受众和内容主题，划分不同的细分市场和内容领域，使其能够覆盖更多的用户群体和需求点。比如，一个企业可以根据用户的年龄、性别、兴趣等特征，设计不同的人设和故事线，让每个用户都能找到自己喜欢的内容和角色。

### 5. 设定账号KPI

设定账号KPI是根据企业的营销目标和策略，为每个抖音账号设定具体的关键绩效指标（KPI），使其能够量化地衡量和评估每个账号的运营效果和贡献度。比如，一个企业可以根据不同类型的账号，设定不同的KPI，如粉丝数、播放量、点赞量、评论量、转发量、收藏量等。

### 6. 资源投入与统筹

资源投入与统筹是根据企业的预算和人力资源情况，为每个抖音账号分配合理的资金和人员支持，使其能够高效地进行内容创作、运营推广、数据分析等工作。比如，一个企业可以根据不同类型和层级的账号，分配不同的资源投入和统筹方式，如专职或兼职人员、内部或外部团队、自制或外包内容等。

### 7. 账号形象策划

账号形象策划是根据企业的品牌形象和文化内涵，为每个抖音账号塑造出独特的个性和风格，使其能够与用户产生情感和魅力的连接，建立起忠诚的粉丝群体。比如，一个企业可以根据不同类型和主题的账号，塑造不同的形象和风格，如专业或亲切、正式或幽默、知性或感性等。针对每一个抖音账号，确定其昵称、头像、简介背景图等形象要素。

### 4.1.3　用开办电视节目的心态来做账号布局

企业抖音与抖音自媒体的差异巨大。抖音自媒体可以想做就做，做不好就换，不想做就停。企业抖音则需要持续发布短视频或直播，并且进行运营维护，不能轻易改变内容和调性，更不能随意停止。同时，由于涉及企业的各种社会或商业事件会随时出现，因此企业抖音还要有随时应对这些突发情况的能力。

企业抖音账号的基本要求：

（1）需要长期运作。不能像自媒体那样，想做就做，做不好就换，不想做就停。

（2）需要状态稳定。不能轻易改变内容和调性，并且需要随时运营维护。

由此可见，看似一个简单的账号，其实承载着企业的重要工作任务和品牌责任。为了避免忽视账号布局的作用，企业应当把企业抖音的账号布局，看作是创办电视台的一档著名节目，以及一系列优秀电视节目。

例如，美食节目非常多，但真正获得观众认可、能够长期运作的节目，并不是很多，而由央视一套播出的美食纪录片《舌尖上的中国》，因其内容主题和调性经过精心的打造，从而给观众留下深刻的记忆。

企业往往有多个业务线、各式各样的产品，需要开设多个账号，这就相当于需要创办不同的电视节目。这些电视节目，要在不同频道中播放，这就是账号布局。账号布局需要考虑以下4个方面。

（1）账号数量：要根据企业的营销目标和策略，选择合适的账号数量，使其能够覆盖更多的用户群体和需求点。

（2）账号类型：要根据企业的产品和服务特点，选择合适的账号类型，使其能够展示更多的产品和服务优势。

（3）账号层级：要根据企业的品牌形象和影响力，确定合适的账号层级，使其能够形成一个清晰的品牌体系。

（4）账号关系：要根据企业的资源和能力情况，建立合适的账号关系，使其能够有效地协同运作。

最后，需要对账号进行运营。这就相当于需要保证电视节目的质量和收视率，以及与观众的互动和沟通。

# 4.2　账号布局的前提条件

### 4.2.1　账号布局需要重视的抖音运作特征

#### 1. 影响账号布局的三个抖音运作特征

抖音是一个以短视频为主要内容形式的社交媒体平台，其运作特征与传统的互联网平台有很大的不同。想要在抖音上做好账号布局，就需要深入了解抖音的运作

逻辑，以及观众的喜好和行为。

下面将从三个方面来介绍影响账号布局的抖音运作特征，分别是观众导向、内容垂直和兴趣赛道，如图4-1所示。

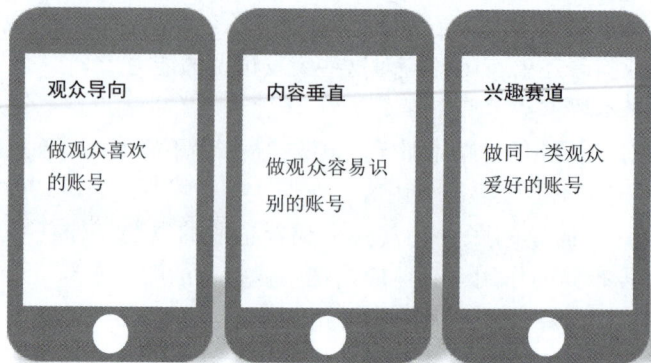

图 4-1　账号布局的抖音运作特征

1）观众导向：做观众喜欢的账号

抖音平台是根据观众的喜好和行为来推送内容的，而不是根据内容的类别或质量来决定。这意味着，如果想要在抖音上获得更多的关注和流量，就需要发布观众喜欢看的内容，而不是自己认为好的内容。

以往的互联网平台，比如百度手机版或者微信，都是由平台方事先设定好频道或者栏目，然后按照内容的类别或者质量来进行排序和展示的。这样的平台逻辑，对于商业机构来说比较友好，因为可以根据常规的规律进行预判和安排。但是，在抖音平台上，这样的逻辑就不适用了。因为抖音平台是由观众决定平台方向，平台顺应观众爱好的。抖音平台会根据每个观众的观看行为和反馈，来不断调整和优化推荐算法，从而为每个观众推送最符合其个性化需求和偏好的内容。这样的平台逻辑，对于观众来说很友好，因为可以看到自己最感兴趣的内容。

抖音平台并不是对任何账号或事件都没有流量支持或干预，而是，视频内容如果无法吸引观众的兴趣和情感，那么提供再多的流量也是无用的。抖音平台上的内容更新非常快，所以，在抖音上做账号布局，需要时刻关注观众的喜好和行为变化，并及时调整自己的内容策略。

2）内容垂直：做观众容易识别的账号

内容垂直是指在抖音平台上，账号发布的视频内容越是专注于一个细分领域或者主题，就越容易获得观众的关注和认可。这是因为，在抖音上，每个视频都只有十几秒到一分钟左右的时间来吸引观众，并且每个视频都需要与无数其他视频竞争观众的注意力。所以，在这样一个信息爆炸和碎片化的环境中，如果账号发布的内容过于广泛或者模糊，就很难让观众产生兴趣和记忆。

案例：在抖音平台中，有个叫作"菜男"的自媒体账号，其内容是以制作创意美食为主，配合特色的配音效果，从而给观众带来治愈感和惊喜感。这个账号就是典型的内容垂直案例，因为它在美食类短视频中有自己独特的风格和特点，让观众一眼就能认出。

对于企业账号来讲，内容垂直也是适用的。对于企业来讲，需要发布的内容种类往往是多种多样的，比如产品介绍、品牌故事、活动推广等，这与账号内容垂直的要求有一定的冲突，所以，在做账号布局时，需要进行权衡和取舍。如果为了让企业的视频内容都集中在一个企业抖音账号中，那么就要舍弃内容垂直带来的容易识别和区分的好处；如果希望能够以内容垂直获得更多的粉丝和流量，那么就需要建立多个账号，用来发布不同内容类别的视频。

案例：世界著名轮胎品牌**米其林**在抖音上就有两个账号，一个是"米其林轮胎"，主要发布与轮胎相关的内容，比如轮胎知识、轮胎保养、轮胎故事等；另一个是"米其林指南"，主要发布与美食相关的内容，比如米其林餐厅、美食推荐、美食故事等，如图4-2所示。这样的做法，就是利用内容垂直的原则，让不同类型的观众能够更容易找到自己感兴趣的内容，并且增加了对品牌的认知和信任。

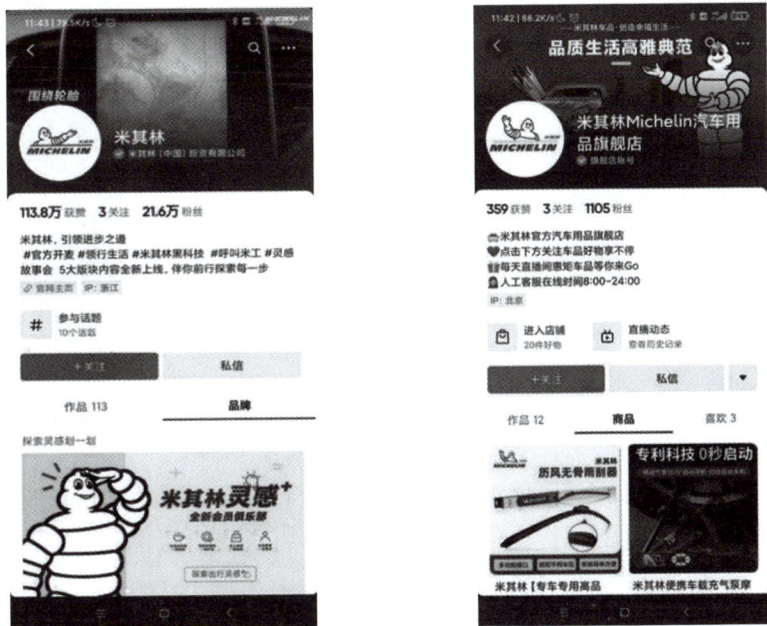

图 4-2　米其林案例（示例）

3）兴趣赛道：做同一类观众爱好的账号

兴趣赛道是指在抖音平台上，根据观众的喜好和兴趣形成的视频内容类型。每个兴趣赛道都有自己独特的特征和规律，并且吸引了一批相同或者相似爱好的观众。当视频发布者将内容聚焦在某个兴趣赛道中，并且符合该赛道的风格和标准，就会自然而然地获得该赛道内观众的关注和流量，这就是所谓的"自然流量"。

从本质上讲，无论是自媒体账号还是企业账号，都是在抖音平台上的不同兴趣赛道中进行竞争，因此，并不是内容垂直起了作用，而是兴趣赛道起了关键作用。

然而，不同行业在抖音上的"兴趣赛道"发展并不均衡。一些行业拥有清晰且细分的兴趣赛道，便于内容创作者精准定位目标受众，获取自然流量。而另一些行业则缺乏明确的兴趣赛道分类，导致内容传播面临更大的挑战。

接下来，我们将通过旅游行业和图书行业的案例，进一步探讨不同行业在抖音"兴趣赛道"方面的差异，以及企业应该如何应对这些挑战。

在旅行类型下，有9个"兴趣赛道"，且定义不清晰，需要旅游机构，进行分析准备，如图4-3所示。

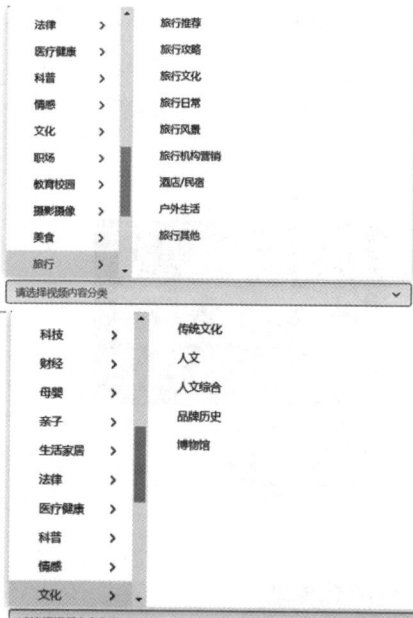

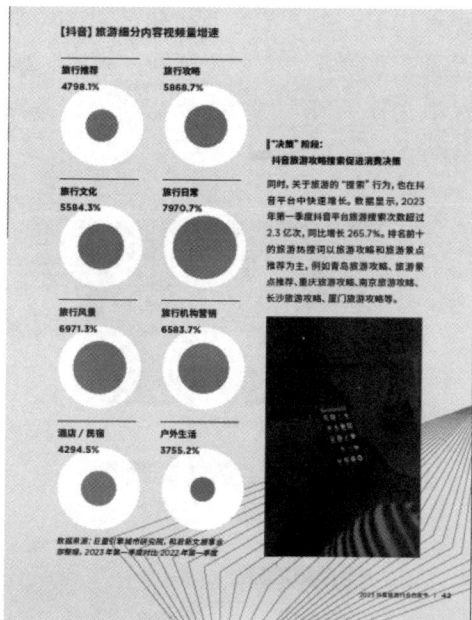

图4-3  旅游行业兴趣赛道的分类（示例）

对于图书行业来说，处境就艰难了，因为在抖音的内容类别中，并没有对应的"兴趣赛道"。这意味着，图书的出版和销售机构，需要在其他类别的视频内容中进行打拼，失去了自有赛道的竞争优势。

**2. 针对抖音运作特征进行账号设计和布局**

在进行账号的设计和布局时，企业要从观众视角出发，以兴趣赛道为依归。

例如，企业抖音账号的名称和形象，需要从观众的视角出发进行设计，而不能只是从企业自身的喜爱出发。企业抖音账号要尽量做到内容垂直，最好是聚焦1~2个兴趣赛道。如果企业所在行业没有对应的兴趣赛道，就需要选择能够涵盖内容方向的兴趣赛道，并且避免那些竞争过于密集或是难度过大的兴趣赛道。

### 4.2.2　账号布局需要重视的抖音用户特征

对于账号设计和布局来讲，抖音观众对于账号的使用习惯，是非常重要的，这一点，往往被抖音内容发布者所忽视。抖音的出现，彻底改变了人们的观看、消费、使用、创作和社交习惯。了解和掌握抖音用户的特征，对于账号运营者来说至关重要。然而，抖音用户的特征并非一成不变，而是随着平台的发展和用户的变化而不断演进。本书总结了五项特征，如图4-4所示。

图 4-4　账号布局需要重视的抖音用户五项特征

这里需要特别说明的是，这些抖音用户特征产生的影响，不仅是在账号布局阶段，也适用在内容规划、内容生产、账号运营等所有抖音工作中，并且，这些抖音用户特征还在不断演进变化。

#### 1.观看新习惯

抖音的出现改变了观众的观看习惯，主要体现在观看通道、观看时间和碎片化程度上。在过去，观众往往通过电视、电影院等传统媒体来观看内容，而现在，随着抖音的兴起，观众逐渐形成了全新的观看方式。

##### 1）观看通道更简便

抖音作为一种移动端应用，观众可以通过手机随时随地观看短视频内容。相比传统媒体，抖音提供了更加便捷的观看通道，观众不再局限于特定的时间和地点。这种观看通道的改变，使观众能够更加灵活地安排观看时间，而不再受限于电视节目的播放时间或电影院的场次。

##### 2）观看时间更短暂

抖音的短视频形式使得观看时间更加短暂。观众不再需要花费很长时间来观看一部完整的电影或电视剧，而是可以通过抖音上的短视频来迅速获取所需的信息或娱乐。观众的观看时间变得更加短暂，他们可以在碎片化的时间段内随时打开抖音观看一段短视频，以满足自己的需求。这种观看时间的改变使观众能够更好地适应快节奏的生活方式，随时随地获得娱乐和知识。

### 3）个性化推荐更智能

抖音的个性化推荐也影响了观众的观看习惯。抖音根据观众的兴趣和喜好推送相关的短视频，使观众能够更容易找到自己感兴趣的内容。观众可以根据自己的兴趣选择观看，不再需要花费很长时间去寻找他们喜欢的视频。个性化推荐让观众能够更快地找到适合自己口味的内容，提高了观看效率。

### 4）用户生成内容更主动

抖音的用户生成内容（UGC）特性也改变了观众的观看习惯。观众不再只是被动地接受媒体公司制作的内容，而是可以通过抖音上创作者发布的短视频来获取新鲜、有趣的内容。观众可以在抖音上关注自己喜欢的创作者，与他们互动，甚至参与到创作中去。这种观看新习惯让观众参与其中，能够获得更多的乐趣和满足感，见表4-1。

表 4-1　抖音平台观看新习惯

| 观看新习惯 | 抖音平台 | 传统平台 |
| --- | --- | --- |
| 观看通道 | 观众可以通过手机随时随地观看短视频内容，不再受限于特定的时间和地点 | 受时间、地点的物理条件限制 |
| 观看时间 | 抖音的短视频形式使得观看时间更加短暂，观众可以在碎片化的时间段内随时打开抖音观看一段短视频 | 固定时间，大段时长 |
| 个性化推荐 | 抖音根据观众的兴趣和喜好推送相关的短视频，使观众能够更容易找到自己感兴趣的内容 | 固定栏目，观众选择 |
| 用户生成内容 | 观众可以通过抖音上创作者发布的短视频来获取新鲜、有趣的内容，并与创作者互动，甚至参与到创作中去 | 制作有门槛，观众被动观看 |

总的来说，抖音的出现改变了观众的观看习惯，通过移动端的观看通道，观众可以随时随地观看短视频；短视频形式使得观看时间更加短暂，促使观众适应碎片化的生活方式；个性化推荐算法让观众更容易找到自己感兴趣的内容；UGC特性让观众参与到创作中去；实时互动特性使观众能够与其他观众和创作者进行互动。这些观看新习惯让观众获得了更多的乐趣和满足感，也促进了抖音的持续发展。

## 2. 消费新习惯

如今的观众，已经建立了边看直播边下单购买的消费新习惯。

### 1）个性化消费——自由选择

抖音作为一个短视频平台，观众可以通过抖音来获取各种类型的内容，包括娱乐、美食、时尚、旅游等。观众可以根据自己的兴趣和需求选择观看的内容，而不再受限于传统媒体的节目安排。这种个性化的消费习惯使观众更加自由地选择所需的内容，满足自己的消费需求。

2）粉丝经济——拥趸跟随

抖音上的创作者们通过发布各种有趣、独特的短视频，吸引了大量的观众关注。观众可以通过关注自己喜欢的创作者，获取他们发布的最新内容，并参与到创作者的粉丝经济中去。观众可以购买创作者推荐的产品、参加创作者举办的活动，成为他们的粉丝。这种粉丝经济的消费习惯使观众更加积极地参与到抖音社区中，与创作者们建立更为紧密的关系。

3）直播购物——直观体验

抖音也为观众提供了一种全新的购物体验。在抖音上，观众可以通过直播、短视频等形式了解和购买各种产品。许多商家和品牌通过抖音推广自己的产品，与观众建立起直接的联系。观众可以通过观看产品展示视频了解产品，从而快速决策并购买自己感兴趣的产品。这种直播购物的消费习惯使观众能够更加方便地购买自己喜爱的商品，提高了购物的效率和便捷性。

4）虚拟商品（礼物）——虚拟消费

抖音还推出了虚拟商品（礼物）的消费方式。观众可以通过购买虚拟商品（礼物）来支持自己喜欢的创作者，以表达对创作者的喜爱和支持。这种虚拟商品（礼物）的消费习惯在抖音上形成了一种新的经济模式，创作者可以通过虚拟商品（礼物）获得收益，观众则可以通过购买虚拟商品（礼物）与创作者进行互动和支持。

5）品牌消费——贴近品牌

抖音的出现也促进了观众的品牌消费习惯的变化。许多品牌纷纷进入抖音平台，通过与创作者合作进行品牌推广，吸引观众购买自己的产品。观众在观看抖音视频时，也会接触到不少品牌的广告和推广内容。这种品牌消费习惯的改变使观众更加容易接触到各种品牌的产品和信息，增加了他们的购买意愿（见表4-2）。

表4-2　抖音平台消费新习惯

| 消费新习惯 | 内容 |
| --- | --- |
| 个性化消费 | 观众可以根据自己的兴趣和需求选择观看的内容，而不再受限于传统媒体的节目安排。 |
| 粉丝经济 | 观众可以通过关注自己喜欢的创作者，参与到创作者的粉丝经济中，购买推荐的产品、参加活动等 |
| 直播购物 | 观众可以通过直播、短视频等形式了解和购买各种产品，提高了购物的效率和便捷性 |
| 虚拟商品 | 观众可以通过购买虚拟商品（礼物）来支持自己喜欢的创作者，与创作者进行互动和支持 |
| 品牌消费 | 许多品牌通过与创作者合作进行品牌推广，吸引观众购买自己的产品，观众更容易接触到各种品牌的产品和信息 |

总的来说，抖音的出现改变了观众的消费习惯，通过个性化消费、粉丝经济、

直播购物、虚拟商品（礼物）等消费方式，观众们能够更加自由地选择所需的内容和产品，与创作者和品牌建立更为紧密的关系。这种消费新习惯不仅满足了观众的消费需求，也推动了抖音平台和相关产业的发展。

**3. 使用新习惯**

抖音的出现不仅改变了观众的观看习惯和消费习惯，还带来了观众的使用新习惯。这种使用新习惯主要体现在以下几个方面：

1）学习获取

抖音还为观众们提供了一种全新的学习和获取知识的途径。许多创作者在抖音上分享自己的知识、经验和技巧，观众可以通过观看他们的视频学习到各种有用的知识，使观众能够在娱乐的同时也获得一定的教育和启发，提升自己的技能和素质。

2）视频搜索

当观众想主动获取信息时，可以在搜索框里写上关键词，然后点击搜索，被搜索出的内容，其排序靠前的是与搜索词最匹配的账号名称，以及点击量最多的视频。

案例：抖音旅游排名前十的搜索词（见图4-5）。

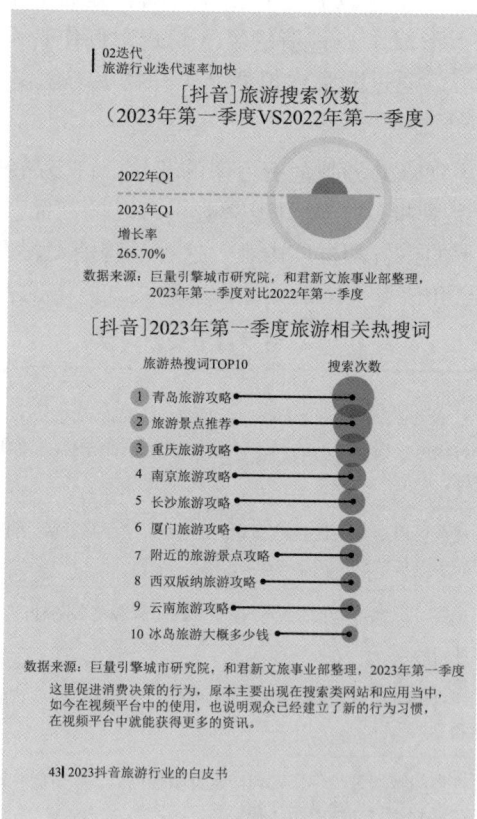

图4-5　抖音旅游排名前十的搜索词

以上这些新习惯，使得人们在设计账号时，需要反向操作。比如，在设计账号时，能自然引导观众关注账号。要预先想好，目标观众搜索时，会使用哪些词汇，从而把最关键的词汇，设计到账号的名称、介绍以及发布的视频标题中。这与抖音内容发布之前，天马行空的账号名称设计、视频标题命名，截然相反。因此，需要从用户使用习惯的视角，对账号进行反向设计，才能让账号被更多人关注到（见表4-3）。

表4-3　抖音平台使用新习惯

| 使用新习惯 | 内容 |
| --- | --- |
| 学习获取 | 观众可以在抖音上学习到各种有用的知识，提升自己的技能和素质 |
| 视频搜索 | 从以往在搜索网站或应用上查询信息，转变到在视频平台上搜索相关的视频内容 |

### 4. 创作新习惯

抖音的出现不仅改变了观众的观看习惯、消费习惯和使用习惯，还带来了观众的创作新习惯。这种创作新习惯主要体现在以下几个方面：

抖音为观众提供了一个展示自己才艺和创意的平台。观众可以利用抖音拍摄跳舞、唱歌、演奏乐器、绘画、手工制作等展示自己日常生活中技能、特长和创意的短视频，从而将自己的才艺分享给众人。这种创作新习惯使观众更加愿意发挥自己的创造力，展示自己的个性和才华。

抖音成为观众表达对突发事件或社会热点的看法和态度的重要渠道。观众可以通过抖音拍摄短视频，表达自己对突发事件或社会热点的观点和思考。无论是对于社会问题的关注和呼吁，还是对于时事新闻的评论和解读，观众都可以通过抖音分享自己的声音和观点，引发更广泛的讨论和思考。这种创作新习惯使观众能够更加积极地参与到社会话题中，发表自己的声音，推动社会进步。

抖音还为观众提供了一种全新的互动方式——拍同款。观众可以利用抖音拍摄和分享自己与明星、偶像、网红等的同款视频，展示自己对于明星的喜爱和模仿能力。观众可以通过模仿明星的动作、表情、穿搭等，展示自己的才华和创意，与其他用户一起分享同款的乐趣。这种创作新习惯使观众能够更加积极地参与到明星文化和粉丝文化中，展示自己的独特魅力。

抖音还为观众提供了一种全新的创作方式——对口型。观众可以利用抖音为电影、电视剧或网络视频中的经典对白配音，展示自己的演技和幽默感。观众可以通过模仿角色的语调、表情和动作，诠释经典对白的魅力，与其他用户一起分享对口型的乐趣。这种创作新习惯使观众们能够更加积极地发挥自己的演技和幽默，展示自己的个性和创意（见表4-4）。

表4-4　抖音平台创作新习惯

| 创作新习惯 | 内容 |
| --- | --- |
| 展示才艺 | 观众利用抖音拍摄短视频，展示自己在日常生活中的技能、特长和创意 |

| 创作新习惯 | 内容 |
| --- | --- |
| 表达观点 | 观众利用抖音拍摄短视频，表达自己对突发事件或社会热点的观点和思考。 |
| 追踪流行 | 观众通过抖音了解最新的流行趋势和热门话题，并通过拍摄短视频展示自己对于时尚和流行的理解与态度。 |
| 拍同款 | 观众利用抖音拍摄和分享自己与明星、偶像、网红等的同款视频，展示自己对于明星的喜爱和模仿能力。 |
| 对口型 | 观众利用抖音为电影、电视剧或网络视频中的经典对白配音，展示自己的演技和幽默感。 |

抖音的出现改变了观众的创作习惯，通过展示个人才艺和创意、表达对突发事件和社会热点的观点、拍摄同款和对口型等方式，观众能够更加积极地发挥自己的创造力和表达欲望，展示自己的个性和才华，与其他用户进行互动和交流。这种创作新习惯不仅满足了观众的创作和表达需求，也推动了抖音平台和创作文化的繁荣发展。

**5. 社交新习惯**

1）点赞和评论

抖音为观众提供了点赞和评论的功能，使观众能够直接表达对视频内容的喜爱和观点。观众可以通过点赞来表达自己对喜欢的视频的支持和赞赏，同时也可以通过评论来与视频作者和其他观众进行互动和交流。这种社交新习惯使观众能够更加积极地参与到抖音社区中，表达自己的观点和情感，与其他用户建立联系。

2）为评论进行回复和点赞

观众可以为评论进行回复和点赞，进一步加深与其他观众的互动和交流。观众可以通过评论进行回复来与其他观众进行更深入的讨论和交流。同时，观众也可以通过给评论点赞来表达对其他用户观点的认同和欣赏。这种社交新习惯使观众能够更加积极地参与到评论区的互动中，建立起更紧密的社交联系。

3）私信

抖音还为观众提供了私信功能，使观众能够通过私信与其他用户进行一对一的交流和互动。观众可以通过私信向其他用户分享自己的想法，表达对其创作的赞赏或提出疑问。私信功能使得观众能够更加直接地与其他用户建立联系，并进行更深入的交流和互动。

4）收藏

观众可以通过收藏功能来保存自己喜欢的视频，方便日后观看和回顾。观众可以将自己喜欢的视频收藏起来，以便随时回顾和分享给其他用户。这种社交新习惯使观众能够更好地管理自己的观看内容，同时也能够与其他用户分享自己的收藏列表，推荐和交流感兴趣的视频。

5）关注

观众还可以通过关注功能来订阅自己喜欢的创作者，及时获取他们最新的视频内容。观众可以通过关注建立与创作者的社交关系，方便了解和跟踪其创作动态。同时，观众也可以通过关注其他用户来扩大自己的社交圈子，分享自己的兴趣和经验。

6）转发

观众还可以通过转发功能将自己喜欢的视频分享给其他用户，扩散视频的影响力。观众可以将自己喜欢的视频转发到自己的个人主页或者与其他用户分享，以便让更多的人看到和欣赏。这种社交新习惯使观众能够更加积极地推广和分享优秀的创作，扩大视频的观看和影响范围。

7）聊天群

抖音还为观众提供了抖音聊天群功能，使观众能够加入和参与到不同主题的聊天群组中，与其他用户进行更直接的交流和互动。观众可以通过聊天群与兴趣相同的用户进行互动，分享观点和经验，扩大自己的社交圈子。这种社交新习惯使观众能够更加方便地结识和交流志同道合的朋友，建立更紧密的社交关系（见表4-5）。

表4-5　抖音平台社交新习惯

| 社交新习惯 | 内容 |
| --- | --- |
| 点赞和评论 | 观众可以通过点赞和评论来表达对视频内容的喜爱和观点。 |
| 回复和点赞 | 观众可以给评论回复和点赞，进一步加深与其他观众的互动和交流。 |
| 私信 | 观众可以通过私信与其他用户进行一对一的交流和互动。 |
| 收藏 | 观众可以通过收藏功能来保存自己喜欢的视频，方便日后观看和回顾。 |
| 关注 | 观众可以通过关注功能来订阅自己喜欢的创作者，及时获取他们最新的视频内容。 |
| 转发 | 观众可以通过转发功能将自己喜欢的视频分享给其他用户，扩散视频的影响力。 |
| 聊天群 | 观众可以加入和参与到不同主题的聊天群组中，与其他用户进行更直接的交流和互动。 |

总的来说，抖音的出现改变了观众的社交习惯，通过点赞、评论、回复、点赞评论、私信、收藏、关注、转发、抖音聊天群等方式，观众能够更加积极地参与到抖音社区的互动中，表达自己的观点和情感，与其他用户建立联系，促进更深入的交流和互动。这种社交新习惯不仅增加了观众之间的互动和交流，也丰富了抖音平台的社交功能，推动了社交文化的发展。

# 4.3 账号布局的层次关系和进阶逻辑

## 4.3.1 厘清"账号"的相关概念

### 1. 各种"账号"的含义

自媒体兴起之后，账号和运营成了两个热门词汇，但是，"运营"被过度泛化了，而关于"账号"的各种概念则存在认知混乱的问题。

具体来说，和账号相关的概念，具体如下：

（1）账号设计：针对单个账号，确定其昵称和主要发布的视频内容。

（2）账号组合：多个账号，为了实现一个目标策略，进行相互协作和支持。

（3）账号体系：企业内部自主运营的所有账号为了保证有序和高效，进行分工和协调。

（4）账号矩阵：企业内部自主运营的账号、能够影响的账号（如高管和员工的个人账号）以及深度合作的企业外部账号，共同构成了一个实现目标策略的整体矩阵。

这些账号概念存在层次关系和底层的进阶关系，如图4-6所示。

账号设计 ➡ 账号组合 ➡ 账号体系 ➡ 账号矩阵

图 4-6　账号布局的进阶阶梯

### 2. 账号进阶阶梯的示例（见表4-6）

表 4-6　账号进阶阶梯的示例

| 次序 | 营销目标 | 权重 | 基础调性要求 | 账号初步名称 |
|---|---|---|---|---|
| 第一目标 | 作为核心业务的主要销售渠道，驱动核心业务发展 | 70% | 时尚亲切、兼顾性价比 | |
| 第二目标 | 做品牌宣传有力支撑 | 20% | 高站位、引领者、踏实落地 | |
| 第三目标 | 服务于其他非核心部分 | 10% | 全面周到 | |

基于目标和策略，设计了不同账号：

为了实现第一目标，设计了账号A、账号B、账号C。

为了实现第二目标，设计了账号D、账号E。

为了实现第三目标，设计了账号F。

### 3. 各种"账号"的操作举例

账号设计是指分别设计A、B、C、D、E、F的单个账号。

账号组合是指要考虑A+B+C的组合，D+E的组合，或是其他账号的组合。

账号体系是指要考虑A、B、C、D、E、F账号整体的运营。

账号矩阵是指除了自身运营的账号A、B、C、D、E、F，还要考虑外部合作账号的整体运营，以形成合力。

### 4.3.2　单个账号设计

#### 1. 单个账号设计的目的——让目标策略落地

账号设计是指为账号起一个名字（昵称），并确定这个账号发布的主要内容。确定名字和内容的目的，是要让之前选定的目标策略落地。

#### 2. 单个账号设计的内容

##### 1）昵称

抖音是以账号运作为核心的，无论是自媒体还是企业，账号的昵称都非常重要。好的昵称有两个关键指标：一是简洁易记，二是能够望文生义，能够立即联想起品牌。

昵称可以直接选用企业名称，例如腾讯、阿里巴巴等。也可以直指核心业务，例如美团、滴滴出行等。还可以与创始人或吉祥物相关联，例如，马云说、小米兔等。特别说明，企业创始人的抖音号，也应视为企业抖音账号。

##### *2）视频主要内容方向*

企业抖音账号的视频主要内容方向的设计，一般有两种：一种是遵循内容垂直的原则，聚焦在一个专项内容当中；另一种则是作为官方账号，发布企业的相关内容，其内容难以聚焦在单一特定的范围当中。

这两种方式，各有利弊。前一种方式，内容垂直，容易聚集对此类视频内容感兴趣的观众，吸引成为粉丝，再进行转化，但实操运作的难度大，需要在该垂直领域不断打磨内容、提升品质。但无论哪种方式，都要以实现目标策略的落地为依归，不能自行其是。例如：猫眼电影专注于电影评论和推荐；小红书专注于美妆和生活分享；知乎专注于知识问答和分享等。后一种方式，视频内容产出相对容易，但不容易吸引观众成为粉丝。例如，百度发布与搜索引擎和人工智能相关的内容；京东发布与电商和物流相关的内容；华为发布与通信和手机相关的内容等。

### 4.3.3　账号组合

#### 1. 什么是账号组合

当一个账号无法实现企业抖音的某个目标策略时，就需要开设多个账号，这时，多个账号之间需要进行昵称的互补以及内容协调，这就是账号组合。

#### 2. 审视账号组合的三个维度

评判账号组合是否良好，主要看三个维度：互补性、整体性和区隔度（见图4-7）。

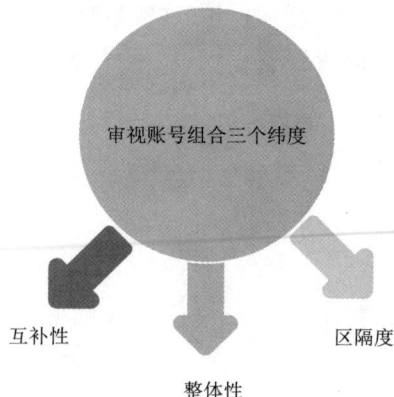

图4-7　审视企业抖音账号组合的三个维度

**1）互补性**

互补性是指账号之间是否能形成多维度的互补，比如不同的内容形式、不同的目标人群、不同的品牌形象等。互补性可以提升账号组合的覆盖面和影响力。

**2）整体性**

整体性是指几个账号能够完整地实现某个目标策略，没有遗漏的事项。整体性可以保证账号组合的一致性和连贯性。

**3）区隔度**

区隔度是指账号之间有定位的差别，不会有大幅度的重叠。区隔度可以避免账号组合之间的竞争和冲突。

以职业教育行业为例，适合做以下账号组合，见表4-7。

表4-7　职业教育行业账号组合（示例）

| 账号 | 主要内容 | 定位 |
| --- | --- | --- |
| 学校账号 | 从官方的角度，整体介绍学校的方方面面，代表学校的形象和整体水平等 | 学校角度的官方发声 |
| 专业介绍账号 | 介绍具体的学科和专业，让学生和家长对专业有更具体化的认知和了解，从而产生兴趣 | 垂直角度吸引垂直人群 |
| 老师个人IP账号 | 个性化IP形象，从个人的角度讲职教方向、学校、学科和学生的个人发展规划等 | 点状发散角度 |

**3. 账号组合的优秀案例**

**1）案例：支付宝**

支付宝作为一个金融服务平台，拥有多个抖音账号，分别针对不同的内容和受众。例如，"支付宝"主要发布与支付宝相关的功能介绍、使用技巧、活动信息等，吸引用户使用支付宝。

"花呗"主要发布与花呗相关的故事、案例、知识等，提升用户对花呗的信任和好感。

"蚂蚁庄园"主要发布与蚂蚁庄园相关的游戏攻略、趣事、互动等，增加用户对蚂蚁庄园的参与度和黏性。

"蚂蚁森林"主要发布与蚂蚁森林相关的公益项目、植树成果、环保知识等，提升用户对蚂蚁森林的认同和支持。

### 2）案例：宝骏汽车

宝骏汽车作为一个汽车品牌，拥有多个抖音账号，分别针对不同的产品和人群。例如，"宝骏汽车"主要发布与宝骏汽车相关的产品介绍、评测、活动等，展示宝骏汽车的品牌形象和产品优势。"宝骏310"主要发布与宝骏310相关的用户故事、用车心得、生活方式等，打造宝骏310的用户群体和文化氛围。"宝骏510"主要发布与宝骏510相关的旅行攻略、风景美图、驾驶体验等，打造宝骏510的旅行情怀和生活态度。"宝骏530"主要发布与宝骏530相关的家庭故事、亲子互动、用车技巧等，打造宝骏530的家庭价值和生活品质。

### 4. 账号组合的案例拆解

本书以新东方的直播卖货业务为例，拆解分析其账号组合的不同维度情况。

### 1）互补性

新东方有两个主要账号："东方甄选"和"俞敏洪"。这两个账号之间的互补性很强，账号"东方甄选"主要负责推荐和销售各种教育产品和服务以及农产品；账号"俞敏洪"主要负责传递和维护新东方的品牌价值和文化理念。这样，既能满足用户的购买需求，又能增强用户对新东方的信任和认同。

### 2）整体性

新东方的账号组合也有很强的整体性，两个账号能够完整地实现新东方的目标策略，即通过直播卖货来增加收入和扩大影响。从"种草"到"割草"，从"宣传"到"转化"，两个账号之间形成了良好的协同效应。

### 3）区隔度

随着董宇辉这颗直播新星的冉冉升起，新东方急需创立一个新的账号来承载，形成区隔度，于是，"与辉同行"直播间应运而生。同时，为了避免与原有的"东方甄选"的业务重叠冲突，新东方将"与辉同行"定位为文化、文旅方向，而"东方甄选"保持在原有方向上。

## 4.3.4　账号体系

### 1. 账号体系的定义和作用

企业抖音通常需要实现多个营销目标，因此需要运营多个账号。在同一个营销

目标下的多个账号，可以通过"账号组合"方式进行设计和管理。但是，当企业有不同的营销目标，需要运营不同的账号时，就需要通过"账号体系"来进行规划和协调。

账号体系是指企业在抖音平台上拥有的所有账号，以及这些账号之间的关系和分工。账号体系的建立，是为了让企业的抖音账号形成合力，避免重复或冲突的内容，提高内容的质量和效果。

建立账号体系的难点在于，一方面要考虑企业的整体战略和品牌形象，另一方面要考虑不同部门的目标和需求，以及不同账号的特点和定位。因此，建立账号体系需要有清晰的逻辑和灵活的策略。

建立体系的作用，是为了将账号之间的关系和分工理顺。简单讲，就是明确每一个账号，主要做什么，不能做什么。即：对企业不同账号发布的视频内容，划出边界，避免不同账号发布相同的内容。

2. 抖音平台内账号的梳理、分工与合作

企业抖音平台内的账号，可以根据其所属的部门或业务线，划分为上下级关系、平级关系或互不隶属关系（见图4-8）。这三种关系的账号，在梳理、分工与合作方面，有着不同的方法和注意事项。

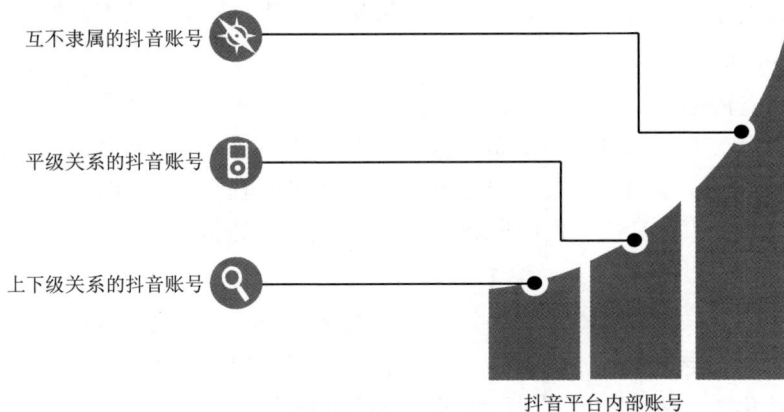

图 4-8　抖音平台内企业账号的三种关系

上下级关系的抖音账号，有隶属关系，比较方便协调运营，只需内部指令，就可实现工作中的信息同步。

平级关系的抖音账号，由于都在一个体系之内，可能会有协调的困难性，但内部工作是沟通渠道的。因此，平级关系的账号需要加强沟通和协作，建立有效的合作机制，才能更好地发挥各自的优势，实现共赢。

互不隶属的抖音账号，由于可能会完全不在一个体系之内，因此工作协调的难度最大。

这三种关系的账号，工作执行的难度是逐步加强的。

### 1）上下级关系的抖音账号

上下级关系的抖音账号，通常是指总部或总公司与分部或子公司之间的账号。这类账号需要明确各自的角色和职责，以及内容发布的规范和流程。

例如，总部或总公司的账号主要负责发布企业战略、品牌形象、核心产品等内容；分部或子公司的账号主要负责发布区域性话题、细分市场、特色产品等内容。同时，需要规定相同或相关内容发布时的先后顺序和时间间隔，避免出现重复或错位的情况。

### 2）平级关系的抖音账号

平级关系的抖音账号，通常是指在同一部门或业务线下的多个账号。这类账号需要划分好各自的内容边界和风格定位，以及内容协作和互动方式。

例如，在一个大公司下，有多个产品品牌各自拥有一个抖音账号。这些品牌之间可能有相似或相互补充的特点和功能。这时就需要确定好每个品牌账号所要传达的核心信息、目标受众、内容形式等。同时，也可以通过联合推广、互相引流、共享资源等方式，实现内容协作和互动。

### 3）互不隶属的抖音账号

互不隶属的抖音账号，通常是指在不同部门或业务线下的多个账号。这类账号之间可能没有直接的业务联系或日常沟通，但也需要在一定程度上保持一致性和协调性。

例如，在一个大集团下，有多个事业部各自拥有一个抖音账号。这些事业部之间可能没有共同的营销目标或内容策略，但是，在面对集团层面的活动或事件时，依然需要进行沟通和协作，以保证内容的一致性和协调性。这时，可以通过集团的领导或协调人员，建立联系和协调机制。

### 3. 不同媒体平台账号的协作

除了抖音平台内的账号，企业还可能在其他媒体平台上拥有账号，例如，视频号、小红书、快手等。这些不同媒体平台上的账号，也需要进行协作，以实现企业的整体营销目标。

不同媒体平台上的账号，需要根据各自的平台特点和受众特征，确定内容的形式和风格。同时，也需要考虑内容在不同平台上的传播效果和影响力，以及内容之间的关联性和互补性。

例如，在抖音上发布一个新产品的宣传视频，在视频号上发布一个新产品的使用教程，在小红书上发布一个新产品的用户评价，在快手上发布一个新产品的抽奖活动。这样，就可以利用不同平台的优势，实现内容的多样化和互动化，提高用户

的认知度和参与度。

不同媒体平台上的账号，往往分属于不同的部门或团队，因此需要有一个统一的协调机制，以保证内容的一致性和协调性。例如，可以由营销部门负责制定整体的内容策略和发布计划，由各个部门或团队负责执行具体的内容制作和发布。同时，也需要定期进行沟通和反馈，及时调整内容策略和发布计划。

### 4.3.5 账号矩阵

**1. 账号矩阵的定义**

账号矩阵是一个企业在社交媒体平台上，为了实现其目标策略，而规划和运营的所有账号的总和。这些账号可以分为自建账号、合作账号、可影响账号三大类型（见表4-8）。

1）自建账号

由企业直接创建和管理的账号，通常是企业的自媒体平台，如企业品牌官方账号、企业业务线官方账号、企业重点营销活动账号等。

2）合作账号

由企业与其他机构或个人进行深度合作的账号，通常是具有一定影响力和公信力的媒体或自媒体，如央媒合作账号、行业自媒体账号等。

3）可影响账号

企业能够间接影响或激励的账号，通常是企业内部或外部的相关人员的账号，如企业高管个人账号、企业明星员工个人账号、企业BD合作同行账号或企业BD合作个人账号等。

表4-8 企业账号矩阵三大类型

| 自建账号 | 合作账号 | 可影响账号 |
| --- | --- | --- |
| 企业品牌官方账号<br>企业业务线官方账号<br>企业不同部门账号<br>企业重点营销活动账号<br>企业创始人个人账号 | 央媒合作账号<br>地方媒体账号<br>所在行业垂直B端媒体账号<br>所在行业垂直C端媒体账号<br>行业自媒体账号 | 企业高管个人账号<br>企业明星员工个人账号<br>企业BD合作同行账号<br>企业BD合作个人账号 |

**2. 账号矩阵的价值和目标**

在社交媒体时代，消费者对于信息的来源和真实性有着更高的要求。单一的自夸式营销内容，很难打动消费者，因此，需要通过多元化的内容形式和多角度的内容视角，来提升消费者对于品牌和产品的认知与信任，这就是账号矩阵的价值所在。

账号矩阵通过规划不同类型、不同风格、不同功能的账号，形成一个完整的内容生态系统，覆盖消费者在不同平台、不同场景、不同阶段的信息需求，从而实现品牌传播、用户引流、产品推广、销售转化等目标。

**3. 实现账号矩阵的过程**

账号矩阵是企业抖音营销的最高段位，需要企业进行各方面的资源集成。

例如，新东方在确定展开直播电商业务后，老板俞敏洪调动了自身资源，不断邀请名家大咖，在不同媒体平台上，利用不同账号进行宣传推广。

一个案例是，俞敏洪邀请了著名作家韩寒，在抖音上进行了一场关于写作的直播。这场直播吸引了超过1000万的观看人数，同时也为新东方的在线写作课程打开了市场。

另一个案例是，俞敏洪与知名主持人董卿在抖音上进行了一场关于教育的对话。这场对话涉及了教育的理念、方法、趋势等，引发了网友的热议和转发，提升了新东方的品牌形象和影响力。

通过账号矩阵的运用，新东方可以利用不同类型和风格的账号，覆盖更多的目标用户，提高用户的认知度和信任度。同时，也可以借助大咖的影响力和话题的热度，创造更多的曝光和流量，从而增加转化率和销售额。

# 4.4　账号 KPI 与资源投入

## 4.4.1　为账号设定KPI

**1. 常见的账号KPI**

抖音账号的KPI，是指衡量账号运营效果的关键指标。不同的账号，根据其目的和定位，会有不同的KPI。抖音账号常见的KPI有粉丝量、播放量和转化量。

（1）粉丝量：反映了账号的用户规模和忠诚度，适用于用户角度、用户维护、用户运营方向的账号，或是账号的初级阶段。

（2）播放量：反映了账号的内容质量和传播力，适用于宣传角度、品牌宣传方向的账号。

（3）转化量：反映了账号的销售能力和效果，适用于效果角度、销售业绩担当的账号。

**2. 根据每个账号的目标设计相应的KPI**

企业抖音的每个账号的目标需求都是不同的，需要有针对性地设定KPI。例如，对于新开的产品品牌账号，并不期望能立即获得多少粉丝关注、多少播放量和转化量，而是需要一个良好的视频呈现，与潜在目标消费者进行互动，获得反馈信息。因此，这类账号可以按照表4-9和表4-10设定KPI。

表 4-9　短视频运营考核书（示例）

| 短视频运营部 - 绩效目标责任书 | | | | | | |
|---|---|---|---|---|---|---|
| 被考核人姓名： | 小李 | 发约人 / 考核人姓名： | 小王 | | 有效期： | |
| 被考核人部门 | 短视频运营 | 考核人部门 / 岗位： | 新媒体主管 | | 考核期间： | |
| 序号 | 指标类型 | 指标名称 | 指定定义 / 计算公式 | 评分标准 | 目标值 | 权重 |
| 1 | 关键绩效指标 KPI（定量） | 制作数量 | 数量 | 数量大于等于 x 条为 100 分<br>数量大于等于 y 条小于 10 条为 80 分<br>数量小于 y 条为 0 分 | 100 | 20% |
| 2 | | 播放量 | 数值 | 总播放量不低于 xx 万<br>要求至少有 x 条播放量破 xx 万 | 100 | 20% |
| 3 | | 粉丝数 | 数值 | 粉丝净增长 xx 万 | 100 | 10% |
| 4 | | 点赞数 | 数值 | 点赞总量高于 xx 万<br>至少 x 条点赞量破 x 万 | 100 | 10% |
| 5 | | 意见用户 | 评价数 | 意见评价数不低于 xx | 100 | 5% |
| | | | 私信数 | 意向用户不低于 xx | 100 | 5% |
| | | | 400 电话 | 拨打 400 电话意向用户不低于 xx | 100 | 5% |
| | | | 官网链接 | 有效报名不低于 xx | 100 | 5% |
| 6 | 关键胜任能力指标 | 工作态度 | 基本素质 | ①处理问题能力<br>②沟通能力<br>③执行力 | 100 | 10% |
| 7 | | 日常纪律 | | ①出勤<br>②提交日报 . 周报、月报 | 100 | 10% |

表 4-10　直播运营考核书（示例）

| 直播运营经理绩效考核指标表 | | | | | | | | |
|---|---|---|---|---|---|---|---|---|
| 职位 | | 直播运营经理 | | | | | | |
| 类别 | KPI_ 指标 | 详细描述 | 打分标准 | | 目标分值 | 数据来源 | 自评 | 直接上级 | 得分 |
| 关键绩效考核指标（80%）总分 100 分 | 直播销售指标完成率（30 分） | （实际销售额 / 计划销售额）×100% | ≥ 100% | | 30 | | | | |
| | | | 90%> 目标完成率 ≥ 80% | | 20 | | | | |
| | | | 80%> 目标完成率 ≥ 70% | | 10 | | | | |
| | | | <70% | | 0 | | | | |

| 直播运营经理绩效考核指标表 | | | | | | | | |
|---|---|---|---|---|---|---|---|---|
| 职位 | | | | 直播运营经理 | | | | |
| 类别 | KPI_ 指标 | 详细描述 | 打分标准 | | 目标分值 | 数据来源 | 自评 | 直接上级 | 得分 |
| 关键绩效考核指标（80%）总分 100 分 | 利润率指标达成（20分） | （销售收入 - 销售成本）/ 销售收入 ×100% | ≥ 90% | 20 | | | | |
| | | | 90%> 目标完成率≥ 80% | 15 | | | | |
| | | | 70%> 目标完成率≥ 60% | 10 | | | | |
| | | | <60% | 0 | | | | |
| | 整体推广费用控制率（10分） | 当月支出金额 / 预算金额 ×100%<br>与目标或与期望值比较，实际费用控制率、控制程度及费用开支的合理性、必要性 | ≥ 100% | 10 | | | | |
| | | | 90%> 目标完成率≥ 80% | 8 | | | | |
| | | | 80%> 目标完成率≥ 70% | 5 | | | | |
| | | | <70% | 0 | | | | |
| | 直播 UV（10分） | 独立访量 | ≥ 3W | 10 | | | | |
| | | | 3W> 目标完成率≥ 2W | 8 | | | | |
| | | | 2W> 目标完成率≥ 1W | 5 | | | | |
| | | | <1W | 0 | | | | |
| | 直播转化 | （产生购买行为的客户人数 | ≥ 30% | 10 | | | | |

### 3. 示例

某个专注于教育类产品推荐和评测的抖音账号。该账号的目标是提高品牌形象和影响力，并为用户提供有价值的教育信息和建议。该账号设定了粉丝量、播放量和转化量。

（1）粉丝量：作为一个品牌宣传类账号，粉丝量是衡量其用户规模和忠诚度的重要指标。该账号设定了每月增加10%粉丝量的目标。

（2）播放量：作为一个内容质量类账号，播放量是衡量其内容质量和传播力的重要指标。该账号设定了每个视频平均播放量达到10万次以上的目标。

（3）转化量：作为一个效果类账号，转化量是衡量其销售能力和效果的重要指标。该账号设定了每个视频引导至少1 000人点击链接进入企业官网或其他合作平台购买相关产品或服务的目标。

## 4.4.2　账号的资源投入与统筹

### 1. 为每个账号提供资源投入

设定好账号的KPI之后，就要配置能够实现目标的资源。抖音营销需要多岗位

的密切协同，缺乏哪一项重要资源，都没法让抖音账号正常运转起来。

资源投入分为人力资源、物力资源和财力资源三个方面的投入。

（1）人力资源：选择、招聘适合每个岗位的人才，包括策划、摄影、剪辑、运营等岗位，根据账号的规模和需求，确定人员数量和分工。

（2）物力资源：购买并配置适合的设备和软件，包括摄像机、灯光、麦克风、三脚架、电脑、剪辑软件等，根据账号的内容形式和质量要求，选择合适的设备和软件。

（3）财力资源：为抖音账号准备好运营资金，包括人员工资、设备折旧费、软件订阅费、广告投放费等，根据账号的预算和收益，制定合理的财务计划。

### 2. 案例：新东方-东方甄选

新东方—东方甄选账号的资源投入如下：

（1）人力资源：该账号由新东方内部人员组成，共有5人，分别是1名策划、1名摄影、1名剪辑、2名运营。策划负责制定内容主题和框架，摄影负责拍摄视频素材，剪辑负责编辑视频内容，运营负责发布视频和管理用户互动。

（2）物力资源：该账号使用了新东方提供的设备和软件，包括一台佳能EOS 5D Mark IV摄像机、一套灯光设备、一台苹果MacBook Pro电脑、一套Final Cut Pro X剪辑软件等。这些设备和软件能够保证视频的画面清晰度和音效质量。

（3）财力资源：该账号的运营资金由新东方提供，主要包括人员工资和广告投放费用。人员工资按照新东方内部标准发放，广告投放费用根据账号的KPI和市场情况进行调整。

### 3. 账号资源统筹

账号资源统筹也是二次检查账号布局是否合理的一个环节。当把每个账号需要的投入进行汇总后，往往就会发现超出或低于了原本的预期，这时，就需要根据账号的重要性等级，进行增减或调整。

例如，如果发现某个账号的资源投入超出了预算，可以考虑以下几种方式进行缩减：

（1）降低KPI要求，适当降低粉丝量、播放量或转化量的目标值。

（2）优化内容形式，选择更简单或更经济的视频风格和素材来源。

（3）调整人员分工，合并或减少某些岗位的职责和人数。

（4）更换设备或软件，选择更便宜或更实用的设备或软件。

相反，如果发现某个账号的资源投入低于预期，则可以考虑以下几种方式进行增加：

（1）提高KPI要求，适当提高粉丝量、播放量或转化量的目标值。

（2）丰富内容形式，选择更多样或更高端的视频风格和素材来源。

（3）增加人员分工，拆分或增加某些岗位的职责和人数。

（4）升级设备或软件，选择更高质或更专业的设备或软件。

# 4.5　账号的形象设计

## 4.5.1　账号形象策划的重要性

账号的形象设计是个有意思的工作。俗话说，人靠衣裳马靠鞍，账号布局的再好，如果账号形象设计的不好，也不会有人喜欢。

企业抖音账号的形象设计，有两种思路导向。一种是以企业已有的品牌形象为依归，设计账号形象；另一种，是以爆款账号的思路为依归，进行设计。这两种思路导向，各有利弊。前一种，设计的过程简单，投入时间短，安全性高，但可能难以出彩；后一种，设计过程复杂，投入时间精力多，出彩的可能性大，但也有风险存在。

### 1.案例：美孚润滑油

美孚润滑油是一家拥有百年历史的国际知名品牌，其抖音账号采用了以企业品牌形象为依归的设计思路。其头像使用了美孚润滑油的LOGO，背景图使用了美孚润滑油的主色调和标语，介绍中突出了美孚润滑油的品牌定位和产品特点。这样的设计方式，保持了美孚润滑油在消费者心目中的专业和权威形象，但也可能缺乏亲和力和创新感，如图4-9所示。

图 4-9　美孚润滑油企业账号（示例）

### 2.案例：沃尔沃汽车

沃尔沃汽车是一家源自瑞典的豪华汽车品牌，其抖音账号采用了以爆款账号为依归的设计思路。其头像使用了一个穿着沃尔沃制服的女性形象，背景图使用了一个在沃尔沃工厂工作的场景，在介绍中使用了幽默和轻松的语气。这样的设计方式，打破了传统汽车品牌的刻板印象，增加了互动和趣味性，但也可能损害沃尔沃汽车在消费者心目中的高端和尊贵形象，如图4-10所示。

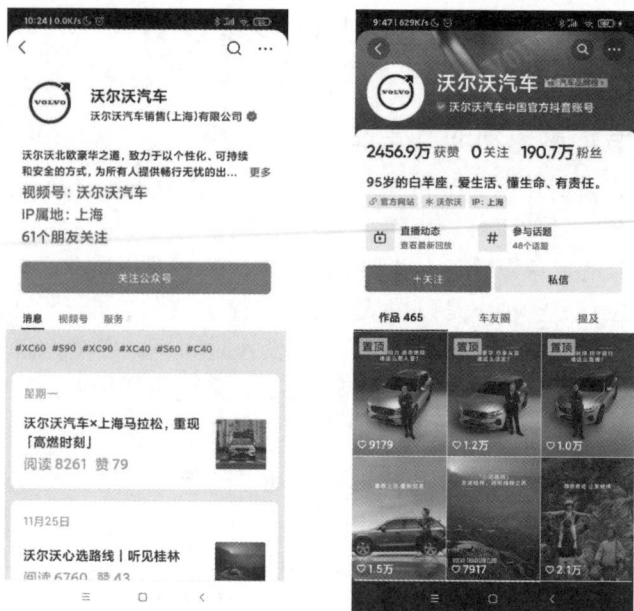

图 4-10　沃尔沃汽车企业账号（示例）

## 4.5.2　账号的常规设计

抖音账号的设计，分为头像、背景图、介绍三部分。

### 1.头像

头像是账号最直观的展示方式，常规使用企业LOGO、创始人头像、IP头像等与企业相关的元素。例如，小米使用了小米LOGO作为头像；哆啦A梦使用了哆啦A梦这一IP形象作为头像。

### 2.背景图

背景图是账号展示企业文化和氛围的重要途径，一般采用与企业主视觉一致的设计元素。例如，华为使用了华为主色调和口号作为背景图；星巴克使用了星巴克的咖啡杯和店铺作为背景图；迪士尼使用了迪士尼的城堡和米老鼠作为背景图。

### 3.介绍

介绍是账号传达企业价值和理念的重要方式，应根据账号定位做介绍，并尽可能多的使用企业核心关键词。例如，苹果的介绍中使用了"创新""设计""技术"等关键词；奥利奥的介绍中使用了"乐趣""分享""创意"等关键词。

**思考题：**

1.企业应如何规划抖音账号的类型和数量，以及如何进行合理的账号布局？

2.如何为不同的企业抖音账号设置合理的KPI，并进行有效的监控和评估？

# 第5章
# 内容体系

## 5.1 内容体系是企业抖音的源动力

### 5.1.1 "策略阶段"的第三步：内容体系

#### 1. 内容体系化的重要性

在完成"目标策略""账号布局"之后，就进入了"策略阶段"的第三步：内容体系。对于企业抖音来讲，"内容体系"是视频营销的核心环节，基本确定了视频内容的框架和持续性。想要实现这个目标，就需要用体系化的方式进行内容规划，而不是直接进入某个视频的策划、拍摄细节中。

规划"内容体系"，是容易被忽略的环节，简单地做个清单、分类，并不算是做了内容规划，只有深入挖掘目标受众的需求，并结合企业自身特点和优势，构建完整、系统的内容框架，才能真正发挥内容体系的指导作用，为后续的视频创作和运营提供方向和依据。

#### 2. 企业抖音内容体系的工作事项

企业抖音为了实现目标策略，以账号为主体进行了布局，接下来就要在内容上做好准备。这不仅需要内容布局，还需要确定好体系化的相关事项，即内容分工与流程、发布频次和时间规划。

#### 3. 企业抖音需要稳定、高品质的持续产出

1）企业抖音的持续产出需要前期的内容规划

对于企业抖音来讲，一旦开始运作，如何保证持续的内容产出，是最让人头痛的难题。内容创意，在最初的一段时间会有，但在进行了2~3个月后，往往就会穷尽。那时，构想出一条新的抖音营销内容，就成了营销人每天的噩梦。

如同每天都需要吃饭，但不可能每顿饭都是大餐、新式菜肴一般，要想持续有内容产出，就需要制订一个"每周食谱"，让每一顿"饭"的内容不同、营养均衡，这就是内容规划要做的事情。

2）企业抖音需要稳定且符合企业调性的内容输出

企业抖音不是自由随意的自媒体，而是企业对外营销的重要渠道和形式。因此，在"内容体系"中，需要注意以下两个方面：

（1）长期稳定的视频输出：抖音平台是一个需要持续更新、积累流量的平台，如果只是偶尔发布一两条高播放量的视频，那么很难形成稳定的粉丝群和品牌影响力。因此，需要制定一个合理的视频发布频率和时间，保证每周或每月有一定数量的视频输出，形成用户的观看习惯和期待。

（2）符合企业调性的视频内容：抖音平台上有各种各样的视频内容，有些可能很吸引眼球，但并不适合企业形象和目标用户。因此，需要根据企业定位、产品特点和用户需求，筛选出适合企业的视频内容类型和风格，让视频能够有效地传达企业的品牌价值和信息。

### 5.1.2　内容体系的关键认知

#### 1. 厘清内容体系的含义

许多人会把企业抖音的"内容体系"与"内容布局""内容创意""内容生产"相混淆，需要先梳理清晰。

首先，"内容体系"是个大概念，其中最主要的就是内容布局，但内容布局还不是全部工作。其次，"内容体系"与"内容生产"是衔接的、连续的环节。两者的分界线，在于工作是否进入到了拍摄一条视频或录制一场直播的具体行动中。表5-1列出了"内容体系"与"内容生产"各自的工作项目，其边界清晰可见。

表5-1　企业抖音的内容体系和内容生产

| 内容体系 | 内容生产 |
| --- | --- |
| 内容布局<br>内容分工与流程<br>发布频次和时间规划 | 主题创意<br>脚本写作<br>视频拍摄<br>剪辑制作<br>发布播出 |

"内容体系"是总体的、全局性的、计划性的，而内容生产是具体的、实操的、执行层的。

#### 2. 规划内容体系环节不包含内容创意

进行抖音视频的内容创意，是许多营销人最喜欢做的事。但是，内容创意并不在规划"内容体系"这个环节，而是在后续"实施阶段"的"内容生产"环节中。具体来讲，是在内容产出的脚本写作中。

在营销部门与业务或经营部门规划内容体系时，有些同事会直接开启头脑风暴模式，畅想各种视频内容的创意。这时，主导讨论的营销人就需要把讨论内容，拽回到内容体系的主题上来。

### 5.1.3　内容体系与爆款内容

每个做抖音的人，都希望自己创作的视频能成为爆款。但就现实而言，企业抖音的视频内容成为爆款的可能，要远低于自媒体的视频内容。原因可想而知，自媒体的创作空间要比企业抖音大得多。

企业抖音的首要任务，是实现目标策略。爆款是到达营销目标的方式之一，但并不是唯一方式。

在规划"内容体系"环节，与爆款内容是没有关系的。企业抖音只有先进入"内容生产"环节，再针对某个节假日、模仿某个热点进行创意，才有可能成为爆款。

## 5.2　规划内容体系的前提条件

企业抖音为了能够长期、稳定、持续地进行内容产出，就必须提前规划好内容体系，否则很快就会陷入缺乏内容的窘境。想要做好这项工作，需要对自身产品、品牌的熟悉，同时也需要对视频内容形态的深度认知，两者结合，才能形成内容体系，最终源源不断地产出视频内容。

由于视频营销是个新生事物，因此需要对内容体系的前提条件有一定了解，才能做好规划内容体系工作。下面介绍的三项内容，对于规划内容体系至关重要。

规划内容体系的难点，也是关键点，主要有三个，如图5-1所示，其相关描述见表5-2。

1　内容如何批量产出

2　内容如何精准产出

3　内容如何持续产出

图 5-1　内容体系规划的三个关键点

表 5-2　规划内容体系的三个难点（关键点）

| 难点 | 描　　述 |
| --- | --- |
| 内容如何批量产出 | 如何在有限的时间和资源条件下，高效地生产大量符合平台规范和用户喜好的短视频内容，以满足企业抖音账号的运营需求 |
| 内容如何精准产出 | 如何根据目标用户的特征和需求，制作能够吸引其注意力、引发共鸣并最终促成转化的短视频内容，以提升企业抖音账号的运营效果 |
| 内容如何持续产出 | 如何保持短视频内容的新鲜度和吸引力，避免内容重复和枯燥，持续激发用户的观看兴趣，并与用户建立长期的互动关系，以实现企业抖音账号的可持续发展 |

规划企业抖音的内容体系并非易事，以上三大难点如同横亘在企业面前的三座大山，如果缺乏有效的策略和方法，企业很容易陷入内容匮乏或无效的窘境。然而，机遇往往伴随着挑战。随着新视频平台的崛起和大数据技术的进步，企业迎来了破解难题的契机。

接下来，本书将深入探讨如何利用 IDAS 消费阶段理论、场景形态分析和时空变迁因素，有效地解决内容批量、精准和持续产出的难题，构建科学且高效的内容体系，助力企业抖音运营取得成功。

### 5.2.1 消费阶段助力内容批量产出

规划内容体系的难点（关键点）之一，是如何批量产出高质量的内容。下面介绍一种基于视频平台的新型消费阶段模型——IDAS模型，以及其对应的内容营销策略，以帮助内容营销者有效地吸引和转化消费者。

#### 1. 基于大数据洞察的消费阶段模型

笔者通过与新视频平台进行的关于消费者大数据深度分析合作项目中，研究出了一种基于视频平台的新型消费阶段模型——IDAS模型，IDAS模型将消费者在视频平台上的行为过程划分为四个阶段（见图5-2）：

图 5-2　IDAS 模型及行为过程的四个阶段

1）兴趣

消费者通过视频平台接触到产品或服务，产生兴趣和好奇心。

2）决策

消费者通过视频平台获取更多的产品或服务信息，形成购买意愿和决策。

3）行动

消费者通过视频平台提供的购买链接，完成购买行为，并体验、使用了产品或服务。

4）分享

消费者通过视频平台分享自己的使用感受，从而影响其他消费者。

IDAS模型是基于消费者在视频平台上的自然行为过程而提出的，因此具有较高的贴合度和可操作性。同时，IDAS模型也考虑了不同行业和场景的特点，对每个阶段都进行了细化和量化。

**2. 内容营销策略框架支撑内容营销的精准策略实施**

在合作研究项目中，笔者还分析了视频发布者（包括商业机构和头部玩家）的行为特征大数据，以及他们的内容营销策略和效果。由此，形成了针对IDAS模型的内容营销策略框架。根据IDAS模型，内容营销策略可以分为四个连续的步骤，见表5-3。

表 5-3　内容营销策略四个步骤

| 行为阶段 | 兴趣 | 决策 | 行动 | 分享 |
|---|---|---|---|---|
| 驱动策略 | 激发 | 促进 | 支持 | 引导 |

**1）激发兴趣**

激发消费者对产品或品牌的兴趣，吸引他们观看视频。这需要制作有创意和吸引力的视频内容，利用标题、封面、标签等元素来提高曝光度和点击率。

**2）促进决策**

促进消费者对产品或品牌的认知和信任，增强他们的购买意愿和决策。这需要提供有价值和有说服力的视频内容，展示产品或品牌的功能、优势、评价等信息，解决消费者的痛点和需求。

**3）支持行动**

支持消费者完成购买行为，降低他们的购买障碍和风险。这需要提供便捷和安全的购买链接，以及优惠券、赠品、保障等激励措施。

**4）引导分享**

引导消费者分享自己的使用感受，扩大产品或品牌的影响力。这需要鼓励和奖励消费者在视频平台上发表评论、打分、转发等社交行为。

有了IDAS模型以及对应的内容营销策略，就可以展开精准营销。针对消费者的不同行为阶段，进行有针对性的内容营销，而不是大而泛的营销。

由于IDAS模型源于视频平台的消费者行为分析，适合当下主流的视频营销（短视频、直播），因此便于用视频语言的呈现技巧，实现营销目标。

精准营销需要与行业进行深度结合，不同行业的消费者行为模式的具体特征各有不同。通过与国际、国内顶级企业的合作，在消费品、工业品、旅游和教育培训领域，皆取得了实效。

利用IDAS模型进行分析，游客的一次出行旅游，经历了"兴趣—决策—行动—分享"四个步骤，如图5-3所示。

| 兴趣 | 决策 | 行动 | 分享 |
|------|------|------|------|
| 动机形成<br>满足需求 | 目的地选择<br>目的地确定 | 购票<br>行前准备<br>行程 | 旅程中分享<br>结束后总结 |

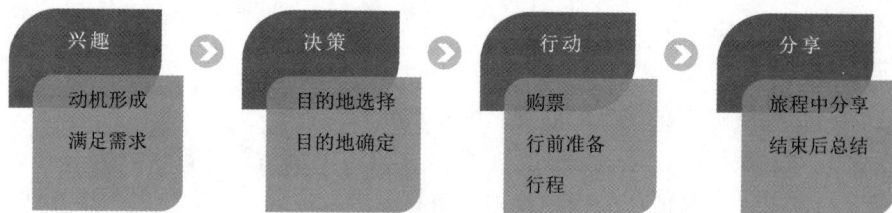

图 5-3　IDAS 模型在旅游营销中的应用策略（示例）

## 5.2.2　场景形态激发内容精准产出

规划内容体系的难点（关键点）之二，是需要视频内容的营销作用非常精准，不能似是而非。这就需要考虑视频的营销目标、受众需求、产品特性等多方面因素。其中，一个重要的环节是根据场景形态来设计视频内容，使之能够更加贴合消费者的实际情况，提高视频的吸引力和转化率。

场景形态是指视频内容所展示的具体情境，包括工作场景、生活场景、娱乐场景等。不同的行业、不同的产品，有不同的场景形态，需要企业抖音工作人员进行头脑风暴和详细梳理，才能制作出符合市场需求的视频内容。下面将以两个不同行业的案例，介绍如何根据场景形态规划视频内容。

**1. 案例一：润滑油产品**

润滑油产品分为 To C 和 To B 两种类型，针对不同的客户群体，有不同的场景形态。以下是一些可能的场景形态：

1）To C 润滑油

工作场景：汽修店、办公室、生产车间、展会、货场、商场、直播间等。

生活场景：车库、旅途等。

2）To B 润滑油

工作场景：汽修场、车间、展会、产品宣讲会/新品发布会、直播间等。

汇报场景：优秀工作项目分享、阶段业绩总结等。

根据不同的场景形态，可以制作出不同风格和主题的视频内容，例如：

（1）在汽修店的工作场景中，可以展示润滑油产品的使用方法和效果，以及客户的反馈和评价。

（2）在车库的生活场景中，可以展示润滑油产品如何保养汽车，延长汽车寿命，以及该润滑油产品与其他品牌的对比和优势。

（3）在直播间的工作场景中，可以展示润滑油产品的特点和优惠活动，以及与观众互动和答疑解惑。

**2. 案例二：女装**

女装产品有非常多的风格和类型，针对不同的消费者群体，有不同的场景形态。以下是一些可能的场景形态，如图5-4所示。

　　女装"专业穿搭店"：主讲女服装师的搭配技巧，不同场景下的不同搭配风格。如同一件衣服，不同的搭配，呈现不同风格。

　　女装"品牌店"：强调品牌的知名度和信任度，如多少年的品牌、线下多少家门店等。

　　女装"日系风格店"：针对小个子身材推出日系偏森系感服装。

　　女装"大牌剪标店"：突出品牌服装是撤柜尾货，高质低价。

　　女装"工厂店"：突出讲述工厂做工的用料及剪裁标准。

图 5-4　不同定位下女装账号的不同呈现（示例）

　　根据不同的场景形态，可以制作出不同风格和主题的短视频内容，例如：

　　在"专业穿搭店"的场景中，可以展示女服装师如何根据不同的身材、肤色、气质等因素选择合适的服装，并给出搭配建议和示范。

　　在"品牌店"的场景中，可以展示品牌的历史和故事，以及品牌的设计理念和风格，增加品牌的知名度和信任度。

　　在"日系风格店"的场景中，可以展示日系服装的特点和魅力，以及如何穿出日系风格的技巧和心得，吸引喜欢日系风格的消费者。

　　在"大牌剪标店"的场景中，可以展示大牌服装的品质和价值，以及如何在低价中挑选到合适的服装，吸引喜欢大牌服装的消费者。

　　在"工厂店"的场景中，可以展示工厂的生产过程和质量控制，以及工厂服装的优点和特色，吸引注重性价比的消费者。

　　以上两个案例充分证明了根据场景形态规划视频内容，有利于提高视频的针对性和吸引力，从而实现更好的营销效果。因此，企业抖音工作人员在规划视频布局时，应根据行业和产品特点，分析和确定适合自己的场景形态，并根据场景形态来设计视频内容，这样，才能制作出符合市场需求和消费者喜好的视频内容。

### 5.2.3　时空变迁支持内容持续产出

规划内容体系的难点（关键点）之三是在规划内容体系时，除应考虑消费者的消费阶段和场景形态外，还应考虑时空变迁的影响。

时空变迁是指视频内容所展示的时间和空间的变化，包括季节、时间段、节假日、电商节、特殊天气等因素。时空变迁可以为视频内容提供更多的创意和新意，使之能够适应不同的市场环境和消费者需求，从而提高视频的持续性和吸引力。下面，介绍如何利用时空变迁来持续创新视频内容。

首先，要分析时空变迁对视频内容的影响。时空变迁可以影响视频内容的以下方面：

#### 1. 视频内容的主题和风格

不同的时空变迁，会带来不同的主题和风格，例如，春天可以展示清新和活力的主题，夏天可以展示热情和阳光的主题，秋天可以展示优雅和温馨的主题，冬天可以展示温暖和浪漫的主题。同样，早晨可以展示起床和准备工作的主题，中午可以展示午餐和休息的主题，傍晚可以展示下班和放松的主题，深夜可以展示睡觉和梦想的主题。

比如每到秋分时节，开始昼短夜长、气温下降，用户对于天气变化、季节更替的内容会有所感受（见图5-5）。

图 5-5　日历中关于季节主题的提示

#### 2. 视频内容的素材和道具

不同的时空变迁，会带来不同的素材和道具，例如，节假日可以展示与节日相关的装饰和礼物，电商节可以展示优惠券和折扣信息，特殊天气可以展示雨伞和雪花等。这些素材和道具可以增加视频内容的丰富性和趣味性。

### 3. 视频内容的情感和价值

不同的时空变迁，会带来不同的情感和价值，例如，春节可以展示团圆和祝福的情感，七夕节可以展示爱情和浪漫的情感，双十一可以展示购物和享受的情感。这些情感和价值可以增加视频内容的共鸣和影响力。

以某主营教育培训的企业账号为例，在高考前为鼓励学生而拼剪出各个明星喊"加油"的视频，迎合了学生和家长的高考前心理需求，产生了剧烈的共鸣，播放量高达3021万，点赞量近220万，如图5-6所示。

根据时空变迁设计视频内容时，要注意以下几点：

*1）要与消费者的需求和喜好相匹配*

不同的时空变迁，会带来不同的消费者需求和喜好，例如，冬天可能需要更多保暖和舒适的产品，夏天可能需要更多清凉和防晒的产品。设计视频内容时，要根据消费者需求和喜好来选择合适的产品，并突出产品的功能和优势。

比如在每学期开学前的时间段，相关开学季的话题和需求就会增加，类似开学必备清单的内容，就会比较受关注，如图5-7所示。

*2）要与产品的特性和定位相符合*

不同的时空变迁，会带来不同的产品特性和定位，例如，春节可能更适合推广与传统文化相关的产品，七夕节可能更适合推广与浪漫和个性化相关的产品。设计视频内容时，要根据产品特性和定位来选择合适的主题和风格，并突出产品的特色和价值。

*3）要与市场环境和竞争对手相区别*

不同的时空变迁，会带来不同的市场环境和竞争对手，例如，电商节可能会有更多的促销活动和竞争压力，特殊天气可能会有更多的机会和创意空间。设计视频内容时，要根据市场环境和竞争对手来选择合适的素材和道具，并突出产品的差异化和优势。

综上所述，时空变迁是一个重要的视频内容规划的维度，可以为视频内容提供更多的变化和新意，使之能够适应不同的市场环境和消费者需求，从而提高视频的持续性和吸引力。

标题: #高考加油 乾坤未定，你…
发布时间: 2019-06-06 17:03
累计播放量: 30210406
点赞数/点赞率: 2197105/7.3%
分享数/分享率: 59582/0.20%
评论数/评论率: 60029/0.20%

**图 5-6　高考加油视频案例**

开学必备清单

| 证件类 | 学习用品类 | 必备药品类 | 军训物品类 | 日常洗漱类 |
|---|---|---|---|---|
| 身份证及复印件 | 眼镜/隐形眼镜 | 口罩 | 防晒 | 洗面奶 |
| 免冠证件照 | 台灯 | 酒精/免洗洗手液 | 晒后修复/面膜 | 肥皂/沐浴露 |
| 户口本及复印件 | 笔记本 | 感冒药/消炎药 | 卫生巾/湿巾 | 洗发水/护发素 |
| 银行卡/现金 | 文件夹 | 肠胃药/止疼药 | 藿香正气水 | 毛巾浴巾 |
| 团员/学籍档案袋 | 铅笔/黑色水笔 | 体温计 | 速干透气衣服 | 沐浴球/干发帽 |
| 录取通知书 | 橡皮/尺子 | 碘酒/纱布 | 驱蚊水/风油精 | 牙刷/牙缸/牙膏 |
| 贫困证明 | 荧光笔 | 创可贴 | 腰带 | 吹风机 |
| | | | 电风扇 | 卷发棒 |
| 生活用品类1 | 生活用品类2 | 美妆护肤类 | 电子用品类 | 衣物鞋袜类 |
| 被子/被套/枕头 | 剪刀 | 化妆镜 | 笔记本/手机 | 衣物7-8套 |
| 床垫床单 | 热水装 | 彩妆套装 | 充电器/充电宝 | 鞋子2-3双 |
| 床帘蚊帐 | 针线盒 | 水乳精华套装 | 耳机 | 内衣/内裤/袜子 |
| 衣服收纳箱 | 个人收纳盒 | 粉底隔离 | U盘/硬盘 | 睡衣裤 |
| 小夜灯 | 梳子 | 卸妆水/化妆棉 | 插排 | 防晒衣/雨衣 |
| 折叠懒人桌 | 坐垫 | 眼霜 | 手表 | 拖鞋 |
| 水杯/保温壶 | 勺子/筷子/碗 | 身体乳 | | 遮阳伞/雨伞 |
| 挂钩 | 耳塞 | 香水 | | 帽子 |
| 衣架 | 抹布 | 漱口水 | | 秋冬衣服 |
| 卫生纸/抽纸 | 鞋刷 | | | |
| 懒人支架 | 垃圾桶 | | | |
| 指甲刀 | 脸盆 | | | |

图 5-7　开学必备清单

> 📖 小结：对内容体系综合性的规划
>
> 对内容体系的三个思考维度（消费阶段、场景形态、时空变迁），不仅面向内容布局，同时也与内容分工与流程、发布频次和时间规划相关联，因此，需要综合性的规划。例如，内容的分工与企业的部门和职能划分相适应；发布频次和时间与观众的观看习惯相匹配。

# 5.3　规划内容体系的实操步骤

规划内容体系是企业抖音营销的重要环节，它涉及企业抖音账号的内容布局、内容分工和流程、发布频次和时间等方面，是决定企业抖音营销效果的关键因素。

规划内容体系的工作，不仅考虑企业的产品和业务特点，还要结合抖音平台的

特性和用户的喜好，制定出适合企业抖音账号的内容策略。规划内容体系依据工作
步骤可以分为以下三个部分，如图5-8所示。

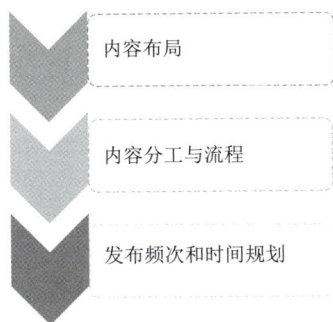

图 5-8　内容规划体系的三个部分

## 5.3.1　第一步：内容布局

### 1. 内容布局的基础框架

在进行内容布局时，首先要将所有经营部门，按部门名称排成竖列，然后在横
行中填写可以进行视频营销的内容。根据企业实际情况，可以把常见的三种视频类
型：短视频、直播营销、直播电商，单独规划或是合在一起进行规划。表5-4是不同
部门内容布局的基础框架示例。

### 2. 不同部门的内容布局

随着企业视频化的全面推进，与企业运营相关的部门，将有越来越多视频营销
的需求，这些需求有的是对外的，有的是对内营销的。在内容布局时，需要根据不
同部门的实际需求，进行规划。

表 5-4　不同部门内容布局的基础框架（示例）

| 部门 | 视频类型 | 内容方向 |
| --- | --- | --- |
| 产品或业务部 | 短视频 | 展示产品或服务的功能、特点、优势等，引发用户的需求和兴趣。 |
| | 直播营销 | |
| | 直播电商 | |
| 客户服务部 | 短视频 | 提供产品或服务的维修保养、退换货、投诉建议等，提供用户的售后服务和支持。 |
| | 直播营销 | |
| | 直播电商 | |
| 品牌公关部 | 短视频 | 展示企业的历史、文化、愿景、社会责任等，塑造企业的品牌形象和声誉。 |
| | 直播营销 | |

续表

| 部门 | 视频类型 | 内容方向 |
|---|---|---|
| 人力资源部 | 短视频 | 展示企业的工作环境、福利待遇、员工风采等，吸引优秀人才加入企业。 |
| | 直播营销 | |
| 其他部门<br>（如财务部、行政部等） | 短视频 | 展示部门的工作内容、成果、团队建设等，增强部门之间的沟通和协作。 |

### 3. 填写内容布局的细节内容

在填写每个部门可以进行视频营销的内容时，需要以目标策略、账号布局为起点，考虑三个维度（消费阶段、场景形态、时空变迁）的内容类型。

（1）消费阶段：指用户在购买产品或服务前后所处的不同阶段，如需求识别、信息搜索、评估选择、购买决策、使用体验、售后服务等。不同消费阶段的用户有不同的信息需求和关注点，因此要根据用户所处的消费阶段，选择合适的内容主题和类型。

（2）场景形态：指用户在使用产品或服务时所面临的不同场景和问题，如居家、办公、旅行、娱乐等。不同场景形态的用户有不同的使用需求和痛点，因此要根据用户所处的场景形态，选择合适的内容主题和类型。

（3）时空变迁：指用户在不同时间和地点所呈现的不同消费特征和行为模式，如季节、节日、地域、文化等。不同时空变迁的用户有不同的消费偏好和习惯，因此要根据用户所处的时空变迁，选择合适的内容主题和类型。

## 5.3.2 第二步：内容分工与流程

### 1. 梳理内容分工和流程

梳理内容分工和流程是指根据企业抖音账号所属的管理部门和协作关系，确定每个账号负责的内容主题和类型，以及发布内容时需要遵循的流程和顺序。梳理内容分工和流程的目的是为了明确每个账号的职责和边界，避免内容重复或冲突，保证内容的一致性和协调性。

在梳理内容分工和流程时，首先根据企业的组织结构，划分出不同的抖音账号，如集团级、事业部级、产品线级等；然后明确每个账号的定位和目标，如品牌宣传、产品推广、客户服务等；最后确定每个账号负责的内容主题和类型，如短视频、直播营销、直播电商等。

### 2. 制定发布流程和顺序

在确定每个账号的内容主题和类型后，还要制定发布内容时需要遵循的流程和顺序。这包括以下几个方面：

#### 1）内容审核

内容审核是指发布内容前需要经过哪些部门或人员的审核和批准，如市场部、法务部、领导层等。内容审核的目的是为了确保内容符合企业的规范和标准，避免出现违规或负面的情况。

#### 2）内容协同

内容协同是指发布同一主题或活动的内容时，需要与哪些账号进行协同和沟通，如集团级、事业部级、产品线级等。内容协同的目的是为了保证内容的一致性和协调性，避免出现重复或冲突的情况。

#### 3）内容优先

内容优先是指发布同一主题或活动的内容时，需要按照哪种顺序进行发布，如先后、同时、轮换等。内容优先的目的是为了体现不同账号的重要性和影响力，提高内容的效果和转化。

示例：某企业有三个抖音账号：集团级账号A、事业部级账号B、产品线级账号C。当需要发布新产品X时，可按照表5-5的流程进行。

表 5-5　企业抖音账号发布流程和顺序（示例）

| 次序 | 账号名称 | 内容 | 细节说明 |
| --- | --- | --- | --- |
| 1 | 集团级账号 A | 负责发布新产品 X 的品牌宣传类短视频，介绍新产品 X 与企业愿景、文化、社会责任等方面的关联性 | 该视频需要经过市场部、法务部、领导层等部门或人员的审核和批准，在新产品 X 发布前一周进行发布 |
| 2 | 事业部级账号 B | 负责发布新产品 X 的功能介绍类短视频，展示新产品 X 的功能、特点、优势等信息 | 该视频需要经过市场部、法务部等部门或人员的审核和批准，在新产品 X 发布当天进行发布 |
| 3 | 产品线级账号 C | 负责发布新产品 X 的直播电商类视频，推荐新产品 X，并引导用户进行购买或预约等行为 | 该视频需要经过市场部等部门或人员的审核和批准，在新产品 X 发布后一天进行发布 |

在发布新产品X相关内容时，三个账号之间需要进行协同和沟通，避免出现重复或冲突的情况。例如，在介绍新产品X时，要保持一致的信息和调性，不要出现相互矛盾或抵触的情况。在发布时间上，要按照集团级账号A、事业部级账号B、产品线级账号C的顺序进行发布，体现出不同账号的优先级和影响力。

### 5.3.3　第三步：发布频次和时间规划

#### 1. 发布频次和时间计划

发布频次和时间计划是指根据每个账号的内容主题和类型，以及用户的观看习惯，确定每个账号发布内容的频次和时间段。发布频次和时间计划的目的是为了合理安排内容的产出和消费，提高内容的曝光度和互动度。

在进行发布频次和时间计划时，首先要根据每个账号的内容主题和类型，确定每个账号发布内容的频次。频次是指每个账号在一定时间内（如每天、每周、每月等）发布内容的次数。

**2.确定企业抖音发布频次的考虑因素**

企业抖音发布频次需要考虑内容消费需求、内容产出能力以及内容竞争压力三个因素，如图5-9所示。

内容消费需求

内容产出能力

内容竞争压力

**图5-9 确定企业抖音发布频次的考虑因素**

1）内容产出能力

内容产出能力是指每个账号能够生产出多少内容，如每天能够生产出多少短视频或直播视频。内容产出能力取决于每个账号的人力、物力、财力等资源。内容产出能力越高，频次应该越高。

2）内容消费需求

内容消费需求是指用户对每个账号的内容有多大的需求，如每天想要看多少短视频或直播视频。内容消费需求取决于每个账号的目标用户、目标市场、目标行业等因素。内容消费需求越高，频次应该越高。

3）内容竞争压力

内容竞争压力是指每个账号面临的竞争对手有多少，如有多少同行或同类的抖音账号。内容竞争压力取决于每个账号所处的市场环境、行业环境、平台环境等因素。内容竞争压力越高，频次应该越高。

**3. 确定发布时间段的考虑因素**

在确定每个账号发布内容的频次后，还要根据用户的观看习惯，确定每个账号发布内容的时间段。时间段是指每个账号在一天内发布内容的具体时刻，如上午、下午、晚上等。时间段的确定要根据以下几个因素。

1）用户活跃度

用户活跃度是指用户一天内在抖音平台上活跃的程度，如在哪些时段使用抖音最多。用户活跃度取决于用户的年龄、性别、职业、生活习惯等特征。用户活跃度越高，发布的时间段可以越靠近。

2）用户注意力

用户注意力是指用户一天内对抖音平台上的内容有多大的注意力，如在哪些时段对抖音最感兴趣。用户注意力取决于用户的心理状态、情绪状态、环境干扰等因素。用户注意力越高，发布的时间段可以越靠近。

3）用户转化意愿

用户转化意愿是指用户一天内对抖音平台上的内容有多大的转化意愿，如在哪些时段最愿意进行购买或预约等行为。用户转化意愿取决于用户的消费能力、消费需求、消费动机等因素。用户转化意愿越高，发布的时间段可以越靠近。

用户活跃度是基础，如果用户都没有使用抖音，那么运营效果无从说起；但是有活跃度，不一定会有注意力，如果用户的使用是漫不经心的状态，视频内容会被随意的划走，浪费了创意和素材，只有用户情绪相对投入且环境干扰比较小的时候，注意力才会集中，也才会有运营效果显现的可能性；用户转化意愿是核心因素，用户看到了，也注意到了，视频素材有效地触达了用户，此时是否能够实现转化，便取决于用户的转化意愿，"渴的时候递了杯水，困的时候送了枕头"这样的情况，转化率就高，反之就达不到效果，成了无效或者低效运营。

用户活跃度是基础，用户注意力是必须，用户转化意愿是核心，三者的关系，如图 5-10 所示。

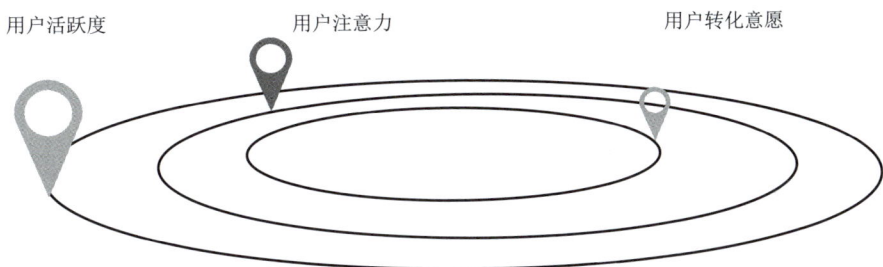

图 5-10　确定企业抖音发布时间段的考虑因素

4. 发布频次和时间规划的示例

例如，某企业有三个抖音账号：集团级账号A、事业部级账号B、产品线级账号C。根据以上几个因素，可以制定出以下发布频次和时间计划：

1）集团级账号A

负责发布品牌宣传类短视频，该类视频的内容产出能力较低，内容消费需求较高，内容竞争压力较低。因此，可以确定该账号的发布频次为每周一次，发布时间段为周一上午10点，这是用户对品牌宣传类内容最感兴趣的时段。

2）事业部级账号B

负责发布功能介绍类短视频，该类视频的内容产出能力较高，内容消费需求

较高，内容竞争压力较高。因此，可以确定该账号的发布频次为每周三次，发布时间段为周二、周四、周六下午4点，这是用户对功能介绍类内容最有注意力的时段。

### 3）产品线级账号C

负责发布直播电商类视频，该类视频的内容产出能力较高，内容消费需求较低，内容竞争压力较高。因此，可以确定该账号的发布频次为每周两次，发布时间段为周三、周日晚上8点，这是用户对直播电商类内容最有转化意愿的时段。

通过以上的发布频次和时间计划，可以保证每个账号的内容能够在合适的时间和频率下，达到最佳的营销效果。

# 5.4  常见视频类型内容体系的实操与案例

## 5.4.1  短视频内容体系的实操

### 1. 企业短视频的类型及其目标

企业短视频可以分为营销短视频和电商短视频两种类型。

营销短视频：利用短视频平台或社交媒体，进行企业品牌、产品、服务、活动等的宣传推广，提高企业知名度、信誉度和影响力，增强用户黏性和忠诚度，促进用户转化和留存。

电商短视频：利用短视频平台或电商平台，进行产品或服务的展示、介绍、演示、体验等，吸引用户购买意愿，提高销售额和转化率。

在实践中，主要应用的是营销短视频，电商短视频往往是附属在直播电商的管理下。因此，以下讲述的内容，主要是营销短视频的内容。

### 2. 营销短视频的内容计划与策划

在企业中，不同部门都会有短视频营销的内容需求。例如，产品部门有制作新品发布或产品体验的短视频的需求；HR部门有制作招聘或员工培训的短视频的需求；公关部门有制作品牌活动或危机公关的短视频的需求。这些短视频内容一般在年度工作计划中就有安排，也有可能根据实际状况临时安排。

为了能够有效地组织和制作这些短视频内容，需要有一个专门负责短视频营销的部门或团队，通常是营销部门或传媒部门。这个部门或团队需要收集其他部门的短视频需求，整理出全年或半年的短视频营销内容计划，并与其他部门沟通协调。

在内容计划中，需要明确每个短视频内容的主题、目标、时间、平台、受众、预算等基本信息。同时，需要根据每个短视频内容的特点和要求，制订详细的策划方案。在策划方案中，需要包括以下内容：

（1）短视频内容：确定短视频内容的框架、流程、重点、亮点等，并编写相应的文案和素材。

（2）短视频形式：确定短视频的类型（如故事、教程、访谈、游戏等）、风格（如正式、轻松、幽默等）、场景（如室内、室外、实景等）等，并准备相应的道具和设备。

（3）短视频人员：确定短视频人员的角色（如主持人、嘉宾、观众等）、数量、分工等，并进行相应的培训和指导。

（4）短视频推广：确定短视频推广的渠道（如官网、微信、微博等）、方式（如海报、视频、文章等）、时间节点等，并制作相应的推广素材。

（5）短视频评估：确定短视频评估的指标（如观看人数、互动次数、转化率等）、方法（如数据分析、问卷调查等）、时间点等，并制定相应的改进措施。

### 3. 短视频分工与协作的原则和方法

在企业中，不同部门之间需要进行有效的分工与协作，才能保证短视频内容规划与制作的顺利进行。以下是一些分工与协作的原则与方法：

（1）建立一个专门负责短视频内容规划与制作的部门或团队，作为其他部门的对接方，负责统筹安排、沟通协调、监督执行。

（2）制定一个清晰明确的短视频内容规划与制作流程，包括需求收集、计划制定、方案策划、资源准备、推广发布、效果评估等环节，明确每个环节的责任人、时间节点和输出成果。

（3）建立一个有效的沟通机制，包括定期会议、工作群组、工作报告等方式，及时传递信息、反馈问题、解决冲突。

（4）建立一个合理的激励机制，包括奖励惩罚、考核评价、表彰奖励等方式，激发员工积极性，提高员工能力。

（5）根据短视频内容规划与制作的复杂度和难度，选择合适的外部合作伙伴，如专业机构或个人，提供技术支持或内容服务。

## 5.4.2　直播内容体系的实操

### 1. 企业直播的两大类型及其目标

在企业的视频营销中，直播是一种非常有效的视频形式，可以实现多种营销目标。根据目标的不同，企业直播主要分为直播营销和直播电商两大类型，如图5-11所示。

直播营销

利用直播平台或社交媒体，进行企业品牌、产品、服务、活动等的宣传推广，提高企业知名度、信誉度和影响力，增强用户黏性和忠诚度，促进用户转化和留存。

直播电商

利用直播平台或电商平台，进行产品或服务的展示、介绍、演示、体验等，吸引用户购买意愿，提高销售额和转化率。

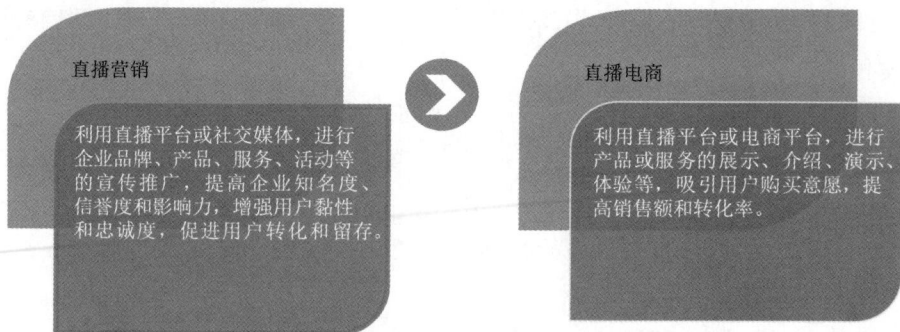

图 5-11　企业直播的两大类型及其目标

**2. 直播营销的活动计划与策划**

在企业中，不同部门都会有直播营销的活动需求。例如，产品部门会进行新品发布或产品体验的直播；HR部门会进行招聘或员工培训的直播；公关部门会进行品牌活动或危机公关的直播。这些直播活动一般在年度工作计划中就有安排，也有可能根据实际状况临时安排。

为了能够有效地组织和执行这些直播活动，需要有一个专门负责直播营销的部门或团队，通常是营销部门或传媒部门。这个部门或团队需要收集其他部门的直播需求，整理出全年或半年的直播营销活动计划，并与其他部门沟通协调。

在活动计划中，需要明确每个直播活动的主题、目标、时间、平台、受众、预算等基本信息。同时，需要根据每个直播活动的特点和要求，进行详细的策划方案。在策划方案中，需要包括以下内容：

（1）直播内容：确定直播内容的框架、流程、重点、亮点等，并编写相应的文案和素材。

（2）直播形式：确定直播形式的类型（如访谈、讲座、互动、游戏等）、风格（如正式、轻松、幽默等）、场景（如室内、室外、实景等）等，并准备相应的道具和设备。

（3）直播人员：确定直播人员的角色（如主持人、嘉宾、观众等）、数量、分工等，并进行相应的培训和指导。

（4）直播推广：确定直播推广的渠道（如官网、微信、微博等）、方式（如海报、视频、文章等）、时间节点等，并制作相应的推广素材。

（5）直播评估：确定直播评估的指标（如观看人数、互动次数、转化率等）、方法（如数据分析、问卷调查等）、时间等，并制定相应的改进措施。

**3. 直播电商的工作排期与执行**

在企业中，负责产品或服务销售的部门会有直播电商的工作需求。例如，电商部门会进行商品展示或促销的直播；客服部门会进行售后服务或咨询的直播。这些直播工作一般是比较明确和固定的，由销售部门负责计划和执行。

为了能够有效地组织和执行这些直播工作，需要有一个专门负责直播电商的部门或团队，通常是销售部门或电商部门。这个部门或团队需要制定全年或半年的直播电商工作排期，并与其他相关部门沟通协调。

在工作排期中，需要明确每个直播工作的主题、目标、时间、平台、受众、预算等基本信息。同时，需要根据每个直播工作的特点和要求，进行简单的执行方案。在执行方案中，需要包括以下内容：

（1）直播内容：确定直播内容的框架、流程、重点、亮点等，并编写相应的文案和素材。

（2）直播形式：确定直播形式的类型（如展示、介绍、演示、体验等）、风格（如专业、亲切、诚信等）、场景（如商品图片、视频、实物等）等，并准备相应的道具和设备。

（3）直播人员：确定直播人员的角色（如主持人、助理、观众等）、数量、分工等，并进行相应的培训和指导。

（4）直播推广：确定直播推广的渠道（如电商平台、社交媒体等）、方式（如优惠券、红包、抽奖等）、时间点等，并制作相应的推广素材。

（5）直播评估：确定直播评估的指标（如观看人数、下单人数、销售额等）、方法（如数据分析、用户反馈等）、时间点等，并制定相应的改进措施。

**4. 直播分工与协作的原则与方法**

在企业中，不同部门之间需要进行有效的分工与协作，才能保证直播内容规划与实施的顺利进行。以下是一些分工与协作的原则与方法：

（1）建立一个专门负责直播内容规划与实施的部门或团队，作为其他部门的对接方，负责统筹安排、沟通协调、监督执行。

（2）制定一个清晰明确的直播内容规划与实施流程，包括需求收集、计划制定、方案策划、资源准备、活动推广、活动执行、效果评估等环节，明确每个环节的责任人、时间节点和输出成果。

（3）建立一个有效的沟通机制，包括定期会议、工作群组、工作报告等方式，及时传递信息、反馈问题、解决冲突。

（4）建立一个合理的激励机制，包括奖励惩罚、考核评价、表彰奖励等方式，激发员工积极性、提高员工能力。

（5）根据直播内容规划与实施的复杂度和难度，选择合适的外部合作伙伴，如专业机构或个人，提供技术支持或内容服务。

**5. 直播频次与时间**

1）直播营销活动的频次和时间

（1）频次：根据企业直播团队的工作能力，以及直播内容的质量和创新，合理安排直播营销活动的频次。不以直播为核心营销方式的企业，一个月进行1~2场直播营销活动就是比较高的频次。如果想要增加直播活动次数，就需要多方面提升相

关人员的能力，同时保证直播内容的质量和创新。

（2）时间：根据企业人员的时间安排，以及观众的观看习惯，合理安排直播营销活动的时间。一般来讲，工作日的下午或晚上，以及周末或节假日，是比较适合进行直播营销活动的时间段。同时，也要考虑市场上同类或类似的直播活动的时间安排，避免与之冲突或重复。

### 2）直播电商工作的频次和时间

（1）频次：根据企业销售部门的工作计划，以及产品或服务的特点和需求，合理安排直播电商工作的频次。一般来讲，直播电商工作需要保持较高的频次，以增加用户的接触和转化机会。现在许多企业已经形成了工作日每天进行直播电商工作的习惯。同时，也要考虑市场上的热点话题、事件、趋势等因素，抓住机会进行特别或突发性的直播电商工作。

（2）时间：根据企业直播人员的工作时间安排，以及观众的消费习惯，合理安排直播电商工作的时间。一般来讲，早上或中午是比较适合进行日常性或活动性的直播电商工作的时间段；而晚上是比较适合进行电商节或特别性的直播电商工作的时间段。同时，也要考虑产品或服务本身的特点和需求，选择最能体现其优势和吸引力的时间段进行直播电商工作。

## 5.4.3  常见视频类型内容体系的实操案例

### 1. 某卫浴产品企业的视频内容规划方向与思路（见表5-6）

表 5-6  某卫浴产品企业的视频内容规划方向与思路（示例）

| 目标 | 调性要求 | 内容方向 |
| --- | --- | --- |
| 作为核心业务的主要销售渠道，驱动核心业务发展 | 时尚亲切、兼顾性价比 | 1. 制作精美、生动的卫浴产品介绍视频，展示产品的设计、功能和优势。 |
| | | 2. 搭配时尚音乐和流行元素，增加视频的吸引力。 |
| | | 3. 强调产品的性价比，通过折扣促销和限时优惠活动吸引消费者。 |
| 做品牌宣传有力支撑 | 高站位、引领者、踏实落地 | 1. 制作品牌形象宣传视频，突出品牌的高端、专业和可靠形象。 |
| | | 2. 邀请行业专家或知名卫浴设计师参与合作，增强品牌的权威性和引领力。 |
| | | 3. 定期发布品牌故事和成功案例，展示企业的实力和成就。 |
| 服务于其他非核心部分 | 全面周到 | 1. 提供卫浴装修攻略、使用技巧等实用信息，提升用户价值感。 |
| | | 2. 及时回应用户的问题和需求，提供个性化的客户服务。 |
| | | 3. 与其他相关行业或平台合作，扩大影响力和服务范围。 |

通过以上策略，可以在抖音平台实现以下目标：

（1）通过展示卫浴产品的设计和优势，吸引消费者的关注和购买，推动核心业务的发展。

（2）建立品牌的高端、专业和可靠形象，提升品牌影响力，并成为行业的引领者。

（3）提供实用信息和个性化的客户服务，提升用户价值感，并服务于其他非核心部分。

（4）同时，需要定期评估抖音营销的效果，根据反馈和数据分析进行调整和优化，以确保实施策略的有效性。

### 2. 工业企业可根据自身特点安排内容模块

（1）技术专长和行业知识：作为工业企业，企业可以展示自身的技术专长和行业知识。通过发布技术解读、行业趋势分析等内容，向用户传递企业在工业领域的专业知识和见解，提升企业在行业内的影响力和专业形象。

（2）制造实力和品质管理：工业企业可以展示产品的制造过程和品质管理。通过展示现代化设备、高效生产线等，向用户展示企业的制造能力和品质保证，增加用户对产品的信任和好感度。

（3）解决方案和成功案例：工业企业可以展示自身的解决方案和成功案例，向用户展示企业在解决问题方面的能力和经验。通过演示解决方案的过程和实际效果，让用户了解企业解决问题的能力，提高用户对企业产品和服务的认可度。

（4）品牌故事和企业文化：工业企业可以通过讲述自身的品牌故事和企业文化，向用户传递企业的核心价值观。通过情感化的品牌故事，让用户更加了解和信任企业，并与企业建立起情感联系，从而提升用户对企业品牌的认知度和忠诚度。

（5）与商业大咖和文化名人合作：工业企业可以与商业大咖、文化名人等合作，提升企业的知名度和影响力。通过与知名人士的合作，可以吸引更多用户的关注和兴趣，提升品牌的社会价值。

### 3. 润滑油企业抖音的内容规划

润滑油分为面向消费者的车用润滑油和面向工业企业的工业润滑油。润滑油企业面对的目标消费者类型不同，适配的场景也有很大不同（见表5-7）。

表 5-7　润滑油企业抖音的内容规划（示例）

| 产品类型 | 场景形态 | 消费阶段、时空变迁 |
|---|---|---|
| 车用润滑油 | To C 工作场景 | 汽修店<br>【激发兴趣】夏天、冬季更换机油 |
| | To C 生活场景 | 车库<br>【支持行动】旅行间更换新机油 |
| 工业润滑油 | To B 工作场景 | 展会<br>【激发兴趣】新产品介绍 |
| | To B 汇报场景 | 优秀项目汇报<br>【引导分享】客户感言 |

#### 4. 职业教育企业抖音的内容规划

职业教育企业在抖音平台上进行内容规划时，需要根据不同的目标受众和内容形式，制定合适的内容策略和创意，以达到提升品牌知名度和影响力的目的。以下是职业教育企业在抖音上进行内容规划的七个关键点：

1）确定目标受众

职业教育企业的目标受众主要是家长和学生等，他们的观看目的是为了获取求学就业方面的指导和建议。因此，职业教育企业需要根据家长和学生的需求和兴趣，制定相应的内容策略和创意，以吸引他们的关注和参与。

2）提供有价值的内容

为了吸引用户，职业教育企业需要提供有价值的内容，即能够解决用户在求学就业方面遇到的问题或困惑的内容。影响家长选择求学就业方向的因素，主要有如下几个方面：

（1）教育投入与回报：家长需要考虑自己能够承担多少教育费用，以及教育所能带来的收益和效果。

（2）孩子特点与兴趣：家长需要了解自己孩子的性格、能力、爱好等特点，以及他们对未来职业的兴趣和期望。

（3）社会环境与就业前景：家长需要关注当前和未来社会的经济形势、行业发展趋势、就业市场需求等因素，以及他们对孩子未来生活质量的期待。

（4）这些角度对于家长和学生来说，都是有价值的内容方向。通过分享有用的知识和信息，建立起用户对企业的信任和依赖。

3）细化内容主题

将有价值的内容方向继续细化，列出具体可以做的内容主题。例如：

（1）重新定义职业教育的价值：从大的社会环境下，分析职业教育在当前和未来经济形势下所能发挥的作用和优势，如缓解就业压力、提高就业技能、增加收入等。

（2）职业教育选择标准：从不同角度介绍职业教育选择时需要考虑的因素，如学校资质、师资水平、专业设置、就业服务等，并给出一些选择建议或案例。

（3）职业教育适合人群：从孩子特点和兴趣出发，分析哪些类型或领域的职业教育更适合他们，如手工类、服务类、技术类等，并给出一些评估方法或测试工具。

（4）职业教育成功案例：分享一些职业教育毕业生或在校生的成功故事或感悟，展示他们的成长和进步，以及职业教育对他们的帮助和影响。

4）多样化的内容表现形式和角度

根据不同的内容主题，选择合适的内容表现形式和角度，以增加内容的吸引力和说服力。例如：

（1）专家讲座或访谈：利用专家资源，在抖音上进行直播或录制视频，从权威或专业的角度，讲解职业教育的意义、价值、选择标准等，以增加企业的曝光度和影响力。

（2）学生体验或分享：利用学生资源，在抖音上发布学生的课堂体验、实习感受、就业心得等内容，从真实或自身的角度，展示职业教育的过程、效果和收获，以增加用户的信任和认可。

（3）趣味互动或挑战：利用抖音平台的功能，在抖音上发起一些趣味互动或挑战活动，如搞笑短剧、配音挑战、脑筋急转弯等，从娱乐或参与的角度，吸引用户注意和分享，以增加用户的参与感和忠诚度。

5）建立不同的账号体系

根据不同的内容主题和表现形式，建立不同的账号体系，如校园官方账号、教师人设账号、专业课程账号等，并根据不同账号的定位和特点，制作适合的内容。例如：

（1）校园官方账号：主要发布一些关于学校的基本信息、活动通知、荣誉展示等内容，以展示学校的形象和氛围。视觉输出要符合学校的风格和色调，语气输出要正式、庄重、有威严。

（2）教师人设账号：主要发布一些关于教师的个人信息、教学风格、教育理念等内容，以展示教师的个性和魅力。视觉输出要符合教师的职业感和专业感，语气输出要坚定、有信心、有温度。

（3）专业课程账号：主要发布一些关于专业课程的介绍、教学视频、学习方法等内容，以展示专业课程的内容和效果。视觉输出要符合专业课程的特点和风格，语气输出要简洁、明了、有趣味。

6）频繁更新和持续互动

职业教育企业需要保持频繁的内容更新，与用户保持持续的互动。回复用户的评论和提问，参与相关话题的讨论，增加用户的参与感和忠诚度。

7）制定精准的广告投放策略

职业教育企业可以通过抖音的广告投放功能，将相关的广告内容精准地推送给目标受众。通过准确的定位和投放，提高广告的转化率和效果。

通过以上关键点，职业教育企业可以在抖音平台上制定有效的内容规划，吸引更多的目标受众，提升品牌知名度和影响力。

## 5.5　内容体系规划的进阶深入

在视频营销时代，内容体系规划是一项重要工作，它需要不断适应视频营销和企业业务的变化，创造出有价值、有吸引力的视频内容。内容体系规划不是一成不

变的，而是一个动态的过程，需要营销人员具备以下几个方面的意识和能力，这些方面会随着时间和技术的发展而更新，因此需要营销人员保持学习和创新。

### 5.5.1 以视频为核心的内容呈现意识

过去的营销主要依靠图文来传递信息，只有少数高成本、高质量的视频广告或企业宣传片才能出现在营销场景中，而现在，视频已经成为企业的核心媒介，不仅是营销部门和产品部门，其他与经营相关的部门，也都可以利用视频来辅助营销工作的开展。

因此，营销人员需要转变思维方式，从以图文为主转向以视频为主。视频呈现的视角非常多元、信息更加丰富，这就要求营销人员培养自己的视觉敏感度，随时发现可以拍成视频的企业经营内容。

### 5.5.2 企业生产产品、业务经营的内容准备

过去，企业营销的成本和技术难度高，因此不是每个部门、每个业务或产品，都能排进营销宣传的列表中，而现在，制作短视频、进行直播的难度和成本极低，企业经营中几乎所有内容，都可以用视频呈现。由于视频营销需要各种各样的内容支撑，因此那些原本成本不"经济"、技术难度高的企业经营业务，现在也都可以做成短视频或进行直播。

例如，产品制作过程，原本无法让消费者看到，而现在只需在生产车间架上摄像头，消费者就能看到产品制作的全过程，从而对产品产生信任。

因此，在做内容体系规划时，需要穷尽生产产品、业务经营的所有阶段，列出所有能够拍摄成视频的素材。

### 5.5.3 不断提升的产品视频化呈现方式

过去，视频技术不发达，许多有价值的产品和业务细节，无法呈现出来，或是制作视频所需的成本高到无法承受，而随着视频技术的突飞猛进，这些已经不成问题。

例如，门窗中最关键的元件——滑轮，现在可以通过动画方式，清晰地呈现给观众。

**实操案例：门窗中的滑轮**

广东欧派克家居智能科技有限公司是全空间滑动门系统解决方案服务商，之前总是为了向用户展示门窗中最关键的元件——滑轮，而大伤脑筋。现在利用"虚拟直播+3D呈像+视频"技术，公司突破性地实现了大家居产品的网络展示，并赋予强烈的科技特性和视觉效果。视频内容在讲述产品技术更新原理的同时，更是为品牌打造了全新的视觉叙事传递方案，为品牌梳理了整体的产品视觉系统，如图5-12所示。

公司董事长许超利用"虚拟直播+3D呈像+视频"技术进行的这场直播，将新产品、新服务、新模式，在线上精彩呈现，为线下转化埋下伏笔。这场直播做成了公司升级的一场全新营销活动，成为行业热议的现象级事件。直播在线观看人数36万人/次，私域定项邀约5万人。直播活动结束后，引起行业人士热议，线下展厅预约参观火爆，VIP客户签单率极高。

在可以预见的未来几年中，越来越多的技术，如虚拟现实技术、增强现实技术，会帮助产品和业务，更好地呈现。

图 5-12　企业直播实操案例（示例）

**思考题：**

1.企业应如何构建适合自身特点的抖音内容体系？

2.企业应如何规划抖音内容的生产流程和发布频次？

# 第6章
# 内容生产

## 6.1 内容生产为企业抖音赋予活力

### 6.1.1 "实施阶段"的第一步：内容生产

**1. "实施阶段"的回顾**

在完成"策略阶段"工作后，企业抖音就进入了"实施阶段"。之前规划好的各种计划将付诸实施，并接受现实的检验。

"策略阶段"的三个步骤是依次进行的，没有完成前一个环节，就无法开展下一个环节，如图6-1所示。

目标策略　　　账号布局　　　内容规划

图6-1　企业抖音策略阶段三步骤

**2. "实施阶段"的三项任务**

在"实施阶段"，需要完成以下三个步骤，这三个步骤在实际工作中是同时进行的，相互影响和配合，形成一个闭环过程，如图6-2所示。

1）内容生产

根据内容规划，制作高质量的视频内容，包括选题、拍摄、剪辑、配音、字幕等环节，注意视频的内容、形式和技术的质量和创新。

2）运营推广

根据目标策略和账号布局，采用有效的方

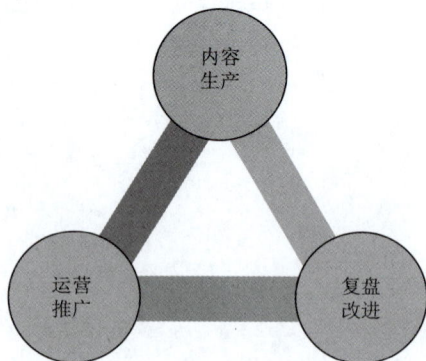

内容生产

运营推广　　　复盘改进

图6-2　企业抖音"实施阶段"三步骤

法和渠道，提高企业抖音的曝光度和关注度，包括标题、标签、话题、互动、合作等环节，注意视频的传播、引导和转化的效果和策略。

3）复盘改进

根据数据反馈和市场评价，分析企业抖音的表现，找出优势和不足，总结经验和教训，调整目标策略、账号布局和内容规划，持续优化企业抖音。

对于初学者，建议先学习策略阶段的三个步骤，然后再结合实际工作进行操作和实践。

**3. 内容生产为企业抖音带来活力**

内容生产是"实施阶段"的第一个步骤，也是企业抖音的核心和灵魂。企业抖音的成功，需要多方面的努力和支持，但如果内容生产的水平不高，其他方面做得再好，也难以实现企业抖音的目标。

### 6.1.2　企业抖音的核心理念——内容营销

从营销的发展视角看，以往最重要的营销形式是广告，在营销领域中，最重要、最有价值的工作，就是广告文案的创意与广告片的拍摄，但是，动则数百万元的预算以及专业化的设备和团队，是大多数中小企业无法企及的。

随着社会化媒体（微博、朋友圈）的崛起，广告的影响力不断降低，内容营销成为主轴。内容营销的核心理念是，通过提供有价值、有趣、有教育意义的内容，吸引和留住目标受众，建立信任和关系，从而实现品牌推广和销售转化。

在数字营销的新纪元中，内容营销已经成为连接品牌与消费者的桥梁。企业抖音的内容营销，作为这一转变的接续，已不再依赖传统广告的直接推销手法。它通过讲故事、分享知识、展示案例、解决问题等多样化的方式，传递企业的理念和价值，引起受众的共鸣和兴趣，激发受众的需求和欲望，从而促进受众的行动和转化。

### 6.1.3　内容营销的进阶——视频内容营销

随着新视频媒体（抖音）的快速发展，拍摄制作成本大幅降低，甚至可以是"零成本"——用手机就能拍出短视频和直播。这一变革为中小企业的营销和销售工作打开了新的可能性，使得内容营销从图文时代迈入视频主导的新阶段。然而，随着观众品味的提升和商业竞争的加剧，内容营销的难度也在不断增加，视频内容营销尤是如此，因为视频内容营销不仅要传递信息，还要以引人入胜的方式呈现，因此需要更高的创意和技术水平。

企业抖音的内容营销，因此成了一种充满挑战和机遇的营销形式。企业需要有清晰的目标、策略和规划，以及高质量的内容、运营和管理，才能在抖音平台上获得成功和突破。内容创作的关键在于理解和把握受众的兴趣和需求，以及不断地创新和优化，以保持内容的新鲜度和吸引力。只有这样，企业才能在激烈的市场竞争中脱颖而出，实现持续的成长和发展。

# 6.2　企业抖音内容创作的四步曲

内容创作是视频内容营销的核心环节，它决定了企业抖音的品质和效果。内容创作的方式没有固定的模式，需要创作者根据自身的特点和目标，不断地探索和实践，最终形成自己的风格和方法。笔者根据多年的经验和案例，总结出了内容创作的四个步骤，如图6-3所示。

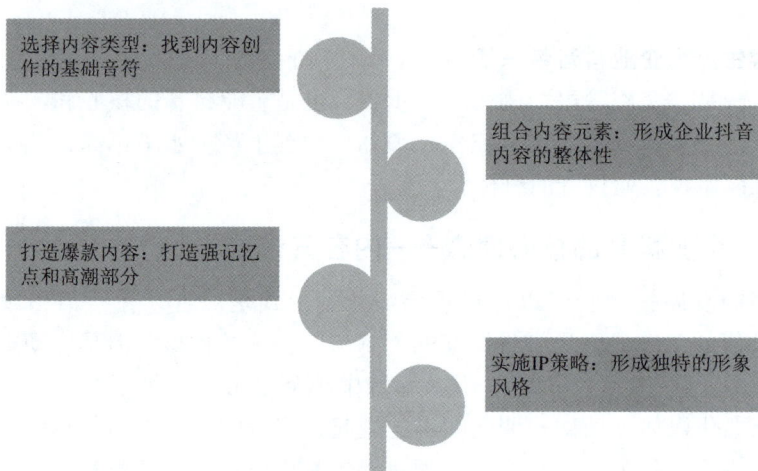

**图 6-3　企业抖音内容创作四步曲**

**1）选择内容类型——找到内容创作的基础音符**

首先，要根据企业的定位和目标，选择与企业相关的内容分类，如颜值类、才艺展示类、知识分享类等，这是内容创作的基础音符。

**2）组合内容元素——形成企业抖音内容的整体性**

其次，要根据内容分类，搭配合适的内容元素，如故事、情感、数据、案例等，形成企业抖音内容的整体性。

**3）打造爆款内容——打造强记忆点和高潮部分**

再次，要根据内容元素，设计出引人入胜的内容结构，如开头、发展、高潮、结尾等，打造内容的强记忆点和高潮部分，提升内容的吸引力和传播力。

**4）实施IP策略——形成独特的形象风格**

最后，要根据内容结构，塑造独特的内容形象，如主角、风格、语气等，形成企业抖音的独特风格，增强内容的辨识度和忠诚度。

## 6.2.1　企业抖音的常见内容类型与选择

### 1. 企业抖音的常见内容类型

开始进行内容创作，首先需要根据企业的工作目的，选择合适的抖音内容表达方式。表6-1显示的是在抖音平台中，企业抖音常见的内容类型和特征，企业可以根据自身的定位和目标受众进行表达和传播。

表 6-1　企业抖音常见的内容类型和特征

| 内容类型 | 特征 | 适用场景 | 举例 |
|---|---|---|---|
| 颜值类 | 展示美丽或吸引人的形象 | 适用于需要提升品牌形象或产品外观的企业 | 美容美发、服装鞋包、珠宝首饰等 |
| 才艺展示类 | 展示才艺或技能 | 适用于需要展示企业员工或合作伙伴的能力和风采的企业 | 教育培训、文化娱乐、体育运动等 |
| 知识分享类 | 分享知识或信息 | 适用于需要提供有价值的内容或建立专业形象的企业 | 医疗健康、法律咨询、金融理财等 |
| 明星名人类 | 邀请明星或名人 | 适用于需要借助明星或名人的影响力或粉丝基础的企业 | 汽车、手机、化妆品等 |
| 搞笑段子类 | 制作搞笑的视频 | 适用于需要增加用户娱乐性和参与度的企业 | 餐饮、零食、玩具等 |
| 记录生活类 | 展示日常生活 | 适用于需要增加人情味和亲近感的企业 | 家居、家电、母婴等 |
| 萌娃类 | 分享儿童视频或故事 | 适用于需要吸引家长关注的企业 | 教育、玩具、童装等 |
| 宠物类 | 分享宠物视频或故事 | 适用于需要吸引宠物爱好者关注的企业 | 宠物用品、宠物医疗、宠物美容等 |
| 特效类 | 利用特效技术 | 适用于需要增加视觉冲击力和吸引力的企业 | 游戏、电影、旅游等 |
| 老人类 | 分享老年人的智慧和经验 | 适用于需要传递正能量和感动的企业 | 养老、保险、健康等 |
| 动漫类 | 利用动漫形式 | 适用于需要吸引年轻用户的企业 | 游戏、动漫、周边等 |
| 科技科普类 | 分享科技知识和科普信息 | 适用于需要展示科技创新和专业性的企业 | 科技、科普、教育等 |
| 图文展示类 | 通过图片和文字的组合 | 适用于需要提供简洁明了的信息的企业 | 政务、新闻、公益等 |
| 风景类 | 展示自然景观或旅游景点 | 适用于需要展示美丽风景和旅游资源的企业 | 旅游、酒店、民宿等 |
| 电商推荐类 | 介绍产品或推荐购物链接 | 适用于需要促进用户购买行为的企业 | 电商、直播、团购等 |
| 政务新闻类 | 分享政府或政务部门的新闻资讯 | 适用于需要提供公共事务的最新动态和政策解读的企业 | 政府、政务、公共服务等 |
| 乡村生活类 | 展示乡村生活的美丽和特色 | 适用于需要展示乡村旅游和农产品的企业 | 农业、乡村、生态等 |

### 2. 企业抖音的内容类型选择

在"策略阶段"，本书已经建立了企业抖音的内容体系，包括要传达的核心价值、目标受众、内容主题等。在"实施阶段"，最重要的一步，就是确定具体一条视频或一场直播的内容类型。

内容类型是指要用什么方式呈现内容。不同的内容类型，会给观众带来不同的感受和印象，因此，要根据内容体系以及当时当地的实际情况，进行合理的选择。

那么，如何进行内容类型的选择呢？下面介绍三个基本原则，以帮助大家做出更好的选择（见图6-4）。

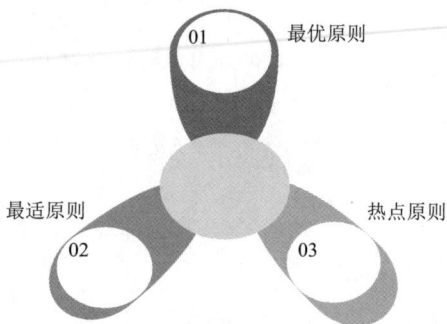

图6-4　企业抖音内容类型选择的基本原则

（1）最优原则：考虑企业的内容最适合用什么样的形式表达。例如，如果企业的内容是新产品的宣传，则可以选择以下几种类型：

①产品展示：直接展示产品的外观、功能、优势等，让观众能够直观地了解产品的特点和价值。

②用户评测：邀请一些真实的用户，分享他们使用产品的感受和体验，让观众能够感受产品的使用效果。

③故事讲述：用一个有趣或感人的故事，展示产品的使用场景和解决问题的能力，让观众产生共鸣和信任。

企业要根据自己内容的特点，以及目标受众的喜好，选择最优的内容类型。例如，如果企业的产品是一款高科技的智能设备，可选择产品展示，突出产品的创新和先进；如果企业的产品是一款日常生活的用品，可选择用户评测，突出产品的实用和贴心；如果企业的产品是一款与情感相关的礼物，可选择故事讲述，突出产品的温馨和浪漫。

（2）最适原则：这个短视频或直播，在当时当地，最合适的方式是什么？其原则是要考虑企业的内容，最适合在什么时间、地点、环境下，进行呈现。例如，如果企业的内容是新产品的宣传，则可选择以下几种类型：

①现场直播：在产品的发布会或展览会上，进行现场直播，让观众能够感受到现场的氛围和产品的热度，并看到现场嘉宾的互动和交流。

②录制视频：在产品的工厂或实验室中，进行录制的视频，让观众能够看到产品的制作过程和技术细节，以及产品团队的访谈和分享。

③拍摄视频：在产品的适用场景或目标市场中，进行拍摄的视频，让观众能够看到产品的实际效果和用户反馈，以及与潜在客户的沟通和推广。

企业要根据企业内容的目的，以及企业的资源和条件，选择最适的内容类型。

例如，如果企业的产品是一款即将上市的新品，企业可能会选择现场直播，来提高产品的曝光度和关注度。如果企业的产品是一款已经上市的热销品，企业可能会选择录制视频，来增加产品的信誉度和专业度。如果企业的产品是一款需要拓展的潜力品，企业可能会选择拍摄视频，来扩大产品的影响力和市场份额。

（3）热点原则：如果有热点话题或形式，最好借助这个话题或形式。其原则是考虑企业的内容能否与当下的热点话题或形式，进行有机结合，从而提高企业内容的吸引力和传播力。例如，如果企业的内容是新产品的宣传，则可选择以下几种类型：

①话题挑战：参与一些当前流行的话题挑战，用企业的产品完成挑战，或者用企业的产品发起挑战，让观众能够参与到话题中，从而了解企业的产品。

②搞笑幽默：用一些幽默的方式，来展示企业产品的特点或功能，让观众能在笑声中记住企业的产品。

③明星合作：与当前一些受欢迎的明星或网红，进行合作，让他们使用或推荐企业的产品，让观众能够通过他们认识企业的产品。

要根据企业内容的风格，以及企业的品牌形象和定位，选择最合适的热点话题或形式。例如，如果企业的产品是一款轻松有趣的娱乐设备，可选择搞笑幽默，展示产品的趣味性和互动性；如果企业的产品是一款简单实用的生活用品，可选择话题挑战，展示产品的便捷性和智能性；如果企业的产品是一款高端奢华的奢侈品，可选择与明星合作，展示产品的品质和档次。

## 6.2.2　企业抖音的内容组合

企业抖音的内容组合是指确定了内容类型后，要对内容的元素、形式进行搭配，以达到最佳的传播效果。

企业抖音常见内容组合、特征以及适用的场景和目标见表6-2。

表 6-2　企业抖音常见的内容组合、特征以及适用的场景和目标

| 内容组合 | 特征与优势 | 适用场景和目标 |
| --- | --- | --- |
| 品牌宣传与故事讲述 | 展示企业的品牌故事和核心价值观，增强品牌形象和认同感 | 提升品牌知名度和形象，增加用户信任感，提高销售量 |
| 产品展示与试用体验 | 展示产品特点和功能，激发用户购买欲望 | 推广新产品，增加用户对产品的了解和信心 |
| 用户故事与案例分享 | 展示产品或服务的实际效果和用户满意度 | 增加用户的共鸣和信任感，促使更多用户选择购买 |
| 行业知识与专业解读 | 分享行业新闻、趋势和知识，提供专业解读和建议 | 提升企业在行业内的专业形象，增加用户关注和认可 |
| 娱乐与趣味内容 | 制作幽默、有趣的视频内容，吸引用户的注意力，提高用户的分享 | 增加品牌知名度和影响力，提高用户关注度和增加粉丝互动 |
| 活动与互动参与 | 组织线上或线下活动，提升用户参与度和增加粉丝互动 | 提升品牌影响力和用户忠诚度，增加销售量 |

### 6.2.3　打造企业抖音爆款内容

爆款内容是最容易形成企业品牌记忆点的部分，打造爆款内容是每个企业号都追求的目标，但并不容易实现。

要想打造企业抖音爆款内容，就需要掌握一些有效的方法和技巧。这些方法和技巧就是常见的企业抖音内容组合，下面将结合一些具体案例进行具体阐述以帮助读者更好地理解和运用这些方法。

#### 1. 品牌宣传与故事讲述

品牌宣传是企业在抖音上展示自身形象和价值观的重要方式之一。通过讲述品牌故事、展示企业文化和核心价值观等，吸引用户的关注和共鸣，进而形成品牌记忆点。

打造品牌宣传与故事讲述的爆款内容的关键在于：突出品牌的独特性和个性化，以及与用户的情感共鸣。可以通过讲述品牌的创立故事、产品的研发过程、用户的真实案例等，让用户更好地了解和认同品牌。

**案例：小米**在抖音上经常分享自己的品牌故事，展示自己的产品创新和用户体验，以及与用户的互动和反馈。例如，它曾经发布了一个视频，讲述了小米的创始人雷军从一个程序员到一个创业者的故事，展示了他的梦想和坚持，以及小米的品牌理念和价值观。这个视频引起了很多用户的共鸣和赞赏，也增加了用户对小米的信任和好感。

#### 2. 产品展示与试用体验

在抖音上展示产品的功能与特点，可以吸引用户的注意力并增加购买欲望。通过展示产品的使用场景、功能介绍、试用体验等，让用户更直观地了解产品，并对其产生兴趣。

打造产品展示与试用体验的爆款内容的关键在于：突出产品的优势和特点，以及与用户需求的匹配度。通过展示产品的真实使用效果、提供用户的试用感受、分享用户的购买心得等方式，增加用户对产品的信任和购买意愿。

**案例：飞利浦**是一个以创新和质量著称的品牌，它在抖音上经常展示自己的各种产品，如电动牙刷、剃须刀、吹风机等，以及它们的功能和特点。例如，它曾经发布了一个视频，展示了飞利浦的电动牙刷如何有效地清洁牙齿，以及用户的试用体验和感受。这个视频让用户看到了产品的实际效果，也激发了用户的购买欲望。

### 3. 用户故事与案例分享

用户故事与案例分享是一种有效的口碑营销方式。通过展示用户的真实故事、分享他们使用产品的体验和心得，可以增加用户对产品的信任和认同。

打造用户故事与案例分享的爆款内容的关键在于：选择具有代表性和影响力的用户，以及突出他们与产品之间的联系和故事背后的情感。可以通过采访用户、收集用户的反馈和评论、分享用户的使用心得等方式，让更多用户了解和认可产品。

> **案例：蒙牛**是一个以生产和销售乳制品为主的品牌，它在抖音上经常分享用户的故事，展示他们使用蒙牛产品的体验和心得，以及与蒙牛品牌的情感联系。例如，它曾经发布了一个视频，分享了一个来自内蒙古的牧民的故事，讲述了他如何从一个贫困的牧民成为一个蒙牛的合作伙伴，以及他对蒙牛的感激和信赖。这个视频让用户看到了蒙牛的社会责任和品牌价值，也增加了用户对蒙牛的认同和支持。

### 4. 行业知识与专业解读

在抖音上分享行业知识和专业解读，可以提升企业在行业中的专业形象和权威性。通过分享行业的最新动态、解读热门话题、提供专业知识和意见等方式，可以吸引用户关注和参与，增加品牌的影响力。

打造行业知识与专业解读的爆款内容的关键在于：选择与企业定位和目标用户相关的话题，以及提供有价值的信息和观点。可以通过整理行业数据、分析行业趋势、分享专家观点等方式，为用户提供实用的行业知识和解读。

> **案例：拼多多**是一个以社交电商为主的平台，它在抖音上经常分享行业知识和专业解读，展示自己在电商领域的专业性和权威性，以及与用户的互动和沟通。例如，它曾经发布了一个视频，解读了2023年的电商趋势和预测，以及拼多多在其中的角色和优势。这个视频让用户了解了行业的最新动态和信息，也增加了用户对拼多多的信任和好感。

### 5. 娱乐与趣味内容

在抖音上分享娱乐和趣味内容，可以提升用户的兴趣和参与度，增加用户的黏性和活跃度。通过制作有趣的短视频、分享搞笑的故事、参与有趣的挑战等方式，可以吸引用户关注和分享，并增加品牌的知名度和影响力。

打造娱乐与趣味内容的爆款内容的关键在于：选择与目标用户相关的话题和形式，以及提供有趣的内容和互动。可以通过制作有创意的短视频、参与流行的挑

战、分享搞笑的故事等方式，吸引用户关注和参与。

> **案例**：**奥利奥**在抖音上经常分享娱乐与趣味内容，展示自己产品的多样性和趣味性，以及与用户的互动。例如，它曾经发布了一个视频，参与了一个流行的挑战，邀请用户用奥利奥饼干做出不同的声音，并用这些声音拼凑出一首歌曲。这个视频让用户看到了奥利奥饼干的创意和趣味，也激发了用户的参与和分享，同时也增加了奥利奥的品牌知名度和影响力。

### 6. 活动与互动参与

通过举办线上或线下活动，吸引用户关注和参与，并增加品牌的曝光度和影响力。通过开展互动参与，提升品牌影响力和用户忠诚度。

打造活动与互动参与的爆款内容的关键在于：选择适合企业和目标用户的活动形式和内容，以及提供有吸引力和有参与度的活动体验。可以通过举办线下活动、开展线上互动、设置奖品或福利等方式，吸引用户参与和关注。

> **案例**：**星巴克**在抖音上经常举办活动和互动参与，展示自己产品的多样性和个性化，以及与用户的互动和乐趣。例如，它曾经发布了一个视频，邀请用户参与一个有趣的挑战，用星巴克的杯子做出不同的音乐。这个视频让用户看到了星巴克产品创意和趣味，激发了用户的参与和分享，同时也增加了星巴克品牌的影响力。

## 6.2.4　企业抖音IP策略

在抖音上，企业可以通过打造具有辨识度、影响力、忠诚度和商业价值等特征的知名品牌或人物形象（即IP），来提升自身在市场上的竞争力和话语权。这就是企业抖音IP策略。

企业抖音IP策略的目的是形成一种独特的企业风格和形象，让用户一眼就能认出企业的内容，并对其产生兴趣和信任。要想实现这一目的，就需结合一些具体案例，掌握以下几个关键点。

### 1. 定义企业抖音IP的核心理念和价值观

企业抖音IP的核心理念和价值观应该与企业的品牌形象和定位相一致，能够吸引目标用户并与其产生共鸣。通过明确企业抖音IP的核心理念和价值观，确保内容的一致性和连贯性，提升用户对企业的品牌记忆和认同。

案例：**海底捞**在抖音上的核心理念是服务至上，它的价值观是让每个顾客都感受到温暖和尊重。它在抖音上经常分享自己的服务细节和亮点，如为顾客提供免费的美甲、按摩、娱乐等服务，以及为顾客解决各种问题和困难，如为孕妇提供枕头、为小孩提供玩具等。这些内容让用户看到了海底捞的服务理念和价值观，也增加了用户对海底捞的好感和信任。

### 2. 建立企业抖音IP的辨识度

辨识度是指企业抖音IP在用户心中的独特性和可辨识性。通过打造与众不同的形象、风格和声音，以及创造独特的标志性元素和特点，提升企业抖音IP的辨识度。辨识度的提升可以帮助企业在用户心中形成独特的印象，并使其与竞争对手区分开来。

案例：**小红书**在抖音上的辨识度非常高，它的形象是时尚、年轻、有品位，它的风格是轻松、亲切、有趣，它的声音是专业、真诚、有态度。它在抖音上经常使用一些独特的标志性元素和特征，如Logo、口号、色彩、音乐等，让用户一眼就能认出它的内容，并对其产生兴趣和好奇。

### 3. 增加企业抖音IP的影响力

影响力是指企业抖音IP对用户行为和态度的影响程度。通过提供有价值的内容和信息，与用户进行互动和交流，并积极参与社会议题和热点讨论，增加企业抖音IP的影响力。影响力的提升可以使企业更具号召力和吸引力，吸引更多用户关注和参与，进而提升品牌知名度和市场份额。

案例：**小米**在抖音上的影响力非常强，它的内容和信息都是有价值的，它与用户的互动和交流都是真诚的，它对社会议题和热点讨论都是有态度的。它在抖音上经常分享自己的产品创新和用户体验，以及与用户的互动和反馈，还会参与一些社会公益和环保活动，让用户看到了小米的专业性和责任感，增加了用户对小米的信任和支持。

### 4. 培养企业抖音IP的忠诚度

忠诚度是指用户对企业抖音IP的忠实程度和持续支持度。通过提供高质量的内容和服务，与用户建立良好的互动和关系，以及给予用户特殊的关注和回馈，培养用户对企业抖音IP的忠诚度。忠诚度的提升可以增加用户的黏性和复购率，促进销售和业务增长。

案例：**星巴克**在抖音上的忠诚度非常高，它的内容和服务都是高质量的，它与用户的互动和关系都是良好的，它给予用户的关注和回馈都是特殊的。它在抖音上经常分享自己产品的多样性和个性化，以及与用户的互动，还会给予用户一些优惠券和礼品，让用户感受到星巴克的温暖和尊重，增加了用户对星巴克的忠诚和喜爱。

### 5. 提升企业抖音IP的商业价值

商业价值是指企业抖音IP为企业带来的经济效益和市场价值。通过将企业抖音IP与产品、品牌和营销活动相结合，打造独特的产品形象和营销策略，提升企业抖音IP的商业价值。商业价值的提升可以帮助企业实现品牌增值和效益提升。

案例：**蒙牛**在抖音上的商业价值非常高，它将自己的IP与产品、品牌和营销活动相结合，打造了独特的产品形象和营销策略。它在抖音上经常分享自己的产品品质和口感，以及与用户的故事和情感，还会举办一些有趣的活动和挑战，让用户参与和体验，让用户对蒙牛的产品有更深的了解和认可，增加了蒙牛的销售和业绩。

表6-3为读者展示了企业抖音IP策略的关键点及其实施方法。

**表 6-3　企业抖音 IP 策略的关键点及其实施方法**

| 关键点 | 实施方法 |
| --- | --- |
| 定义核心理念和价值观 | 确定企业的品牌定位和目标用户<br>确定企业抖音 IP 的主题和核心价值观<br>将核心理念和价值观融入内容创作和传播中 |
| 建立辨识度 | 打造独特的企业抖音 IP 形象和风格<br>创造标志性元素和特点，如口号、标志、音效等<br>保持内容的一致性和连贯性 |
| 增加影响力 | 提供有价值的内容和信息<br>与用户进行互动和交流<br>参与社会议题和热点讨论 |
| 培养忠诚度 | 提供高质量的内容和服务<br>与用户建立良好的互动和关系<br>给予用户特殊的关注和回馈 |
| 提升商业价值 | 将企业抖音 IP 与产品、品牌和营销活动相结合<br>打造独特的产品形象和营销策略<br>实施有效的商业化运营策略 |

通过表6-3，企业可以清晰地了解企业抖音IP策略的关键点及其实施方法，并根据自身情况进行相应的规划和执行。

# 6.3　内容生产的实操过程

内容生产是企业抖音的实操性工作，是指具体拍摄一条短视频，或是进行一场直播。企业抖音的内容生产，可以分为短视频、直播营销和直播电商三类内容形态。

在企业抖音的实际工作中，往往这三类内容形态都会涉及，但会根据每个账号的目标不同，有所侧重。例如，以产品宣传为核心的账号，大多以短视频为主，以产品销售为核心的账号，大多以直播销售为主。

## 6.3.1　视频内容生产的基础流程

视频内容生产的基础流程分为六个环节，如图6-5所示。

| 01 | 02 | 03 | 04 | 05 | 06 |
|----|----|----|----|----|----|
| 主题创意 | 脚本写作 | 视频拍摄 | 剪辑制作 | 重要的BGM | 发布碎剪 |

图 6-5　企业抖音视频内容生产的基础流程

### 1. 主题创意

在内容体积环节，已经初步确定了短视频整体的内容方向和框架。进入到内容生产环节，就需要针对每条具体的短视频进行创作。

首先，明确内容主题，进行创意。短视频虽然时间简短，但依然需要有主题。同时，为了吸引观众，就需要进行创意。创意可以是视频内容、主角语言，也可以是呈现方式，比如音乐卡点。

主题创意的目的，是让观众看到不同，从而看完整个视频，这样才能接受或认同视频中的内容。如果与其他视频相同或类似，观众就会划过这条视频，这条视频就是失败的。

那么，如何进行主题创意呢？下面介绍三个技巧，希望能够帮助大家做出更好的短视频，如图6-6所示。

1）技巧一：找到切入点

切入点，就是要从哪个角度来展示企业

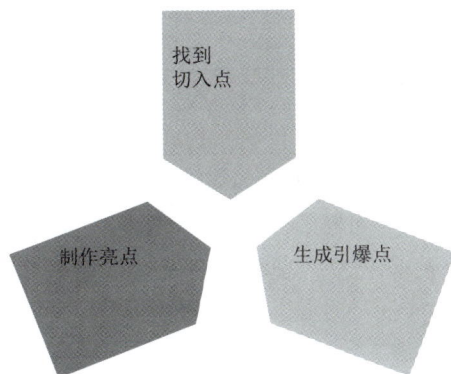

图 6-6　企业抖音主题创意三技巧

视频内容。不同的切入点会给观众带来不同的感受和印象。因此，企业要根据企业内容的特点，以及企业目标受众的喜好，来选择合适的切入点。

例如，如果企业视频内容是企业的产品介绍，可选择以下几种切入点：

（1）问题导入：从一个常见的问题或痛点开始，引起观众的共鸣，然后介绍企业的产品是如何解决这个问题的，让观众感受到企业产品的价值和优势。

（2）案例展示：从一个真实的案例或故事开始，展示企业产品在实际使用中的效果和体验，让观众看到企业产品的可信度和实用性。

（3）对比分析：从一个竞品或替代品开始，对比企业产品与其的区别和优劣，让观众明白企业产品的特色和亮点。

**案例**：一家卫浴管路产品公司在疾病流行期间的抖音短视频创作（见表6-4）。

表6-4　卫浴管路产品公司抖音短视频创作案例

| 方案 | 产品 | 脚本 | | | | |
|------|------|------|------|------|------|------|
| | | 1 | 2 | 3 | 4 | 5 |
| 排水隔气 | 存水弯 | ××花园 | 病毒进入卫生间 | 普通U形管虹吸效应 | 如果家里有反臭，除了地漏加水还可以换地漏 | 因一个烟灰缸而换了房子 |
| | 零配件 | 找不同（零配件） | 4通3通，2通1通 | 待议 | 待议 | 待议 |
| | 卫生间 | 找不同（植入） | 待议 | 待议 | 待议 | 待议 |
| 卫浴空间优化专家 | 设计风格优化 | 找不同（植入） | 待议 | 待议 | | |
| | 空气质量优化 | 找不同（植入） | 待议 | 待议 | | |
| 马桶进化论 | 马桶 | 从古至今 | 待议 | 待议 | | |
| 智洁给水 | 管路 | 走迷宫出口龙头ABC | 待议 | 待议 | | |
| 根治反臭 | 四大法宝 | 产品图 | 待议 | 待议 | | |

2）技巧二：制造亮点

亮点，就是要在视频内容中有明显不同于一般的吸引人注意的点，它吸引了人们的眼球，让人们眼前一亮。亮点可以是视频内容、主角语言，也可以是呈现方式，比如音乐卡点。

制造亮点的目的是让观众对企业视频的内容产生兴趣，留下深刻印象，甚至产生传播的欲望。如果没有亮点，观众就会觉得企业视频的内容平淡无奇，没有吸引力。

那么，如何制造亮点呢？下面给大家介绍几个方法，希望能够帮助大家做出更有亮点的短视频。

（1）突破常规：打破观众的预期，用一些出人意料的方式，展示企业视频的内容。例如，用反讽、夸张、搞笑等手法，吸引观众的注意力，让他们感到惊喜或好奇。

（2）借助热点：利用当前热门话题或形式，结合企业视频的内容，让观众感到时尚或有趣。例如，用一些流行的音乐、表情、挑战等，来展示企业视频的内容，让观众感到亲切或有趣。

（3）展现细节：把企业视频内容的细节，生动直观地展示给观众，让观众感到真实或专业。例如，用一些高清的画面、专业的术语、数据的证明等，来展示企业视频的内容，让观众感到信服或专业。

**案例一：**同上一案例。

将产品的特性植入案例内，与社会热点紧密结合。文案脚本的创作如下：

口播：把年检标贴在静电贴上面，然后再把静电贴贴在风挡玻璃上，千万不要贴反了啊，否则你的风挡玻璃上会留下很多难看的残胶。（时长11 s）

此视频上架当天获得18万个播放。

**案例二：**南方某市招商部门官方账号的引流视频（见图6-7）。

口播及使用iPad演示地图，时长14 s，播放量250万个，点赞量2.2万个。

一加一等于一，这是真的。你看，从常州坐火车到上海是一个小时，从常州到南京也是一个小时，从南京到上海还是一个小时，你明白了吗？

**图 6-7　招商部门官方账号引流视频**

文案设计突破常规，视频起始部分就以1+1=1这样看似荒诞，但却振振有词的口播来证明其正确性，以此凸出该市的特点：交通便利性，从而为该市招商工作带来巨额流量，引发投资商直接在抖音上私信互动。

3）技巧三：生成引爆点

引爆点就是要把包含亮点或其他引发快速传播因素的点，结合起来注入内容中，形成传播的种子。传播的种子是指能够让观众产生强烈的情感反应，从而引发观众的传播行为的内容。

生成引爆点的目的是让观众对企业视频的内容产生共鸣，从而形成口碑，扩大企业的影响力和知名度。如果没有引爆点，观众就会觉得企业视频的内容无关紧要，没有传播的动力。

那么，如何生成引爆点呢？给大家介绍几个要素，希望能够帮助大家做出更有引爆点的短视频。

（1）情感共鸣：触动观众的情感，让观众感到愉悦、激动、感动、愤怒等，从而激发观众的传播欲望。例如，用一些温馨的故事、搞笑的段子、震撼的画面等，来展示企业视频的内容，让观众感到情感的共鸣。

（2）社会认同：满足观众的社会需求，让观众感到归属、自豪、尊重等，从而激发观众的传播欲望。例如，用一些正能量的信息、荣誉的证明、权威的推荐等，来展示企业视频的内容，让观众感到社会的认同。

（3）知识提升：满足观众的知识需求，让观众感到学习、成长、提高等，从而激发观众的传播欲望。例如，用一些有用的知识、有趣的事实、有益的建议等，来展示企业视频的内容，让观众感到知识的提升。

**案例**：仍以上述卫浴企业案例为基础，延伸新的视频创作（见图6-8）。

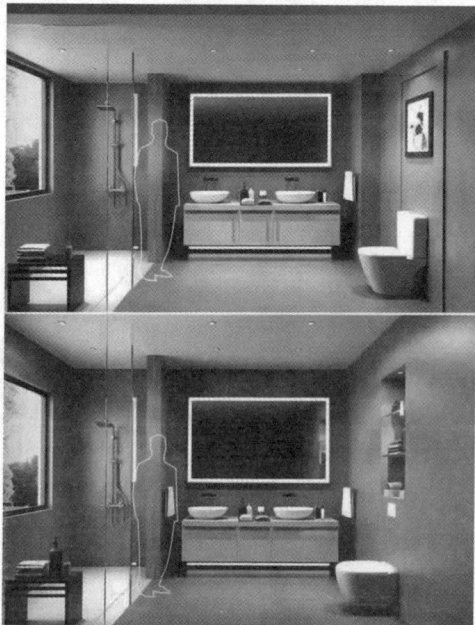

图6-8　卫浴企业案例（示例）

在抖音平台内发布找不同游戏，植入企业的产品和具体的应用场景。该视频获得数十万个播放。

**2.脚本写作**

有了一条短视频的主题和创意后，就需要进行脚本写作了。常用的短视频脚本有两种（见图6-9）。

图 6-9　企业抖音常见的两种短视频脚本

1）短视频的文案脚本

短视频的文案脚本是指在制作短视频之前，对短视频的内容、主题、目的、风格、语言等进行规划和设计的文字说明。文案脚本的作用是为制作短视频提供一个清晰的思路和框架，以及吸引用户的标题和描述。

2）短视频的拍摄脚本

短视频的拍摄脚本是指在制作短视频之前，对短视频的画面、音乐、配音、特效、剪辑等进行规划和设计的文字说明。拍摄脚本的作用是为制作短视频提供一个具体的操作和执行的指导，以及提升短视频的质量和效果。

3）短视频脚本的的案例

下面以一个美食类的短视频为例，介绍短视频的文案脚本和拍摄脚本，见表6-5。

表 6-5　短视频脚本示例

| 短视频脚本 | |
| --- | --- |
| 标题 | 如何做出一碗香喷喷的麻辣牛肉面 |
| 描述 | 今天教大家如何在家做出一碗香喷喷的麻辣牛肉面，简单又美味，跟外面卖的一样好吃，快来试试吧！ |
| 内容 | 介绍所需的食材和调料，如牛肉、面条、葱、姜、蒜、花椒、辣椒、酱油、醋、盐、糖等。<br>介绍制作的步骤，如切牛肉、煮面条、炒香料、煮汤、调味、盛出等。<br>介绍制作的要点和技巧，如牛肉要切薄片、面条要煮熟不要煮烂、香料要炒出香味、汤要煮沸、味道要根据个人喜好调整等。 |
| 画面建议 | 展示成品的画面，以及品尝的感受和评价，如香气四溢、麻辣鲜香、牛肉嫩滑、面条劲道等。 |

（1）文案脚本的写作步骤，如图6-10所示。

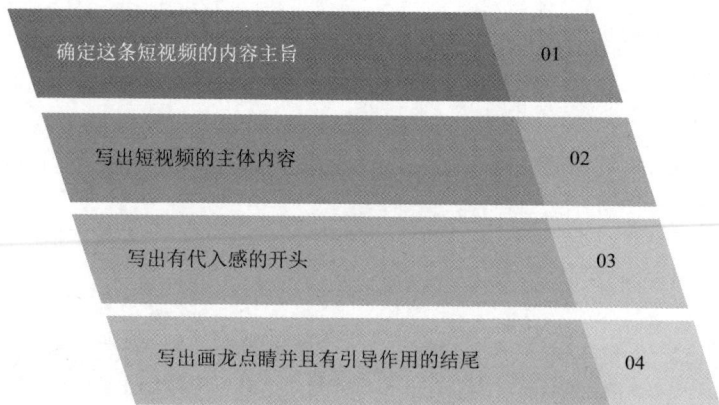

图 6-10　企业抖音文案脚本写作步骤

（2）文案脚本的模板示例。比如，以一个美食类的短视频为例，可以有表6-6所示的结构性模版。

表6-6　结构性模板示例

| 结构 | 内容 | 文案举例 |
|------|------|----------|
| 开头部分 | 针对人群 | 喜欢美食的朋友们 / 想减肥又嘴馋的姐妹们 / 厨房小白们 |
| | | 今天教大家做一道…… / 分享一个低卡美食…… / 3分钟就能搞定的快手菜…… |
| | 自我介绍 | 我是×××，一个热爱美食的…… / 我是一名营养师…… / 我是厨房小白，但是…… |
| | | 我喜欢尝试各种各样的美食…… / 我希望大家都能吃得健康…… / 我会分享一些简单的食谱…… |
| 中间部分 | 提出问题 | 做菜很麻烦？ / 减肥不能吃好吃的？ / 没有时间做饭？ |
| | | 今天就来教大家…… / 今天分享的这个美食…… / 今天这道菜…… |
| | 干货输出 | 食材准备 / 烹饪步骤 / 小技巧 |
| | | 首先我们需要准备…… / 然后…… / 最后…… / 记得…… |
| 结尾部分 | 同理心情绪共鸣 | 享受美食 / 健康饮食 / 生活仪式感 |
| | | 做饭其实很简单 / 吃得健康也能很美味 / 希望大家都能享受烹饪的乐趣 |
| 补充转化部分 | 加强转化 | 点赞收藏 / 关注我 |
| | | 想知道更多美食教程，就关注我吧！ |
| | 私域转化 | 加入粉丝群 / 评论区互动 |
| | | 欢迎在评论区分享你的美食心得！ / 加入我的美食交流群，一起学习更多美食做法！ |

（3）文案脚本的写作技巧。具体表现为：

设计开场白，要有代入感；

设计中间内容，要通过框架结构增加内容力度；

设计金句和引导语，要有吸引力。

拍摄脚本具体见表6-7。

表 6-7　美食短视频拍摄脚本案例

| 画面 | 音乐 | 配音 | 特效 |
|---|---|---|---|
| 显示标题和操作步骤 | 轻松活泼的背景音乐 | 无 | 无 |
| 显示食材和调料的画面 | 无 | 用亲切的语气介绍食材和调料的名称及用量 | 用文字或图标标注食材和调料的名称及用量 |
| 显示切牛肉的画面 | 无 | 用简洁的语气介绍切牛肉的步骤和要点 | 用箭头或圈圈指示切牛肉的方向和厚度 |
| 显示煮面条的画面 | 无 | 用简洁的语气介绍煮面条的步骤和要点 | 用计时器或文字提示煮面条的时间和火候 |
| 显示炒香料的画面 | 无 | 用简洁的语气介绍炒香料的步骤和要点 | 用火焰或烟雾特效增加炒香料的气氛 |
| 显示煮汤的画面 | 无 | 用简洁的语气介绍煮汤的步骤和要点 | 用泡泡或水花特效增加煮汤的气氛 |
| 显示调味的画面 | 无 | 用简洁的语气介绍调味的步骤和要点 | 用文字或图标标注调料的名称和用量 |
| 显示盛出的画面 | 无 | 用简洁的语气介绍盛出的步骤和要点 | 用星星或闪光特效增加盛出的美感 |
| 显示成品的画面 | 欢快热情的背景音乐 | 用赞美的语气展示成品的外观和特点，以及品尝的感受和评价 | 用心形或笑脸特效增加品尝的喜悦 |
| 显示结束语和标志 | 轻松活泼的背景音乐 | 用感谢的语气结束视频，并邀请用户点赞、评论和关注 | 用文字或图标提示用户点赞、评论和关注 |

（4）拍摄脚本所包含的内容和设计技巧。要拍出一条好的短视频，不仅需要有好的设备和技术，还需要有一个完善的拍摄脚本。

拍摄脚本是拍摄视频的一大依据，前期的准备工作，后续的拍摄、剪辑等都要基于脚本。简单来讲，就是脚本已设定好在什么时间、什么地点，出现什么画面、什么人、镜头如何运用。可以说，拍摄脚本把短视频所涉及的一切都已提前计划好了。

短视频脚本都会有一些基础概念，如场景、景别（远景、近景、中景）、运镜、字幕、机位、内容、时长等，如图6-11所示。

**图6-11  企业抖音短视频脚本基础概念**

①场景。场景是指拍摄地点的变化，以用来区分不同片段的拍摄环境。有时一个短视频涉及多个景，也是通过场景进行区分；场景并不是分镜头，分镜头是一个场景里的不同镜头。

②景别。一般分为"远景""中景""近景"，是指镜头的远近。"远景"就是镜头比较远，一般用来阐述一个故事的背景；"近景"一般就是特写；中景比较特殊，一般用来营造气氛，强调动作路径，所以，用好中景，短视频的氛围就很容易提升。

③运镜。运镜很考验编导的想象力，因为镜头可以"说话"（专业上叫做"镜头语言"），运镜的效果一定程度上决定着镜头语言的生动性。观众不懂运镜，所以编导必须剖析观众日常生活中的视觉习惯，把脑海里中的想象力通过镜头还原。运镜最常用的手法有以下几种：

前推后拉：将镜头匀速移近或远离被摄体。向前推进镜头是通过从远到近的运镜，使景别逐渐从远景、中景到近景，甚至是特写，这种运镜方法容易突出主体，能够让观者的视觉逐步集中。向后拉远镜头是从近到远的运镜，使景别逐渐从近景、中景到远景，这种运镜方法容易扩大视野，能够让观者的视觉逐步放松。

环绕运镜：拍摄环绕镜头需要保持相机位置不变，以被摄体为中心，手持稳定器进行旋转移动。环绕运镜能够突出主体、渲染情绪，让整个画面更有张力。

低角度运镜：低角度运镜是通过模拟宠物视角，使镜头以低角度甚至是贴近地面角度进行拍摄，越贴近地面，所呈现的空间感越强烈。低角度运镜能够使拍摄更加聚焦于某一部位，从而突出被摄体的动态和空间感，例如，拍摄人物行走时的腿部动作，这种镜头在运动、旅行等题材中经常用到，效果显著。

④字幕。字幕是为了让观众更好地理解视频内容，或者是增加视频的趣味性和吸引力。字幕可以是视频中的台词或注释，也可以是一些表情符号或弹幕。字幕的设计要注意字体、颜色、大小、位置、时间等，要与视频的风格和内容相协调，要清晰易读，要适时出现。

　　⑤机位。机位是指相机在拍摄时的位置和角度，它决定了画面的构图和视角。机位的选择要根据视频的内容和目的来确定，要能够突出主题，表达情感，创造气氛。机位的变化要有一定的逻辑和节奏，要能够引导观众的视线，让观众的视线跟随视频情节的变化而变化。机位的常见分类有以下几种：

　　**平拍**：相机与被摄体平行，画面水平，这是最常见的机位，适合表现正常的视觉效果，给人一种客观的感觉。

　　**俯拍**：相机高于被摄体，向下倾斜，画面呈现被摄体的上方，这种机位适合表现被摄体的全貌，给人一种俯视的感觉。

　　**仰拍**：相机低于被摄体，向上倾斜，画面呈现被摄体的下方，这种机位适合表现被摄体的细节，给人一种仰视的感觉。

　　**侧拍**：相机与被摄体垂直，画面呈现被摄体的侧面，这种机位适合表现被摄体的轮廓，给人一种侧面的感觉。

　　**鸟瞰**：相机高于被摄体，垂直向下，画面呈现被摄体的正上方，这种机位适合表现被摄体的位置和环境，给人一种鸟瞰的感觉。

　　**蚂蚁**：相机低于被摄体，垂直向上，画面呈现被摄体的正下方，这种机位适合表现被摄体的形态和特征，给人一种低位视角的感觉。

　　⑥内容。内容是企业要传达的信息，是视频的灵魂。内容要根据视频的目的和受众来确定，要能够吸引注意，传递价值，引发行动。内容的设计要注意以下几个方面：

　　内容要有主题，要有一个明确的中心思想，要围绕这个主题展开，避免跑题或杂乱。

　　内容要有结构，要有一个清晰的逻辑顺序，要有一个引人入胜的开头，一个扣人心弦的过程，一个令人难忘的结尾。

　　内容要有情感，要能够触动观众的心灵，要用一些故事、情景、对话等手法，增加内容的生动性和感染力。

　　⑦时长。时长是指视频的总长度，它决定了视频的节奏和效果。时长的选择要根据视频的内容和平台来确定，要能够保证内容的完整性和精炼性，避免过长或过短。时长的设计要注意以下几个方面：

　　时长要适应平台，要根据不同的平台的特点和要求，选择合适的时长。例如，抖音的短视频一般在15～60 s之间，而微信的短视频一般在3 min以内。

　　时长要适应内容，要根据内容的复杂度和重要度，来选择合适的时长。例如，如果内容是一个简单的产品介绍，可以用15 s左右的时长，如果内容是一个复杂的案例分析，可以用3 min左右的时长。

　　时长要适应观众，要根据观众的兴趣和注意力，选择合适的时长。例如，如果观众是一些年轻的网民，可以用一些较短的时长，吸引他们的注意力；如果观众是一些专业的人士，可以用一些较长的时长，展示视频内容的专业性。

**实操案例：** 如何用七步做出美味的酸奶蛋糕？

**画面：** 一个厨房的桌子上摆放着各种材料和工具，如酸奶、鸡蛋、糖、面粉、奶油、模具等。

**台词：** 你是不是也喜欢吃酸奶蛋糕，但是又觉得自己做太麻烦？其实，只要用三步，你就可以轻松做出美味的酸奶蛋糕，而且还不用烤箱！想知道怎么做吗？那就跟我一起来看看吧！

**镜头一：** 近景，拍摄酸奶、鸡蛋、糖的准备过程。配音说：第一步，准备材料。我们需要一盒酸奶，两个鸡蛋和适量的糖。把酸奶倒入一个大碗里，打散两个鸡蛋，加入适量的糖，搅拌均匀。

**镜头二：** 中景，拍摄面粉的筛入过程。配音说：第二步，加入面粉。我们需要一杯面粉，用筛子筛入酸奶蛋液中，边筛边搅拌，直到没有干粉，成为一个光滑的面糊。

**镜头三：** 远景，拍摄模具的涂抹和倒入过程。配音说：第三步，倒入模具。我们需要一个圆形的蛋糕模具，用奶油或者油涂抹一层，防止粘底。然后把面糊倒入模具中，抹平表面，轻轻敲几下，排出气泡。

**镜头四：** 特写，拍摄微波炉的操作过程。配音说：接下来，就是最关键的一步，用微波炉来烘烤。我们把模具放入微波炉中，选择高火，时间设定为八分钟，按下开始键，就可以等待酸奶蛋糕的诞生了！

**镜头五：** 全景，拍摄微波炉的倒计时和响铃过程。配音说：八分钟很快就过去了，我们听到微波炉的响铃声，就表示酸奶蛋糕已经做好了！我们小心地取出模具，用牙签插入蛋糕中，如果没有沾到面糊，就说明已经熟透了。

**镜头六：** 近景，拍摄蛋糕的脱模和装饰过程。配音说：最后一步，就是脱模和装饰了。我们等待蛋糕稍微冷却一下，用刀沿着模具边缘划一圈，然后倒扣在一个盘子上，轻轻拿掉模具，就可以看到一个完整的酸奶蛋糕了！我们可以根据自己的喜好，用水果、奶油、巧克力等来装饰蛋糕，让它更加美观诱人。

**镜头七：** 特写，拍摄蛋糕的切片和品尝过程。配音说：好了，我们的酸奶蛋糕就做好了！你看，它的外表金黄酥脆，内部松软湿润，酸甜适口，香气四溢，真是让人垂涎欲滴！我们赶紧切一片，尝一尝吧！嗯，真是太好吃了！你也快来试试吧！

**结尾：** 字幕+特效。配音说：这就是用七步做出美味的酸奶蛋糕的方法，你学会了吗？如果你喜欢这个视频，就赶紧点赞关注我们吧，我们会为你带来更多的美食教学视频，让你轻松做出各种美味佳肴！

**3. 视频拍摄**

有了脚本之后，就可以进行拍摄了。拍摄前需要做大量的准备工作，仔细计划好拍摄的地点、时间、光线和环境。

**1）拍摄的前期准备**

短视频拍摄前要做好精细的准备，特别是到户外拍摄时。

常用的短视频拍摄设备：

（1）摄像机：用于拍摄视频画面，常见的摄像机有专业摄像机、单反相机、手机等。

（2）镜头：镜头可以影响画面的焦距、景深等效果，因此需要选择合适的镜头。

（3）三脚架：用于固定摄像机，保持画面稳定。

（4）稳定器：通过机械或电子的方式来降低摄像机震动，提高画面稳定性。

（5）灯光设备：用于提供合适的光线，调节画面明暗度和氛围。

（6）音频设备：如麦克风、录音设备等，用于录制声音。

一些高端手机也具有相应的拍摄设置，请根据实际情况调整参数。

短视频拍摄的工作岗位：

（1）导演：负责整个拍摄过程的指导和控制，包括剧本解读、拍摄计划和演员指导等。

（2）摄影师：负责摄影工作，包括摄影构图、镜头运动和光线控制等。

（3）灯光师：负责灯光设备的搭建和调节，以及提供合适的光线效果。

（4）音效师：负责音频设备的设置和录音工作，保证声音的清晰和匹配。

（5）剪辑师：负责将拍摄的素材进行剪辑和后期处理，制作成最终的短视频作品。

2）拍摄的过程

拍摄过程中，要按照拍摄计划认真执行。拍摄中经常出现的问题见表6-8。

表 6-8　短视频拍摄过程中经常出现的问题

| 问题 | 解决方法 |
| --- | --- |
| 光线问题 | 选择合适的拍摄时间和角度<br>使用合适的光线补充设备，如灯光 |
| 噪声问题 | 选择相对安静的拍摄环境<br>使用外置麦克风，提高音频质量 |
| 摄像机抖动 | 使用稳定器或三脚架固定摄像机<br>平稳的步行或移动摄像机 |
| 拍摄角度问题 | 仔细观察拍摄环境，调整角度和位置<br>避免自身阴影或物体遮挡 |
| 演员表演问题 | 提前进行排练和彩排<br>为演员提供准确的指导和建议 |
| 团队配合问题 | 建立默契的团队合作关系<br>及时处理问题，保证拍摄进度 |

（1）光线问题：光线是拍摄中非常重要的因素，不同的光线条件会对画面的效果产生很大的影响。在户外拍摄时，天气变化可能导致光线的变化，例如，云层的遮挡或者阳光的强烈。在拍摄前要做好天气预测，选择合适的拍摄时间和角度，以确保获得良好的光线条件。

（2）噪声问题：在拍摄过程中，周围环境的噪声可能会干扰音频的录制。例如，街道上的车辆噪声、人群的喧闹声等都可能影响视频的录制质量。为了解决这个问题，可以选择相对安静的环境进行拍摄，或者使用外置麦克风来提高音频的清晰度。

（3）摄像机抖动：在拍摄过程中，手持摄像机可能会出现抖动，导致画面不稳定，从而影响视频的观感和质量。为了解决这个问题，可使用稳定器或三脚架来固定摄像机，保持画面的稳定性。

（4）拍摄角度问题：选择合适的拍摄角度可以使视频更加生动有趣。在实际拍摄中，可能遇到一些拍摄角度不佳的问题，比如拍摄者自身的阴影出现在画面中、拍摄者的手或其他物体遮挡了镜头等。为了解决这些问题，拍摄前要仔细观察拍摄环境，调整角度和位置，确保画面的清晰和完整。

（5）演员表演问题：在拍摄过程中，演员的表演也是一个重要因素。有时演员可能会出现忘词、动作不准确或者情绪表达不到位等问题。为了解决这些问题，可以提前进行排练和彩排，确保演员能够准确地表达角色的情感和动作。

（6）团队配合问题：在拍摄过程中，团队的配合也是非常重要的。可能出现团队成员不按时到场、设备故障或者其他突发问题。为了解决这些问题，需要有一支默契的团队，及时处理问题，保证拍摄进度的顺利进行。

3）拍摄技巧

以教育行业专家的视频为例，在拍摄过程中，应注意以下几方面：

（1）视觉输出。视觉输出符合教师的职业感，要注意服道化的配合，以增加老师的信任度。

（2）语气输出。作为教育专家的语气，需要坚定，能够传递力量；要有信心，能够引起共鸣；具有专业性，增加价值感。

（3）电子物料。可增加人名条和固定角标，形成统一视觉记忆符号。

4）拍摄中的即时调整

在拍摄过程中，会出现意外或突发事件，这时要做即时调整：

（1）天气突变。在户外拍摄时，天气可能会突然变化，例如，下雨、刮风等。这会对拍摄计划产生影响，需要根据实际情况及时调整拍摄地点、时间或者借助合适的遮挡物来保护设备及人员。

（2）拍摄地点不可用。有时计划好的拍摄地点可能因为一些原因不可用，例如，临时封闭、私人财产无法进入等。在这种情况下，需要迅速找到备选的拍摄地点，并进行人员和设备的迁移。

（3）设备故障。拍摄过程中设备可能会出现故障，例如，摄像机无法正常录制、麦克风故障等。在这种情况下，可以尝试重新启动设备或者更换备用设备，确保拍摄能够继续进行。

（4）演员意外受伤。在一些特殊场景或者动作要求较高的拍摄中，演员可能会意外受伤。在这种情况下，第一时间要确保演员的安全，并寻求医疗救助。同时，需要及时调整拍摄计划，安排其他场景的拍摄，以保证拍摄的顺利进行。

（5）突发事件干扰。拍摄过程中可能会遇到一些突发事件，例如，路人的干扰、交通事故等。在这种情况下，需要保持冷静，及时与相关人员沟通，尽量避免对拍摄造成干扰，并根据实际情况调整拍摄计划。

（6）时间不足。有时可能会因时间不足而无法完成预定的拍摄任务。在这种情况下，需要优先确定最重要的场景和镜头，并尽量在有限的时间内完成拍摄。如果时间实在不够，可以考虑重新安排拍摄时间或调整拍摄计划。

### 4．剪辑制作

拍摄完成之后，应尽快进行剪辑制作。剪辑过程主要是使用剪辑软件，把需要的内容剪切出来，并根据情节需要，增加音效、视频效果。剪辑过程往往比拍摄过程还要漫长。耐心和细致是关键，同时，也需要手速快。

常见的剪辑软件包括Adobe Premiere Pro、Final Cut Pro、剪映/cap cut等。这些软件提供了丰富的功能，可以满足不同剪辑需求。

在剪辑过程中，可以运用以下功能：

1）剪切和拼接

将拍摄的素材按照需要进行剪切和拼接，去除不需要的部分，保留精彩的镜头。

2）音频处理

对音频进行处理，可以调整音量大小，添加背景音乐、音效等，以增强观看效果。

3）视频调色

通过调整色彩、亮度、对比度等参数，使视频画面更加鲜明生动，并符合视频的整体风格和主题。

4）特殊效果

根据需要，可以添加特殊效果，如转场效果、文字动画、滤镜效果等，使视频更富有创意和吸引力。

5）图片和文字叠加

在视频中添加图片或文字，可以起到解说、补充说明的作用，使内容更加清晰明了。

6）导出和压缩

剪辑完成后，将视频导出为最终格式，并进行压缩处理，以便在不同平台上进行分享和播放。

剪辑制作是将拍摄的素材进行筛选和整合，以达到更好的视觉效果和故事表达能力。在剪辑过程中，需要耐心和细致地处理每一个细节，保证视频的流畅性和观赏性。同时，也需要熟练掌握剪辑软件的操作，以提高工作效率。

剪辑制作是将拍摄的素材加工成最终成品的关键环节，通过合理运用剪辑软件的各种功能，可以让视频更加生动有趣，给观众留下深刻印象。

**5. 经常被忽视却又非常重要的BGM**

视频是视觉传递的方式，剪辑师往往只重视视觉符号的组成、视觉语言的输出，而忽视视频中非常重要的听觉组成。

听觉，不只是话外音旁白和同步语音输出，还有非常重要的BGM。同样的视频，不同的BGM会呈现不同的风格，对观众会有非常不同的情绪引导。有些常用的BGM，观众在听到时，还会形成一些固化的联想。比如，古风类的BGM会有传统经典的联想；正能量BGM会有中华民族凝聚力的联想。

在视频创作过程中，剪辑师不仅要做视觉元素的处理，还需要尝试调整不同的BGM，以找到最贴合的一条。

**6. 发布碎剪**

在发布环节，需要制作片头、片尾，选择发布时间，有时还需要对已有视频进行碎剪，精选出内容，做成短视频进行二次传播。

## 6.3.2　直播内容生产的基本过程

**1. 策划方案**

直播营销活动是企业营销手段之一，而所有的营销手段都服务于企业整体的营销目标。"企业战略—营销目标—营销计划—营销手段—直播活动策划方案"是一个完整的逻辑过程（见图6-12），在策划直播活动之前，要熟悉、了解企业战略和营销目标，这样，在策划方案时才不会偏离方向。

从企业战略到直播营销活动策划方案的推导过程

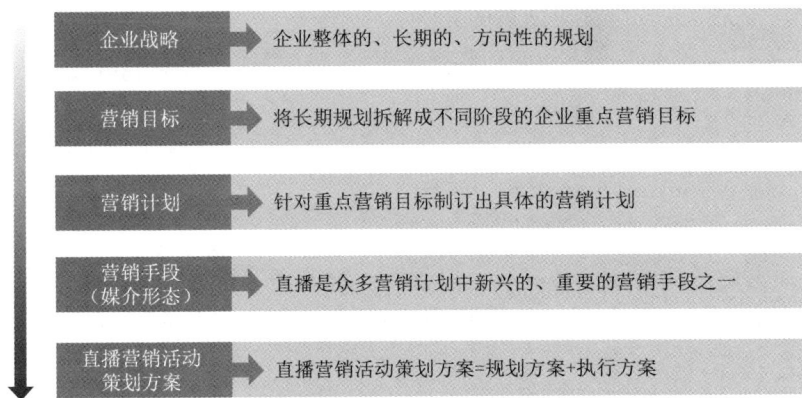

企业战略　→　企业整体的、长期的、方向性的规划

营销目标　→　将长期规划拆解成不同阶段的企业重点营销目标

营销计划　→　针对重点营销目标制订出具体的营销计划

营销手段（媒介形态）　→　直播是众多营销计划中新兴的、重要的营销手段之一

直播营销活动策划方案　→　直播营销活动策划方案=规划方案+执行方案

图 6-12　从企业战略到直播营销活动策划方案的推导过程

直播营销活动策划方案分为两部分：规划方案和执行方案。两个方案中的主要内容如图6-13所示。

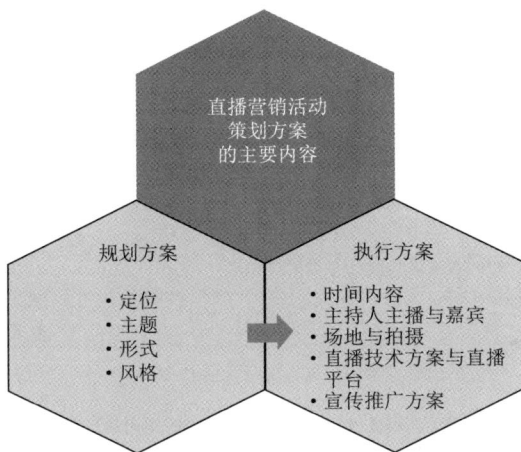

图 6-13　直播营销活动策划方案的主要内容

总的来说，规划方案是确定直播营销活动的整体框架，执行方案是落实可操作的执行细节。

1）规划方案的四个关键内容

在直播营销活动策划方案中，有四个相互影响、相互支撑的关键内容，分别是定位、主题、形式和风格。

（1）定位。定位是一场直播营销活动最重要、最基本目标的阐述，也是基于前期对目标受众、市场环境、产品特点等分析后确定的核心方向。

（2）主题。一场直播营销活动的定位确定后，可以用多种不同的角度进行阐述

和解析，每一种角度都可以延展成一个活动主题。直播营销活动的主题，可以从不同维度切入，关键是能够突出活动的亮点。

（3）形式。直播营销活动的形式有很多种，并且还在不断地创新发展，最常见的形式有播报类、专访类、访谈类、脱口秀、微综艺、剧情类、竞技比赛等。

（4）风格。直播活动有许多种表现风格，有温情的、搞笑的、职场的、时尚的等。

**2）撰写直播营销活动的规划方案**

以直播营销活动的定位为主线，以主题、形式和风格为支撑，就形成了直播营销活动规划方案的主要内容。应当特别注意的是，规划方案的写作和呈现，要有画面感。通过规划方案，使得活动画面呼之欲出。一份常规的直播营销活动规划方案，需要包含以下内容元素（见表6-9）。

表6-9　直播营销活动规划方案的内容元素

| 项目 | | 项目说明 |
| --- | --- | --- |
| 基本情况 | 品牌 | 企业品牌<br>产品品牌<br>其他品牌背景 |
| | 直播产品或内容 | 如果是实物产品直播，包括产品的基本材料、成分、功效、特色、价格、定位等；<br>如果是虚拟内容直播，比如培训直播，包括培训的主要内容等；<br>如果是活动直播，包括活动的主要环节、特色亮点、主流程等； |
| | 时间 | 时间点或者应处于某个时间段 |
| 项目背景 | 营销目标 | 直播活动背后的阶段性营销目标是什么？ |
| | 营销方案 | 综合的营销方案中都包含哪些营销手段？ |
| | 直播需求 | 直播活动在整体营销方案中需要承载的作用和目的？ |
| | 其他综合情况 | 品牌方可提供的支持？<br>大的行业背景？<br>同行的情况？ |
| 直播规划 | 定位 | 宣传品牌高度的活动<br>宣传产品特色、特点的活动<br>电商型的活动<br>内部活动或外部活动<br>To B 活动或 To C 活动…… |

续表

| 项目 | | 项目说明 |
|---|---|---|
| 直播规划 | 主题 | 从"活动的主体内容角度"做直播活动主题规划<br>从"产品特点角度"做直播活动主题规划<br>从"本次营销活动的亮点或主线"做直播活动主题规划<br>从"参与的嘉宾或知名人士的人物特点、专业领域或公众形象的角度"做直播活动主题规划<br>从"本场活动的销售政策角度"做直播活动主题规划…… |
| | 形式 | 播报类、专访类、访谈类、脱口秀、微综艺、剧情类、竞技比赛<br>两人的、三人的、多人的<br>有观众的、无观众的<br>室内的、室外的<br>区域性的、全国性的、国外的<br>单一平台的、多平台的…… |
| | 风格 | 温情的<br>搞笑的<br>职场的<br>时尚的…… |

**3）撰写直播营销活动的实施方案**

一份常规的直播营销活动实施方案，需要涉及实施过程的方方面面。因此，需要包含多个细节方案，见表6-10。

表 6-10　直播营销活动实施方案中的细节方案和说明

| 细节方案 | | 方案说明 |
|---|---|---|
| 场地方案 | 制景方案 | 场景搭建方案<br>效果图<br>材料说明 |
| 技术方案 | 设备方案 | 设备清单及设备组合说明 |
| | 拍摄方案 | 机位设置图<br>直播输出、构图和拍摄说明 |
| | 网络方案 | 网络规划和推流规划 |
| 主播 | 主播团队方案 | 主播候选<br>嘉宾候选<br>搭配和分工方案<br>服装、化妆方案 |

| 细节方案 | | 方案说明 |
| --- | --- | --- |
| 直播平台 | 直播平台方案 | 哪一个平台做直播<br>哪几个平台一起直播<br>相应的平台互动规划 |
| 宣传推广 | 活动宣传、推广方案 | 以企业自身的规划做本场直播活动的投放 |
| 执行团队 | 直播团队方案 | 需要哪些岗位以及相应的岗位能力要求 |

### 2.执行统筹

执行统筹包含的工作内容主要有预算与规模、人员岗位配置、时间节点和执行排期。

#### 1）预算与规模

预算决定了直播实操团队的人数和直播营销活动的规模大小。直播营销活动的规模是指直播营销活动的人员专业水平、器材水平、场地和场景搭建，这些对于一场活动最终能够实现的整体规模和效果，有着直接影响。

一场直播营销活动的预算，主要包含以下几方面，见表6-11。

表6-11　直播营销活动预算中的常见项目

| 项目名称 |
| --- |
| 策划费用 |
| 设计费用 |
| 人员成本 |
| 器材成本 |
| 搭建成本 |
| 网络费用 |
| 直播物料成本 |
| 差旅、运输、交通等费用 |
| 宣传推广费用 |
| 其他费用 |

#### 2）人员岗位配置

根据实际情况配置岗位及人员。表6-12列出了参加直播营销活动的常见人员。不同需求、不同水平的直播活动，需要不同能力的团队人员组成。

表 6-12 直播营销活动的人员岗位配置表

| 编号 | 岗位属性 | 岗位 | 人数 | 备注 |
|---|---|---|---|---|
| 1 | 统筹管理 | 直播营销策划师 | 1 人 | 直播营销活动总负责人 |
| 2 | 筹备策划 | 现场导演 | 1 人 | |
| 3 | | 文案策划 | 1 人 | |
| 4 | | 平面设计 | 1 人 | |
| 5 | | 视频剪辑 | 1 人 | |
| 6 | 直播执行 | 导播 | 1 人 | |
| 7 | | 摄像师 | 3 人 | 根据具体机位数量配置 |
| 8 | | 灯光师 | 1 人 | |
| 9 | | 音响师 | 1 人 | |
| 10 | | 直播流技术工程师 | 1 人 | |
| 11 | | 化妆师 | 1 人 | |
| 12 | | 直播主播、嘉宾 | 若干 | 根据策划需求配置 |

3）时间节点

根据预算与规模完成人员岗位配置后，直播营销团队负责人或直播营销策划师就可以设置直播营销活动的时间节点了。

时间节点是指对直播营销活动筹备和执行阶段的时间划分与时长估算，即对整个直播营销活动的准备过程和现场执行的整个时间进程，进行节点划分及时长安排。

4）执行排期

在确定时间节点后，需要对筹备阶段中的关键工作——直播现场的日程安排进行排期。执行排期包括总进度排期、彩排排期，还有直播活动当天的现场排期。

3.现场准备

在为现场直播做好所有准备后，便开始彩排和现场直播工作。现场准备工作分为五大模块，见表6-13。

表6-13 现场准备工作的五大模块

| 场地准备 | 道具和脚本准备 | 设备准备 | 网络信号和网络直播间准备 | 宣传物料准备与推广引流 |
|---|---|---|---|---|
| 室内环境(直播间)搭建<br>户外(直播)环境布置 | 直播框架脚本<br>直播台词脚本和主播手卡<br>直播产品和道具<br>直播实体物料<br>直播电子物料 | 直播设备<br>直播区的安排<br>导播区的安排<br>候场区的安排 | 网络信号准备<br>直播间的设置及测试 | 活动宣传的物料准备<br>活动宣传的推广引流 |

1)直播现场的场地准备

直播现场的场地是指直播拍摄过程中的所有环境和背景。直播现场的场地中最常见的是直播间或直播区,直播现场的场地准备在室内是直播间搭建,在户外是直播环境布置。大中型直播活动的场地,往往包含更多的项目,因而需要对场地进行专业分区。

无论是室内场地还是户外场地,都需要以直播工作的功能进行分区。直播现场的场地分为三大部分:直播区、导播区和候场区(见表6-14)。

表6-14 直播现场的场地准备

| 直播区 | 直播间<br>摄制节目的区域 | 主播、嘉宾等直播团队做内容输出,摄影、灯光、声音处理等同步进行 |
|---|---|---|
| 导播区 | 导播区域/导播间<br>传输视频和音频信号的区域,还可能有灯光控制 | 导演、导播团队进行录播执行,音响声、录音师、推流工程师、直播流技术工程师等进行直播技术支持 |
| 候场区 | 运营区域<br>准备区、办公场所和其他资料区 | 化妆、服装、更衣、休息等必要的功能辅助区进行直播前的准备<br>客服团队、舆情监控团队对直播进行时时监控和互动,有的直播活动会设有观众区 |

2)直播现场的道具、脚本和物料准备

直播现场的道具、脚本和物料准备,包含出镜的产品和道具、现场导演需要的直播框架脚本以及主播讲述的内容——主要包含直播框架脚本、主播台词脚本+主播手卡、直播产品和道具、直播实物物料和直播电子物料。

3)直播现场的设备准备

看似简单的直播营销活动画面,需要凭借许多专业级的设备才能实现。

(1)直播区/直播间的主要设备,见表6-15。

表 6-15　直播间 / 演播区的主要设备清单

| 类型 | 明细 |
| --- | --- |
| 视频设备 | 1. 视频切换台<br>2. 摄像机，包括镜头、机身、取景系统<br>3. 摄像机基座或悬臂，包括云台、底座、滑轮<br>4. 摄像机云台，包括固定台、左右摇动或上下移动装置 |
| 音频设备 | 1. 麦克风，包括有线和无线两种形式，基本佩戴方式有领夹式、手持式、头戴式、落地式、长筒式等<br>2. 扬声器系统<br>3. 线缆和特殊装置 |
| 灯光设备 | 1. 灯具<br>2. 灯泡<br>3. 线缆<br>4. 灯光支架和 C 架<br>5. 柔光罩<br>6. 光漫射器<br>7. 挡光布、挡光板<br>8. 反射器 |
| 其他设备 | 1. 提词器<br>2. 返送监视器<br>3. 其他 |

（2）直播区/直播间的安排摆放。直播区/直播间里面主要有主播和嘉宾坐的位置、背景环境、相应的摄像机、收音设备、灯光处理设备、提词器、返送监视器，要将这些元素进行合理的安排摆放。

（3）导播区/导播间的主要设备和安排。导播区/导播间的安排包含摄像灯光、收音设备等设备，人员主要有现场导演、导播等。

①导播区/导播间的位置。一场直播营销活动要先确定直播区/直播间的位置，再确定导播区/导播间的位置，最利于指挥和监控现场，并方便与主播沟通。

②导播区/导播间的设备。导播区/导播间的常用设备清单见表6-16。

表 6-16　导播区 / 导播间的常用设备清单

| 设备 | 作用 |
| --- | --- |
| 调音台 | 将多路输入信号进行放大、混合、分配、音质修饰和音响效果加工，之后再通过母线输出。调音台是现代电台广播、舞台扩音、音响节目制作等系统中进行播送和录制节目的重要设备 |
| 视频切换台 / 导播台 | 用于多摄像机演播室或外景制作，通过切、叠化、划像来连接所选视频，进而创作和嵌入其他特技来完成节目制作 |

| 设备 | 作用 |
|---|---|
| 视频及音频技术监视器 | 全面监看图像各个技术层面参数及质量的必备设备，监看参数如内嵌音频数据、字幕、VITC 信息及其他隐藏于 SDI 图像边缘的信息 |
| 录像机 | 负责存储多种不同需求格式的视频文件 |
| 编码推流器 | 将视频信号采集、编码为网络信号，并推送到指定网络服务器地址中 |
| 视频网络服务器 | 承载网络视频信号并将网络视频信号以多种方式分发到各平台及用户端 |

4）网络信号和网络直播间准备

（1）网络信号准备及测试。为了保障直播营销活动能够顺畅播出，必须有足够的直播带宽，并且通畅稳定。

（2）网络直播间的设置及测试。观众是在网络直播间里观看直播营销活动，因此既要保证视频直播信号的传输通畅，也要保障在网络直播间里的信号正常。

5）直播营销活动的宣传物料准备与推广引流

直播营销活动的宣传物料包括实体物料和电子物料。

**4.现场执行**

直播营销活动前有三个重点工作必须完成，分别是设备和物料道具的调试、服道化的调试和台词脚本的最终确定，如图6-14所示。

在实际工作中，这三项工作不能简单划定在某个环节中，而是贯穿现场准备和现场执行中，但这三项工作必须在直播营销活动正式开始前完成。

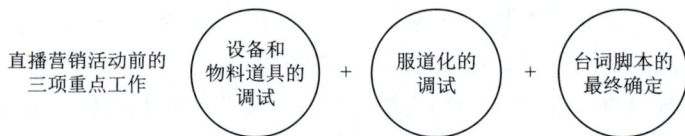

图 6-14　活动营销直播前的三个重点工作

1）现场执行的实操步骤

直播营销活动的现场执行环节需要经历彩排、执行、清场三个步骤。

第一，直播营销活动彩排。

彩排主要有四种类型，分别是技术彩排、流程彩排、全彩彩排、重点难点彩排。根据直播营销活动的具体情况，由现场导演决定采用哪种类型或是哪几种类型（见表6-17）。

表 6-17　四种彩排类型的主要工作内容

| 彩排类型 | 侧重点 | 主要内容 |
|---|---|---|
| 技术彩排 | 设备及设备之间的配合度 | 对各类设备及人员集成配合度的磨合。<br>涉及灯光、音响、视频大屏、导摄、直播平台技术对接、设备信号各通路连接，以及根据技术及设备调试实现既定的直播画面要求 |
| 流程彩排 | 整体直播感受，流程的通畅性 | 让所有参与直播的人通过流程的走场，形成对整场直播的整体感受。<br>流程彩排不会过到每一句台词，重点是让团队的每一个人，都知道这场直播流程整体的、关键的环节有哪些，主要的流程有哪些，主要发生的事情有哪些 |
| 全彩彩排 | 完整性，细节性 | 完全按照真正直播的环节，一字不差、一个背景音乐都不落、一个画面都不缺少的，完整的将所有的细节都全部走一遍的彩排。<br>对于大中型直播营销活动或重点活动，通常需要一遍又一遍的彩排，直到团队里的每一个人都对直播营销活动的全流程非常熟悉为止。 |
| 重点难点彩排 | 针对易错点、重点环节 | 在流程彩排和全彩彩排完成以后，对整个团队容易出错、容易疏漏的环节进行专项彩排。 |

通过直播营销活动的彩排，能够使现场执行团队提前发现问题，及早调整方案，解决问题。在彩排过程中可能需要注意的地方包括：主播台词、主播和嘉宾的妆发、主播肢体动作是否需要调整，以及是否做好应急预案。

第二，直播营销活动执行。

常见的直播营销活动执行，一般分为四个阶段：预热和暖场、开场阶段、中间阶段、收尾阶段（见表6-18）。

表 6-18　活动直播执行的四个阶段

| 阶段 | 预热和暖场 | 开场阶段 | 中场阶段 | 收尾阶段 |
|---|---|---|---|---|
| 工作重点 | 吸引兴趣<br>引发传播 | 获取感知<br>快速引入 | 提升兴趣<br>产生沉浸 | 促成接受<br>引发留恋 |

（1）预热和暖场。预热和暖场的目的是要吸引观众的兴趣，并邀请更多的目标观众来观看，为直播的正式开场做好准备。

①预热。直播营销活动现场的观看人数，对营销目标能否达成起着重要作用。决定观看人数最为关键的一步就是活动预热的推广工作。

②暖场。暖场工作，常见的是直播预告、暖场视频和主播暖场，其核心工作是

通过调动观众的情绪和氛围，打造融入感和归属感。不专业的直播在前几分钟总是显示与内容无关或不和谐的杂乱场景，切忌出现此类问题。

（2）开场阶段。开场阶段需要引起观众和消费者对直播营销活动的兴趣，加强参与感。这时要根据本场直播营销活动的特征以及观众的兴趣喜好，选择合适的开场形式，例如，产品展示、嘉宾介绍、互动游戏等，快速抓住观众的注意力，为后续内容做好铺垫。

（3）中场阶段。开场之后就进入了中场阶段，这时需要持续吸引观众，可以通过各种活动和互动，将直播间里的氛围升温，并在适当的时刻达到高潮。

（4）收尾阶段。收尾阶段要为本场活动的营销目标加把力，达成一个完美的结局。直播尾声，需要完成两重任务：一是打造用户的荣耀时刻，比如直播结束后，颁发荣誉证书；二是将观众引入企业自有流量池，主要包括多场景的推荐卡片和公众号吸粉导流，关注直播平台账号，点赞、关注、转发、预订下期直播等。

### 6.3.3　短视频与直播内容生产的相同点与差别

#### 1. 短视频与直播的相同点

视频内容包含短视频内容和直播视频内容。短视频和直播都是运用视觉语言的手段，进行内容的创作和传播，都有以下特点。

（1）视觉冲击力：视频通过图像和动画的方式展示内容，能够给人强烈的视觉冲击，引起观众的注意。

（2）情感表达：视频语言可以通过画面、音效、配乐等多种元素来表达情感，帮助观众更好地理解和感受内容。

（3）多样性和创意性：视频语言具有丰富的表现形式，可以通过剪辑、特效、运镜等技巧来创造不同的视觉效果，增强所传达信息的吸引力和表现力。

（4）时间压缩：视频可以通过剪辑和速度控制等手段将复杂的信息在有限的时间内进行传达，提供一种高效的信息呈现方式。

（5）可重复观看性：视频可以随时回放和重复观看，观众可以根据自己的节奏和需求来掌控观看的进度和内容。

总的来讲视频语言通过视觉冲击力、情感表达、多样性和创意性等特点，能够生动地传达信息，并带给观众难忘的观看体验。

#### 2. 短视频与直播的差异点

短视频和直播是两种不同的视频形式，它们之间的主要区别在于以下几个方面（见表6-19）。

表 6-19　短视频与直播的差异点

|  | 短视频 | 直播 |
| --- | --- | --- |
| 播放方式 | 事先录制好的视频，观众可以随时观看 | 实时的视频转播，观众可以在直播进行的同时观看 |
| 内容实时性 | 事先录制好的视频内容，无法进行实时互动 | 实时转播，可以进行实时互动，用户可以通过评论、弹幕等方式与主播即时互动。 |
| 观看体验 | 提供精心编辑后的精彩瞬间，可以在短时间内观看很多不同的内容 | 提供观众实时参与、共享主播的现场体验，可以深入参与和互动。 |

总的来讲，短视频更注重内容的精选和编辑，观众可以根据自己的需求选择感兴趣的视频；而直播更注重实时互动和现场体验，观众可以参与活动和与主播互动。

可以从内容创作角度倒推，两者的区别：

短视频内容规划性强，规划后可以按照制订的脚本执行。内容创作有可逆性。

如，短视频脚本确定后，可以按照脚本进行拍摄、剪辑、创意等，如果过程中发现有些地方，不合适，还可以进行多次补拍、多次剪辑，如果最后依然达不到最初的创意设想，可以放弃，做新的创意、新的脚本。

直播内容的即时性强，即使按照制订的脚本执行，在执行过程中，也依然无法百分百保证按照脚本执行，并且一旦内容生成，便具有不可逆性。

如，直播流程和脚本确定后，在执行的过程，受主播的语言习惯、用户互动时的干扰、直播过程环境等因素，都会影响直播内容的最后呈现，并且直播内容一旦播出，便具有不可逆性。

### 3. 营销直播和电商直播的区别

直播分营销直播和电商直播，两者的相同点，都是用实时转播和与用户互动的方式，通过视觉语言带给用户观看体验。但是，因为两者的目的不同，所以在具体执行的过程中，也会有一定的区别：

营销直播的最终目的是要提升品牌形象，所以，在直播过程中，首要考虑的因素是品牌形象的完整和完美。因为涉及品牌，所以，营销直播通常会由企业的多部门协作完成。

电商直播的最终的目是要进行销售转化，所以，在直播过程中，首要考虑的因素是如何提升销售转化，如何提升ROI。因为涉及销售，所以，电商直播通常由企业中的销售部门完成。

短视频和营销直播配合时，通常是在直播前做预热视频，侧重点偏品牌的公众形象、代言人、营销类活动的亮点等。

短视频和电商直播配合时，通常会直接做产品质量和销售价格、销售优惠的内容，直接给直播间导流。

# 6.4 优质视频内容生产的关键点

## 6.4.1 优质视频内容是如何生产出来的

### 1. 基础元素

视频内容生产的基础元素，如图6-15所示。

图 6-15 视频内容生产的基础元素

视频内容生产是由很多基础元素和设定组成的，主要有：

1）内容的主题设定

内容的主题是知识科普，还是品牌展现，亦或是销售卖货？

2）内容的风格设定

内容的风格是写实的，还是夸张的，亦或是搞笑的？

3）内容的长度设定

内容的长度是15 s，还是30 s，亦或是1 min以内？

4）内容的时效设定

内容的时效是特别迎合时效的追新闻式的内容，还是可以长期使用的无时效性的内容？

5）内容的场景设定

内容的场景是户外的，还是室内的？是家居环境的，还是办公室环境的？

6）内容的人物设定

内容的人物是出现还是没有出现，是单人还是多人，是对话式的，还是独白式的？

7）内容的产品设定

内容的产品是销售的，还是需要介绍产品的？

8）内容的创意设定

内容的创意是朴实平淡型的，还是鬼畜搞怪型的？

除了以上基础元素外，画面的呈现、配音的风格、背景音乐的调性以及配文，都是组成视频内容的最基础元素。将这些基础元素组合搭配，就能够生产出不同的视频内容。如果想提高视频制作能力，可以将这些基础元素进行不同的组合搭配，不断地进行尝试。比如一段视频拍摄完成后，配上不同的背景音乐，其效果是完全不一样的，可以进行多种尝试，不断提升专业技能、积累经验。

一条好的视频内容，需要专业的技能、经验的积累、制作者的手感、内容生产人的用心程度，以及一定程度的个人运气。

实操案例：以江南×市招商局账号为例（账号名称：投资常州）

该账号由于具有招商功能，因此要保持严肃性，还要有符合抖音调性的内容风格，并突出××市作为长三角地区所具有的产业功能优势，因此需要制订一套方案和可执行的抖音运营整体计划，并切实落地，以获得实际的招商业绩。

第一步，在基础视频里添加各个语种的招商信息，可视为硬广告。

第二步，将××市区位优势巧妙的用乘坐火车时间来表达。

第三步，制作口播内容脚本：一加一等于一，这是真的，你看从××市坐火车到上海是一个小时，从××市到南京也是一个小时，从南京到上海还是一个小时，你明白了吗（时长13秒）？，如图6-16所示。

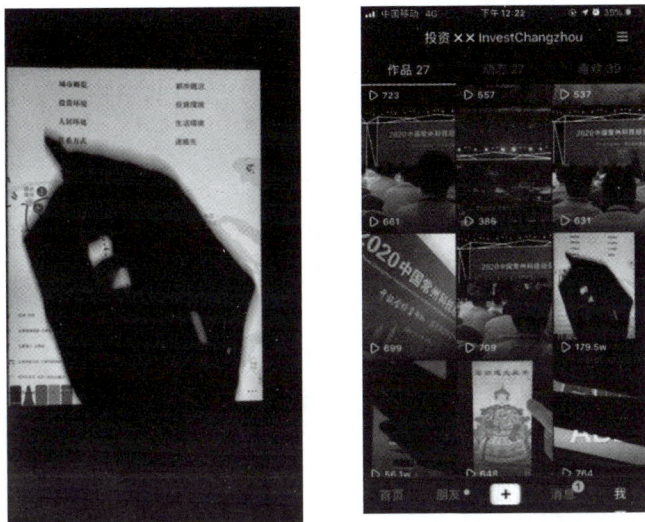

图6-16　××市招商局（账号名称，投资××）案例

该脚本对应视频最终获得250万次播放，并为招商工作带来实际的业务线索。

## 2. 视觉先导原则

视觉先导原则是指所有的视觉（画面）输出应为观众服务。以观众画像选择视

觉元素和视觉呈现方式。视频内容的衡量标准是从"我拍了啥"到"用户看到了啥"，坚决拒绝自嗨式的内容。不论短视频还是直播，都应以视觉语言为主要表现手段。视觉语言表达的核心是视觉先导原则，所以短视频和直播在内容制作方面都要遵循视觉先导原则。

1）三类常见的抖音营销类型和镜头呈现原则

（1）大众传播类的短视频和直播营销。从营销宣传的目的，倒推镜头程序需要呈现的亮点，并以反差聚焦的镜头语言吸引眼球。

（2）电商类的短视频和直播。从电商产品销售的目的，倒推镜头应该呈现的产品质量好、性价比高等亮点。

（3）垂直细分行业类的短视频和直播。从呈现行业专业度的目的，倒推镜头需要呈现的行业专业度，体现行业人士都能认可、理解和感受的专业性。

2）视觉先导原则的执行情况

视觉先导原则的执行情况，可以从以下三点来自检：

（1）观众是不是能看完？短视频的完播率体现着内容本身是不是有吸引力。企业需要分析观众在哪个时间点离开视频，并检视对应画面是否存在问题，例如，画面是否模糊、内容是否枯燥等，从而找出影响完播率的原因并加以改进。

（2）观众看到了什么？这一点可以通过观众留言和数据分析确定，观众看到的是不是作者原本想表达的内容？也可以通过点击量反推。观众最终获得的内容，观众视觉收获的内容，就是表现的内容。

（3）看完后观众的动作行为是什么？是不是达到了作者最初的目的，比如关注、点赞、转发、回复、私聊、入群，这些观众行为是否与作者最初设计的目的一致。

### 3. 优质短视频的秘诀——高密度原则

现在人们的生活节奏都比较快，缓慢的节奏，容易被观众忽略，在抖音平台需要用快节奏挤压出高密度抵抗焦虑的时代背景下，受众普遍缺乏耐心的情绪。高密度原则包括节奏的高密度，内容的高密度，情绪的高密度，信息量的高密度四个方面，如图6-17所示。

节奏、内容、情绪、信息量四方面的高密度是整合出现的。

如果只有节奏和情绪的紧张，没有内容、信息量的支撑，就会有故弄玄虚的空洞感。

如果内容和信息量足够充足，但是节奏拖沓、情绪松

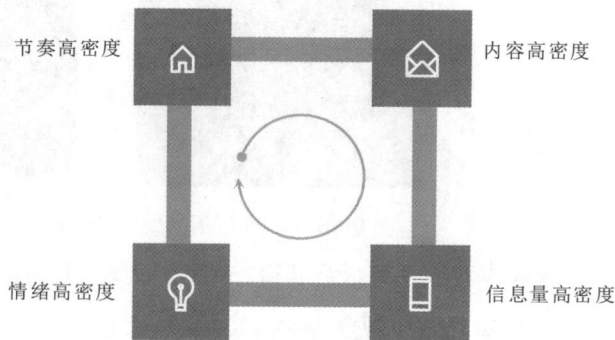

图6-17　高密度原则的四个方面

散，那么就无法抓住用户的注意力。

节奏是语速输出的快，情绪需要跟得上节奏，否则就成了加速版的语音播放机。

内容需要去粗取精、去繁留简，信息量需要跟得上内容，否则内容无料，用户就没有获得感。

### 1）节奏的高密度

在抖音平台，短视频和直播的语速都比日常沟通的语速要快一些，包括背景音乐的节奏都会快一些。

**实操案例：** 一家机械公司的抖音短视频文案原稿，457个字，时长约3分钟。

尊敬的各位用户，我们作为一家专注机械制造与销售的公司，一直致力于为客户提供高质量的产品和优质的服务。多年来，我们始终坚持技术创新和质量第一的原则，不断提升产品的性能和可靠性。

我们的产品涵盖了多个领域，包括工程机械、农业机械、建筑机械等。无论是挖掘机、拖拉机还是混凝土搅拌机，我们都能满足客户的需求。我们拥有一支经验丰富、技术精湛的研发团队，能够根据客户的具体要求进行定制化设计和生产。

除了产品的优势，我们还注重服务的质量。我们设立了专门的售后服务部门，为客户提供及时的技术支持和维修服务。无论是产品的安装调试还是故障排除，我们都能够提供全方位的帮助，确保客户的利益得到最大化的保障。

我们的企业一直以来都本着客户至上的原则，始终把客户的需求放在首位。我们深知客户的满意是我们发展的基础，因此我们不断努力提高产品的质量和服务的水平，与客户共同成长和发展。

感谢大家对我们企业的关注和支持。我们将继续秉承诚信经营、追求卓越的理念，为客户提供更好的产品和服务。如果您对我们的产品感兴趣或有任何疑问，请随时与我们联系。谢谢！

**修改、压缩及调整语句后，变成320个字，时长约2分钟。**

大家好！我们公司专注于机械制造与销售，旨在为用户提供高质量的产品和优质的服务。多年来，我们始终坚持技术创新和质量第一，提升产品性能和可靠性。

我们的产品涵盖工程机械、农业机械、建筑机械等。无论您需要挖掘机、拖拉机还是混凝土搅拌机，我们都能满足您的需求。有经验的研发团队为您定制化设计和生产。

我们注重服务质量，设立了专门的售后服务部门，提供及时的技术支持和维修服务。无论产品安装调试还是故障排除，我们都能提供全方位帮助，保障您的利益。

我们秉承客户至上，始终把客户需求放在首位。我们不断提高产品质量和服务水平，与客户共同成长和发展。

感谢大家对我们的关注和支持。我们将继续诚信经营，为客户提供更好的产品和服务。如有兴趣或疑问，请随时联系我们。谢谢！

这样节约了观众的时间，加大了内容的密度。

2）内容的高密度

如果是公众号推文或文字输出，通常有预热导入、高潮热点、归纳结局，但是短视频则要快速的进入内容高潮部分，或把内容高潮部分的两三秒前置，让用户打开视频的瞬间就被吸引住。

3）情绪的高密度

情绪的高密度是指在短视频或直播中，创作者通过语气、表情、肢体语言等方式，将饱满的情绪传递给观众，例如，激昂、快乐、焦虑、愤怒等，以此增强内容的感染力和吸引力。舒缓的情绪表达则较少出现。

4）信息量的高密度

信息量的高密度是指在短视频或直播里尽量多的把有效信息集中在一起，进行输出，让用户在短时间内，接触到尽可能多的信息。

不管是短视频还是直播，输出内容的价值感的饱和度，信息的充沛度，都会影响受众感知节奏的高密度，让用户不知不觉的沉浸其中。

### 6.4.2　优质视频内容的审视维度

了解企业抖音内容创作的四步曲之后，就要深入内容创作的维度层面，如图6-18所示。

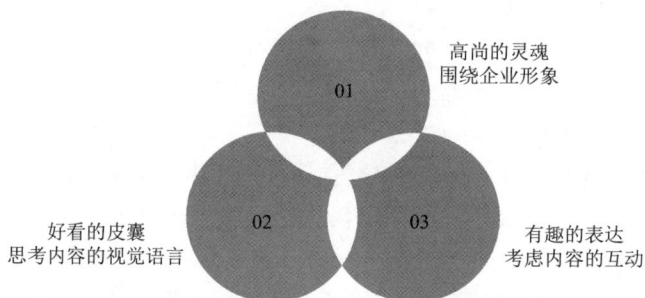

图 6-18　内容创作三个维度

这三个维度相辅相成。只有高尚的灵魂，用户不可直观感触；只有好的皮囊，用户阅过扭头便忘；只有有趣的表达，仅讨几声浅笑。

企业形象做底层夯实基础，视觉语言做表层陈述显现，互动内容做用户沟通交流，只有三个维度，有机结合，才能称之为优质视频内容。

#### 1. 高尚的灵魂——围绕企业形象

企业在短视频内容设计中应把品牌形象作为一个主线，让用户清晰地感受到企业的价值观、定位和特色，从而让用户在短视频中能够建立起与企业的深刻联系。

案例：**一段宣传企业社会责任的视频。**

**标题：** 我们不仅是一家企业，更是一家有爱的企业！

**画面：** 一些企业员工参与各种社会公益活动的画面，如捐赠物资、植树造林、教育支持等。

**台词：** 我们是一家专注于智能家居的企业，我们的使命是让每个家庭都能享受科技带来的便利和舒适。但是，我们不仅仅是一家企业，更是一家有爱的企业！我们关心社会，关心环境，关心教育，关心每一个需要帮助的人。我们的员工积极参与各种社会公益活动，用我们的行动和爱心，为社会贡献一份力量。我们相信，只有让社会变得更美好，我们的企业才更有价值，我们的产品才更有意义。我们不仅是一家企业，更是一家有爱的企业！

### 2. 好看的皮囊——思考内容的视觉语言

针对不同的场景内容应以有趣的、吸引眼球的方式，以幽默式的、错落有致的方式来展现品牌，让丰富多彩的内容表达出来，让用户可以更容易的接受和接纳企业的文化。

案例：**一段展示企业产品功能的视频。**

**标题：** 你见过这样的智能灯吗？

**画面：** 一个客厅里的智能灯，可以通过语音或者手机控制，可以变换不同的颜色、亮度、模式等。

**台词：** 你见过这样的智能灯吗？它不仅可以照亮你的房间，还可以根据你的心情和场合，变换不同的颜色、亮度、模式，让你的生活更加多彩。你可以通过语音或者手机来控制它，无须任何按钮或者遥控器，就像一个贴心的小助手。你可以让它变成温暖的黄色，给你一个舒适的夜晚；你可以让它变成鲜艳的红色，给你一个浪漫的约会；你可以让它变成炫酷的蓝色，给你一个欢乐的派对。你还可以让它跟随音乐的节奏，变换不同的灯光效果，让你的房间变成一个舞台。这就是我们的智能灯，它不仅是一盏灯，更是一种生活方式！

### 3. 有趣的表达——考虑内容的互动性

企业在短视频和直播的内容设计中，应该加强与用户的互动性，企业通过持续不断地进行社交网络互动，增强用户关注度，从而建立与用户的良好关系，并且能够不断地反馈用户的反馈，根据用户的偏好和反馈，来持续优化企业的营销策略。

**案例：一段邀请用户参与活动的视频（见图6-19）。**

**标题：** 快来参加我们的创意视频大赛，赢取丰厚奖品！

**画面：** 一些用户拍摄的创意视频的片段，如模仿明星、搞笑配音、变装秀等。

**台词：** 你是不是也喜欢拍摄创意视频，展示你的才华和风格？你是不是也想让更多的人看到你的作品，赢得他们的赞赏和支持？那就快来参加我们的创意视频大赛吧！我们是一家专业的视频平台，我们为你提供了最先进的视频制作工具，让你可以轻松地拍摄出各种有趣的视频。无论你是想模仿明星、搞笑配音、变装秀，还是想展示你的才艺、爱好、生活，只要你有创意，你就可以参加我们的大赛！我们将选出最优秀的作品，给予丰厚的奖品，包括现金、礼品卡、优惠券等。你还可以获得更多的曝光和关注，让你的视频走红！快来参加我们的创意视频大赛吧，让你的视频成为爆款！

图6-19　一段邀请用户参与活动的视频

**思考题：**

1.企业如何提升抖音内容的生产效率和质量？

2.企业应如何实现抖音内容的创新与多样化？

# 第7章

# 运营推广

## 7.1 运营推广是企业抖音的助燃剂

### 7.1.1 "实施阶段"的第二步：运营推广

在抖音平台上，内容输出是吸引用户关注的重要手段，但并不是唯一手段。除了视频制作、直播和投放等内容输出方面的工作，日常的运营推广也是不可或缺的。对于使用抖音进行品牌宣传和销售推广的企业，忽视运营推广的后果可能是灾难性的。

常态化的运营推广是企业抖音的必要工作，它涉及一系列的运营决策和执行，例如，与粉丝间的日常互动，同行友商的常规行为监控，平台规则的关注，平台活动的参与等。这些工作可以帮助企业抖音账号保持活跃度，提高曝光度，增加影响力，建立口碑，从而实现品牌和产品的推广目标。

对于企业抖音账号来说，运营推广的重要性甚至超过了内容输出。因为单纯的内容输出，不能实现营销或销售转化，只有配合有效的运营推广，才能将优质的内容转化为实际效果，比如提高品牌知名度，吸引更多用户关注，增强用户黏性，促进产品销售等。运营团队需要与其他部门紧密合作，共同推进品牌和产品的发展。

本章将详细讨论常态化运营工作的各个方面，包括其具体的内容和作用，以及如何进行有效的运营。

### 7.1.2 运营推广的具体内容

为了实现更高效的营销或销售转化，企业还需要进行更深入的运营推广，主要包括以下几个方面（见图7-1）。

图 7-1 企业抖音运营推广的具体内容

### 1. 用户行为分析

通过对用户的浏览、点赞、评论、转发、收藏等行为数据的收集和分析，了解用户的喜好、需求、痛点、反馈等，从而优化内容策略，提升用户满意度，增加用户黏性。

### 2. 用户关系管理

通过对用户的分类、标签、分组等，建立用户画像，实现个性化的用户沟通和服务，提升用户忠诚度，培养用户成为品牌的倡导者和传播者。

### 3. 用户互动提升

通过对用户的及时回复、主动引导、激励奖励等，增加用户的参与感和归属感，促进用户之间的社交互动，形成用户社区，增强用户对品牌的认同和信任。

### 4. 粉丝留存与忠诚度提升

通过对用户的定期回访、关怀问候、节日祝福、专属福利等，维护与用户的长期关系，提高用户的留存率和复购率，增加用户的生命周期价值。

运营团队只有具备更高的专业水平和技能，才能有效地执行并产生结果。只有做好了运营推广，企业抖音才能发挥出最大的价值。

## 7.2 运营推广的常规动作

在"实施阶段"中，企业抖音的内容生产、运营推广和复盘总结，几乎是同步进行的。虽然每个企业都会有些独特的运营推广动作，但是大多数的运营推广动作是常规的，我们称之为"常规动作"。

### 7.2.1 企业抖音运营推广的八个常规动作

企业抖音运营推广的常规动作，主要有以下八个。

## 1. 账号设置

账号设置是运营推广的第一步。账号设置需要清晰地表明账号的定位、主要内容以及商业营销模式、变现模式等，以便用户能够迅速理解账号的基本定位，并且可以结合搜索引擎优化，将最主要的账号通过整体设计清晰呈现定位，以方便抖音用户在搜索时，可以优先呈现自己的账号。

账号设置还包括账号的名称、头像、简介、背景图等，这些都需要与账号的定位和内容相符，形成统一的风格和氛围，吸引用户的注意力和兴趣。

## 2. 数据监控分析

数据监控分析是运营推广的核心，也是最重要的动作。数据监控分析可以帮助运营团队了解账号的表现，评估内容的效果，指导运营的决策，优化运营的策略。数据监控分析需要关注的数据包括：账号的粉丝数、播放量、点赞量、评论量、转发量、收藏量、互动率、留存率、复购率等。这些数据可以反映用户的喜好、需求、痛点、反馈等，从而帮助运营团队调整内容的方向、形式、风格、播放频率等。

数据监控分析还需要关注数据的异常变化，数据的升高或降低，账号内视频局部小范围或大范围的观看波动，都能第一时间知道，并及时采取应对行动。

## 3. 平台规则关注

平台规则关注是运营推广的基础，也是必要的动作。平台规则关注可以帮助运营团队避免触犯平台的禁忌，遵守平台的规范，保证账号的安全和稳定。平台规则关注还可以帮助运营团队把握平台的趋势，参与平台的活动，获得平台的支持。

平台规则关注需要关注的内容包括平台的审核标准、内容规范、推荐机制、算法变化、活动政策、奖励机制等。这些内容可以影响账号的曝光度、影响力、收益等，因此需要及时了解和适应。

## 4. 关联账号互动

关联账号互动是运营推广的拓展，也是有效的动作。关联账号互动可以帮助运营团队扩大账号的影响范围，增加账号的曝光度，提高账号的权威性，形成账号的矩阵。关联账号互动需要与自己体系内的关联账号进行互动，比如：相互点赞、评论、关注，进行账号之间的活动联动等。

关联账号互动还可以与其他相关账号进行互动，比如同行友商账号、潜在合作伙伴账号、行业领导者账号、意见领袖账号等。这些互动可以增加账号的知名度，建立账号的口碑，寻求更多的合作机会。

## 5. 留言区互动

留言区互动是运营推广的细节，也是重要的动作。留言区互动可以帮助运营团队增加观众的参与感和归属感，提高观众的黏度和留存率，增强观众对品牌的认同

和信任。留言区互动需要及时回复观众的留言，表达对观众的感谢和关注，解答观众的疑问和困惑，引导观众的行为和态度，激励观众积极和正面的在留言区留言和评论。

留言区互动还可以从观众的留言中获取观众的反馈和建议，确认当前发布的视频内容是否精准和有效，观众的理解是否与最开始设定的目标一致。另外，还可以从留言区寻找下一步内容的制作方向。

**6. 基础主动加粉**

基础主动加粉是运营推广的重点，也是必要的动作。基础主动加粉可以帮助运营团队增加账号的粉丝数，扩大账号的用户基础，提高账号的流量和收益。基础主动加粉需要给上下游账号留言，并主动加粉，寻求更多的业务开发合作。比如给供应商、客户、渠道商、分销商、代理商等相关账号留言，表达对他们的关注和欣赏，邀请他们关注自己的账号，建立良好的合作关系。

基础主动加粉还可以给其他相关账号留言，比如：同行友商账号、潜在合作伙伴账号、行业领导者账号、意见领袖账号等。这样可以增加账号的曝光度，提高账号的知名度，寻求更多的流量和资源。基础主动加粉需要注意的是，要选择与自己账号相关性高、互补性强、合作价值大的账号进行互动，避免浪费时间和精力，也避免引起不必要的竞争和冲突。

**7. 热点跟进**

热点跟进是运营推广的创新，也是有效的动作。热点跟进可以帮助运营团队抓住用户的注意力，增加账号的吸引力，提高账号的流量和收益。热点跟进需要关注抖音实时的每一天的分品类、分区域、分方向的热门榜单。一个热点出来要快速判断是否和运营的账号相关，是否可以进行跟进，与热点相关的话题会得到非常多的流量红利。

热点跟进需要注意的是，要选择与账号定位和内容相符的热点，避免跟风无关的热点，否则会影响账号的形象和质量。

**8. 竞品监控**

竞品监控是运营推广的参考，也是必要的步骤。竞品监控可以帮助运营团队了解同类账号的表现，学习竞品的优点，避免竞品的缺点，提升自己的竞争力。

竞品监控需要关注的内容包括竞品的账号设置、内容策略、运营策略、数据表现、用户反馈、合作模式等。这些内容可以帮助运营团队找到自己的优势和劣势，确定自己的差异化和特色，制订更合适的运营方案。

### 7.2.2　运营推广的常见组合

在互联网时代，运营推广是每个企业都必须面对的重要环节。运营推广的目的是通过各种有效手段，提高产品或服务的知名度、曝光度和销售量，从而实现企业的盈利目标。运营推广的手段有很多，但是不同的手段有不同的特点和适用场景，因此，企业需要根据自身产品或服务的特性，选择合适的运营推广组合，以达到最佳的效果。

　　企业抖音运营推广的常见组合，分别是短视频营销+直播营销的组合，短视频营销+社群营销/私域营销的组合，以及短视频营销+广告投放的组合，如图7-2所示。这三种组合都是以短视频营销为基础，结合其他的运营推广手段，形成协同效应，提高运营推广的效率和效果。

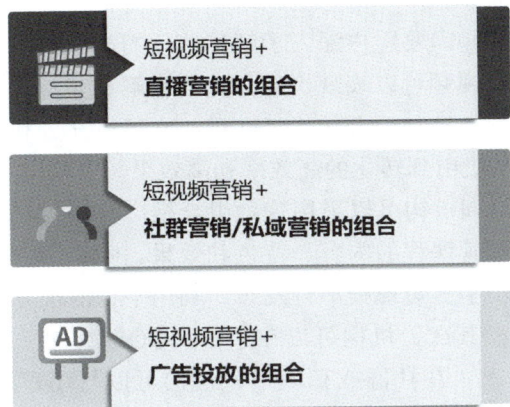

图 7-2　企业抖音运营推广的常见组合

### 1. 短视频营销+直播营销的组合

　　这种组合是指以短视频营销为引流手段，以直播营销为转化手段，实现从曝光到销售的完整闭环。在这种组合中，短视频营销的作用是提高产品或服务的知名度，引起用户的关注和兴趣，将销售转化的任务交给直播营销来完成。直播营销的作用是通过直播的形式，展示产品或服务的细节和优势，提供互动和咨询的机会，给予用户独家的优惠和刺激，促使用户产生购买行为。

　　这种组合适用于那些需要用户深入了解和体验的产品或服务，比如传统消费品。日常的短视频都是积累曝光量，再利用电商平台推出的各种直播活动来实现销售转化。这种组合的优势在于，它可以充分利用短视频和直播的双重优势，实现从吸引到转化的高效率和高效果。

　　例如，家居用品品牌可以采用这种组合推广其产品。首先，家居用品品牌可以制作一系列的短视频，展示其产品的设计理念、功能特点和使用场景，吸引用户的关注和好奇。这些短视频可以在抖音、快手等短视频平台上发布，利用平台的推荐算法和社交功能，实现广泛的传播和互动。其次，品牌可以在淘宝、京东等电商平台开设直播间，定期进行直播销售活动。在直播中，主播可以实时展示产品的细节和效果，回答用户的问题和疑惑，提供专属的优惠券和抽奖活动，激发用户的购买欲望。通过这种组合，品牌可以实现从曝光到销售的完整闭环，提高运营推广的效率和效果。

## 2. 短视频营销+社群营销/私域营销的组合

这种组合是指以短视频营销为引流手段，以社群营销或私域营销为转化手段，实现从曝光到销售的完整闭环。在这种组合中，短视频营销的作用是提高产品或服务的知名度，引起用户的关注和兴趣，将目标用户引入到社群或私域中，再通过一对一或一对多的详细沟通，进行销售转化。社群营销或私域营销的作用是通过建立和维护与用户的长期关系，提供个性化的服务和价值，增强用户的忠诚度和黏性，促使用户进行复购和推荐。

这种组合适用于那些需要用户深入了解和信任的产品或服务，比如留学咨询行业、职业教育行业。短视频可以表现出对行业的理解和非常专业的研究，再通过私域营销转化为咨询客户。这种组合的优势在于，它可以充分利用短视频和社群或私域的双重优势，实现从吸引到转化的高效率和高效果。

例如，健身教练培训机构可以采用这种组合推广其课程。首先，机构可以制作一系列的短视频，展示其课程的内容、特色和效果，吸引用户的关注和好奇。这些短视频可以在抖音、快手等短视频平台发布，利用平台的推荐算法和社交功能，实现广泛的传播和互动。其次，机构可以在微信、QQ等社交平台上建立专属的社群或私域，邀请用户加入。在社群或私域中，机构可以与用户进行更深入的沟通和咨询，提供专业的指导和建议，提供试听课和优惠活动，激发用户的报名意愿。通过这种组合，机构可以实现从曝光到销售的完整闭环，提高运营推广的效率和效果。

## 3. 短视频营销+广告投放的组合

短视频营销+广告投放的组合是指以短视频营销为基础，结合广告投放的方式，实现从曝光到销售的完整闭环。在这种组合中，短视频营销的作用是提高产品或服务的知名度，引起用户的关注和兴趣，将目标用户引入到广告投放的渠道中，再通过广告投放的方式，实现销售转化。广告投放的作用是通过有规划、有步骤的广告投放计划，将短视频推送给更多精准人群，以推动产品的购买转化。

这种组合适用于那些视频表现力足以推动购买转化的产品或服务，比如美食、旅游、娱乐等领域。这种组合的优势在于，它可以充分利用短视频的吸引力和广告投放的精准性，实现从吸引到转化的高效率和高效果。

例如，旅游公司可以采用这种组合推广其旅游产品。首先，公司可以制作一系列的短视频，展示其旅游产品的目的地、景点、特色和服务，吸引用户的关注和好奇。这些短视频可以在抖音、快手等短视频平台发布，利用平台的推荐算法和社交功能，实现广泛的传播和互动。其次，公司可以在百度、腾讯、头条等平台进行广告投放，将这些短视频推送给更多有旅游需求的用户，引导他们进入公司的官网或小程序，进行预订和支付。通过这种组合，公司可以实现从曝光到销售的完整闭环，提高运营推广的效率和效果。

# 7.3　企业抖音的运营指标

如何衡量企业抖音的运营效果呢？这就需要借助一些数据指标来进行分析和评估。

## 7.3.1　常见的企业抖音运营指标

常见的企业抖音运营指标主要有以下三类，如图7-3所示。

内容发布指标　　　　粉丝增长指数　　　　直播间指标

图 7-3　企业抖音运营指标

### 1. 内容发布指标

内容发布指标反映了企业在抖音上的内容生产能力和质量，是影响用户关注和互动的基础。内容发布指标包括以下几个方面，见表7-1。

表 7-1　企业抖音内容发布指标组成

| 指标 | 概念 | 解释 |
| --- | --- | --- |
| 发布数量 | 企业在一定时间内发布的视频数量，反映了企业的内容生产频率和稳定性 | 发布数量越多，企业对抖音平台的重视程度就越高，就越能提高企业账号的曝光度和活跃度。但是，发布数量并不是越多越好，也要考虑内容的质量和差异化，避免重复和低俗的内容影响用户体验和品牌形象。 |
| 完播率 | 用户观看视频的完整度，即用户观看视频时长占视频总时长的比例，反映了内容的吸引力和黏性 | 完播率越高，内容就越能吸引用户的注意力，就越能增加用户的停留时间和好感度。完播率受多种因素的影响，比如视频的时长、内容、画面、声音、封面、标题等，需要综合考虑和优化。 |
| 点赞率 | 用户对视频作品的喜爱程度，即用户点赞视频的次数占视频播放次数的比例，反映了内容的满意度和认可度 | 点赞率越高，内容就越能满足用户的需求和喜好，就越能增加用户的忠诚度和信任度。点赞率受多种因素的影响，比如视频的内容、风格、情感、创意等，需要根据用户画像和行为数据进行分析和调整。 |
| 赞播比 | 用户对视频的参与度，即用户点赞视频的次数占用户观看视频的次数的比例，反映了内容的互动性和传播性 | 赞播比越高，内容就越能激发用户的兴趣和情感，就越能增加用户的分享和推荐的可能性。赞播比受多种因素的影响，比如视频的内容、话题、趣味、价值等，需要根据用户反馈和市场趋势进行创新和改进。 |

### 2. 粉丝增长指数

粉丝增长指数反映了企业在抖音平台上的用户获取能力和质量，是影响品牌知

名度和口碑的关键。粉丝增长指数包括以下几个方面，见表7-2。

表 7-2　企业抖音粉丝增长指数组成

| 指标 | 概念 | 解释 |
| --- | --- | --- |
| 粉丝数量 | 企业在抖音平台上拥有的被用户关注的数量，反映了企业的用户规模和市场占有率 | 粉丝数量越多，企业的影响力就越大，就越能提高企业的品牌价值和竞争力。但是，粉丝数量并不是越多越好，也要考虑粉丝的质量和活跃度，避免僵尸粉的存在影响数据的准确性和可靠性。 |
| 粉丝质量 | 企业在抖音平台上被用户所关注的属性和特征，反映了企业的用户结构和匹配度 | 粉丝质量越高，企业的用户就越符合目标市场和人群，就越能提高企业的用户满意度和转化率。粉丝质量可以从多个维度进行分析，比如性别、年龄、地域、兴趣、消费能力等，需要根据企业的定位和目标进行筛选和优化。 |
| 粉丝活跃度 | 企业在抖音平台上被用户所关注的行为和参与度，反映了企业的用户黏性和忠诚度 | 粉丝活跃度越高，企业的用户就越喜欢和习惯使用抖音平台，就越能提高企业的用户留存率和复购率。粉丝活跃度可以从多个维度进行分析，比如观看频率、观看时长、互动次数、互动内容等，需要根据企业的目标和策略进行激励和培养。 |

### 3. 直播间指标

直播间指标反映了企业在抖音平台上的直播营销能力和效果，是影响销售转化和收入的重要途径。直播间指标包括以下几个方面，见表7-3。

表 7-3　企业抖音直播间指标组成

| 指标 | 概念 | 解释 |
| --- | --- | --- |
| 看播率 | 用户对直播间的关注度和进入度，即用户进入直播间的次数占用户看到直播间的次数的比例，反映了直播间的吸引力和曝光度 | 看播率越高，直播间就越能引起用户的兴趣和好奇，就越能增加用户的认知度和信任度。看播率受多种因素的影响，比如直播间的封面、标题、话题、时间等，需要根据用户的习惯和偏好进行设计和安排。 |
| 总观看人次 | 直播间的观看总量，即用户进入直播间的总次数，反映了直播间的流量和人气 | 总观看人次越多，直播间就越受欢迎，就越能增加直播间的影响力和口碑。总观看人次受多种因素的影响，比如直播间的内容、质量、互动、礼物等，需要根据用户的需求和喜好进行制作和优化。 |
| 总观看人数 | 直播间的观看覆盖，即用户进入直播间的去重人数，反映了直播间的用户规模和市场占有率 | 总观看人数越多，直播间就越能吸引新用户，就越能增加直播间的用户价值和竞争力。总观看人数受多种因素的影响，比如直播间的推荐、分享、邀请等，需要根据用户的行为和在线行为趋势进行分析与调整。 |
| 最高在线人数 | 直播间的观看峰值，即用户在直播间的最高同时在线人数，反映了直播间的热度和吸引力 | 最高在线人数越多，直播间就越能抓住用户的注意力，就越能增加直播间的话题度和传播度。最高在线人数受多种因素的影响，比如直播间的内容、时长、亮点、嘉宾等，需要根据用户的兴趣和期待进行安排和调整。 |

| 指标 | 概念 | 解释 |
|---|---|---|
| 平均在线人数 | 直播间的观看稳定性，即用户在直播间的平均同时在线人数，反映了直播间的留存力和黏性 | 平均在线人数越多，直播间就越能维持用户的观看，就越能增加直播间的收益和转化。平均在线人数受多种因素的影响，比如直播间的内容、质量、节奏、互动等，需要根据用户的习惯和偏好进行调整和优化。 |
| 直播间留存率 | 直播间的观看持续性，即用户在直播间的平均观看时长占直播总时长的比例，反映了直播间的内容的吸引力和黏性 | 直播间留存率越高，直播间就越能保持用户的观看，就越能增加用户的忠诚度和信任度。直播间留存率受多种因素的影响，比如直播间的内容、质量、节奏、互动等，需要根据用户的习惯和偏好进行调整和优化。 |
| 互动率 | 用户在直播间的参与度和活跃度，即用户在直播间的互动次数占用户进入直播间的次数的比例，反映了直播间的互动性和传播性 | 互动率越高，直播间就越能激发用户的兴趣和情感，就越能增加用户的分享和推荐的可能性。互动率受多种因素的影响，比如直播间的内容、话题、趣味、价值等，需要根据用户的反馈和市场趋势进行创新和改进。 |

### 7.3.2　企业不同发展阶段的抖音运营指标

不同企业根据自身的发展阶段和运营目标，会有不同的抖音运营策略和指标。本文将从成熟阶段、成长阶段和初创阶段三个角度，分析企业应该如何选择和优化抖音运营指标，如图7-4所示。

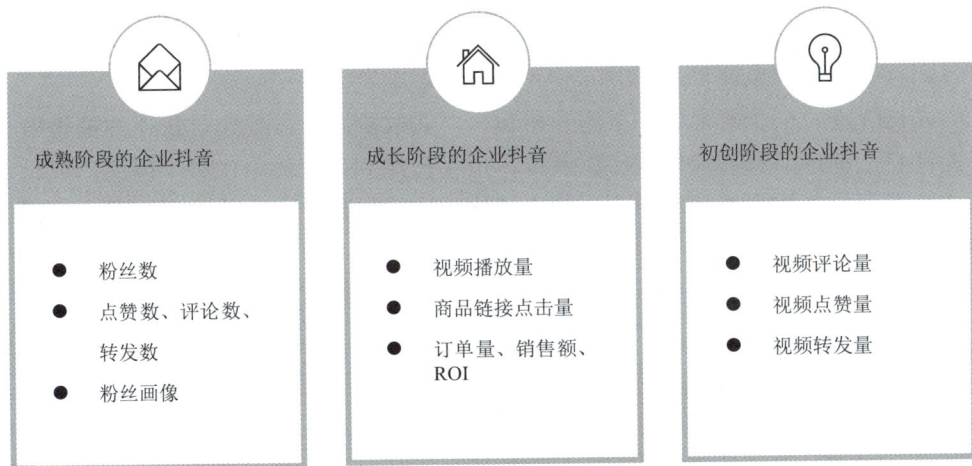

**成熟阶段的企业抖音**

- 粉丝数
- 点赞数、评论数、转发数
- 粉丝画像

**成长阶段的企业抖音**

- 视频播放量
- 商品链接点击量
- 订单量、销售额、ROI

**初创阶段的企业抖音**

- 视频评论量
- 视频点赞量
- 视频转发量

图 7-4　企业不同发展阶段的抖音运营指标

#### 1. 成熟阶段的企业抖音

成熟阶段的企业通常已经拥有稳定的市场份额和客户群，不需要过多地追求销售增长，而是更注重提升品牌形象和影响力，增强客户的忠诚度和满意度，为企业的长期发展打下基础。因此，成熟阶段的企业抖音作为媒体宣传平台，是以品牌宣

传为运营目标，主要关注以下几个运营指标，见表7-4。

表 7-4　成熟阶段的企业抖音运营指标

| 项目 | 内容 |
| --- | --- |
| 粉丝数 | 粉丝数反映了企业在抖音平台上的受众规模，是衡量品牌知名度和影响力的重要指标。成熟阶段的企业应该通过提供有价值、有趣、有态度的内容，吸引和留住目标用户，不断扩大粉丝基数，提高品牌曝光度。 |
| 点赞数、评论数、转发数 | 这些指标反映了用户对企业内容的喜好程度和参与度，是衡量品牌口碑和互动效果的重要指标。成熟阶段的企业应该通过制作高质量、高情感、高话题的内容，激发用户的兴趣和情感，促进用户的点赞、评论和转发，提高品牌好感度。 |
| 粉丝画像 | 粉丝画像反映了企业在抖音平台上的目标用户的特征和偏好，是优化内容策略和提升用户黏性的重要依据。成熟阶段的企业应该通过分析粉丝的年龄、性别、地域、兴趣等数据，了解粉丝的需求和痛点，定制更符合粉丝口味的内容，提高用户满意度。 |

案例：**星巴克**的抖音账号以品牌宣传为主，发布了许多展示星巴克文化、产品、活动的视频，以及一些与粉丝互动的视频。截至2023年11月9日，星巴克的抖音账号拥有1.2亿的粉丝数，14.7亿的点赞数，1.1亿的评论数，1.5亿的转发数，这些数据都显示了星巴克在抖音平台上的强大的品牌影响力。同时，星巴克的粉丝画像显示，它的粉丝主要是18~35岁的年轻人，女性占比64%，一线城市占比46%，咖啡和美食是粉丝的主要兴趣点，这些数据都有助于星巴克优化其内容策略，更好地满足粉丝需求。

### 2. 成长阶段的企业抖音

成长阶段的企业通常处于市场开拓和客户获取阶段，需要通过快速的销售增长来验证自己的产品和商业模式，以及抢占市场份额和确定竞争优势。因此，成长阶段的企业把抖音作为销售渠道，以销售转化为运营目标，主要关注以下几个运营指标，见表7-5。

表 7-5　成长阶段的企业抖音运营指标

| 项目 | 内容 |
| --- | --- |
| 视频播放量 | 视频播放量反映了企业在抖音平台上的流量规模，是衡量销售潜力和转化机会的重要指标。成长阶段的企业应该通过制作符合抖音平台特点和用户喜好的内容，提高视频的曝光度和点击率，不断增加视频播放量，扩大销售渠道。 |
| 商品链接点击量 | 商品链接点击量反映了用户对企业产品的兴趣程度和购买意愿，是衡量销售转化效率的重要指标。成长阶段的企业应该通过在视频中展示产品的功能、优势、使用场景等，引导用户点击视频下方的商品链接，进入商品详情页或者电商平台，提高商品链接点击量，增加销售机会。 |
| 订单量、销售额、ROI | 这些指标反映了企业在抖音平台上的销售业绩和投入产出比，是衡量销售收益和运营效果的重要指标。成长阶段的企业应该通过跟踪和分析订单量、销售额、ROI等数据，评估抖音运营的成本和收益，优化运营策略和资源分配，提高销售收益和运营效果。 |

**案例：** 小米的抖音账号以销售转化为主，发布了许多展示小米产品的视频，以及一些与粉丝互动的视频。截至2023年11月9日，小米的抖音账号拥有2.7亿的视频播放量，1.5亿的商品链接点击量，1.2亿的订单量，10.8亿的销售额，4.5的ROI，这些数据都显示了小米在抖音平台上的强大销售能力和运营效果。同时，小米的视频内容也体现了小米的产品特色和用户需求，吸引了大量的目标用户和潜在客户，为小米的市场开拓和客户获取提供了有力支持。

### 3. 初创阶段的企业抖音

初创阶段的企业通常处于产品开发和市场验证的阶段，需要通过尽快的获取用户反馈和数据来迭代优化自己的产品和商业模式，以及寻找合适的市场定位和用户群。因此，初创阶段的企业把抖音作为产品测试和用户研究的平台，以用户反馈和数据收集为运营目标，主要关注以下几个运营指标，见表7-6。

表 7-6　初创阶段的企业抖音运营指标

| 项目 | 内容 |
| --- | --- |
| 视频评论量 | 视频评论量反映了用户对企业产品的评价和建议，是衡量产品质量和用户满意度的重要指标。初创阶段的企业应该通过在视频中介绍产品的特点、优势等，鼓励用户留下评论，收集用户的意见和反馈，及时调整和改进产品，提高产品质量和用户满意度。 |
| 视频点赞量 | 视频点赞量反映了用户对企业产品的喜爱程度和认可度，是衡量产品吸引力和市场潜力的重要指标。初创阶段的企业应该通过在视频中展示产品的创新、独特、有趣等，吸引用户的注意和兴趣，促进用户的点赞，收集用户的喜好和数据，评估产品的市场需求和竞争力。 |
| 视频转发量 | 视频转发量反映了用户对企业产品的推荐和传播，是衡量产品口碑和影响力的重要指标。初创阶段的企业应该通过在视频中设置话题、活动、奖励等方式，激励用户参与和分享，促进用户的转发，收集用户的网络和数据，扩大产品的曝光和影响。 |

**案例：** 小鹿茶是一家初创阶段的企业，它的抖音账号以产品测试和用户研究为主，发布了许多展示小鹿茶产品的视频，以及一些与粉丝互动的视频。截至2023年11月9日，小鹿茶的抖音账号拥有1.8亿的视频评论量，3.2亿的视频点赞量，2.7亿的视频转发量，这些数据都显示了小鹿茶在抖音平台上的强大用户反馈和数据收集能力。同时，小鹿茶的视频内容也体现了小鹿茶的产品特色和用户需求，收集了大量的用户评价和建议，为小鹿茶的产品开发和市场验证提供了有力支持。

# 7.4　以品牌宣传为主要目标的企业抖音

### 7.4.1　以品牌宣传为主要目标的企业抖音运营指标

以品牌宣传（以下简称"品宣"）为主要目标的企业抖音运营指标，如图7-5所示。

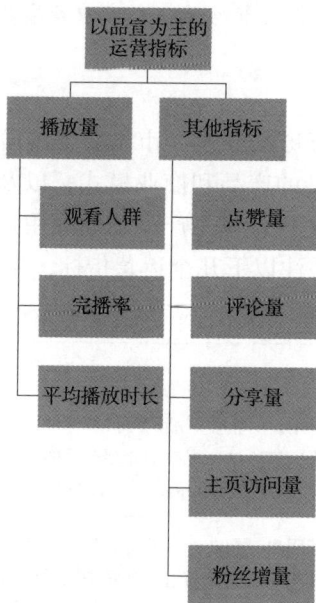

图 7-5　以品宣为主要目标的企业抖音运营指标

#### 1. 播放量

对于以品牌宣传为主要目标的抖音运营，播放量是衡量视频被观看次数的关键运营指标。高播放量显示了视频吸引大量观众的能力，预示着内容的热门程度和覆盖面广泛。

1）播放量的定义

播放量是指一条抖音视频的播放数量。播放量并不是一个单一的指标，而是由多个因素组成的，这些因素的具体内容见表7-7。

表 7-7　播放量的组成因素

| 因素 | 内容 |
| --- | --- |
| 观看人群 | 观看人群是指观看视频的用户的特征和属性，比如年龄、性别、地域、兴趣等。对于以品牌宣传为主的抖音运营，观看人群应该尽量符合品牌的目标受众，这样才能提高品牌的认知度和影响力。如果播放量很大，但并不是目标人群观看，那么播放量的意义就会打折 |

| 因素 | 内容 |
|---|---|
| 完播率 | 完播率这对于长视频特别关键，可以反映用户是否对视频内容感兴趣和愿意花费多少时间在视频上。高完播率通常表示内容质量高，用户参与度相对较强。 |
| 平均播放时长 | 平均播放时长显示了观众在视频上停留的时间。如果平均播放时长长，说明用户可能对视频内容更感兴趣或者内容更具吸引力。这个指标可以帮助运营团队调整视频长度以符合用户偏好。 |
| 内容策略 | 选择合适的视频主题和优化视频的结构是提高观看人数和完播率的关键策略。运营团队应选择符合品牌定位的视频主题，并优化视频结构，使其有清晰逻辑和有趣变化。 |

2）播放量的影响因素

播放量的大小受多种因素的影响，其中最主要的影响因素见表7-8。

表 7-8　播放量的影响因素

| 项目 | 内容 |
|---|---|
| 视频的质量 | 视频的质量是影响用户观看意愿的基本因素，如果视频的质量差或者一般，用户可能会直接划走或者忽略。视频的质量包括画面的清晰度、光线的适宜度、拍摄的稳定度等，这些都会影响用户的观看体验和感受。 |
| 视频的内容 | 视频的内容是影响用户观看兴趣的核心因素，如果视频的内容无聊或者雷同，用户可能会觉得没有新意或者没有价值。视频的内容包括角度的有趣度、信息的有用度、表达的有情感度等，这些都会影响用户的观看动机和行为。 |
| 视频的结构 | 视频的结构是影响用户观看体验的重要因素，如果视频的结构杂乱或者单调，用户可能会感到困惑或者厌烦。视频的结构包括开头的吸引度、中间的展示度、结尾的总结度等，这些都会影响用户的观看过程和结果。 |
| 视频的互动性 | 视频的互动性是影响用户观看和参与的重要因素，如果视频的互动性太低或者太高，用户可能会感到无聊或者有压力。视频的互动性包括问答的思考度、教学的收获度、游戏的乐趣度等，这些都会影响用户的观看动作和反馈。 |

3）播放量的优化方法

根据播放量的定义和影响因素，可以从以下几个方面来优化播放量，提高品牌宣传的效果，见表7-9。

表 7-9　播放量的优化方法

| 项目 | 内容 |
|---|---|
| 选择合适的视频长度 | 抖音平台上的视频长度不宜过长，以免用户失去耐心。根据抖音官方数据统计，15s以内的视频完播率最高，超过30s的视频完播率明显下降。因此，运营团队应该尽量压缩视频的时长，把内容精炼成15s以内的短视频，或者分割成多个视频连载。 |

续表

| 项目 | 内容 |
|---|---|
| 制作吸引眼球的开头 | 视频的开头是吸引用户继续观看的关键,如果开头平淡或者无关紧要,用户可能会直接划走。因此,运营团队应该在视频的前3秒内,用一个有趣的画面、一个吊人胃口的问题、一个引人入胜的故事、一个有价值的信息,吸引用户的注意力,激发用户的好奇心,让用户想要看完整个视频。 |
| 增加视频的节奏感 | 视频的节奏感是指视频的画面、声音、内容等元素之间的变化和协调,能够影响用户的观看体验和感受。如果视频的节奏感太慢,用户可能会觉得无聊或者困倦;如果视频的节奏感太快,用户可能会觉得紧张或者迷惑。因此,运营团队应该根据视频的主题和风格,选择合适的节奏感,让用户感到舒适和愉悦。一般可以通过以下几种方法增加视频的节奏感:<br>切换不同的镜头,让画面变化多样,避免单一的画面过长。<br>使用不同的音乐和音效,让声音变化丰富,避免单调的声音过久。<br>使用不同的内容形式,让内容变化有趣,避免重复的内容过多。 |
| 增加视频的互动性 | 可以通过以下几种方法增加视频的互动性:<br>使用问答式的内容,让用户在视频中回答问题或者提出问题,增加用户的思考和表达。<br>使用教学式的内容,让用户在视频中学习知识或者技能,增加用户的收获和实践。<br>使用游戏式的内容,让用户在视频中参与游戏或者挑战,增加用户的乐趣和成就。 |

### 2. 其他指标及优化建议

除了播放量,还有一些其他指标也能反映以品宣为主要目标的企业抖音的运营效果。这些指标包括点赞量、评论量、分享量、主页访问量和粉丝增量。下面分别介绍这些指标的含义和优化建议,见表7-10。

表7-10 其他指标及优化建议

| 指标 | 含义 | 优化建议 |
|---|---|---|
| 点赞量 | 用户对视频的喜爱程度 | 制作优质内容,引发用户共鸣<br>利用热门话题和挑战<br>与用户互动,鼓励点赞 |
| 评论量 | 用户参与度和互动性 | 提出问题,引导用户评论<br>回复用户评论,建立良好关系<br>举办活动,增加评论积极性 |
| 分享量 | 用户主动传播视频的意愿 | 制作有价值的内容,引发用户分享<br>设置分享激励机制<br>优化视频标题和封面,吸引用户点击 |
| 主页访问量 | 用户对品牌/企业的兴趣程度 | 在视频中引导用户访问主页<br>优化主页内容,展示品牌形象<br>提供优惠信息,吸引用户关注 |
| 粉丝增量 | 用户对品牌/企业持续关注的意愿 | 定期发布优质内容<br>与用户互动,增加黏性<br>举办活动,吸引新粉丝 |

### 7.4.2 创意策划和内容制作

创意策划和内容制作是抖音运营的核心环节，它决定了品牌在抖音平台上的形象和吸引力。运营团队需要根据品牌的定位和目标受众的喜好，策划出有创意和有价值的视频内容，展示品牌的特色和优势。同时，运营团队也需要注重视频的制作质量和效果，通过专业的拍摄、剪辑和特效等技术，提高视频的观赏性和传播性。为了提高创意策划和内容制作的水平，运营团队可以与专业的创意团队进行合作，借鉴他们的技术和视角。具体操作步骤如图7-6所示。

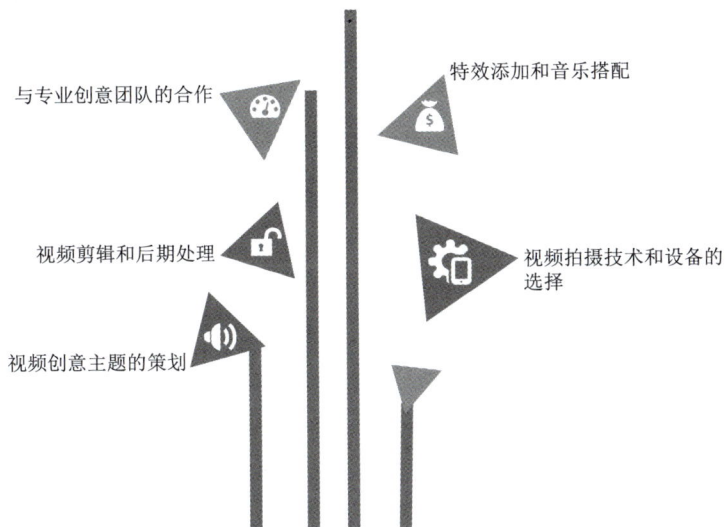

图 7-6 企业抖音创意策划和内容制作五步骤

第一步"视频创意主题的策划"是开端，是基础，没有主题的策划，其他无从谈起。

第二步"视频拍摄技术和设备的选择"是保证，是开始实施，没有实施的保证，就不可能有高质量的画面和效果。

第三步"视频剪辑和后期处理"是粗加工，在这一步后，视频内容初步成形。

第四步"特效添加和音乐搭配"是精加工，有了精加工，带有自身风格的视频形态完成；

第五步"与专业创意团队的合作"是指因自身团队能力有限，在把前四步都完成后，还是感到不满意时，可以去找外援。如果对视频内容有专业要求，也可以跳过前面四步，从开始内容制作时就与专业团队合作。

#### 1. 视频创意主题的策划

运营团队需要进行市场调研和分析，了解品牌的形象和定位，以及目标受众的喜好和需求。在此基础上，运营团队需要设计出与品牌相关且有吸引力的视频主题，体现品牌的价值主张和特色。例如，如果品牌是一家关注环保的服装品牌，可

以策划一些展示环保理念和生活方式的视频，如使用可回收材料制作服装、分享环保小贴士等。

### 2. 视频拍摄技术和设备的选择

运营团队需要根据视频主题的特点和风格，选择合适的拍摄技术和设备，以保证视频的画面质量和效果。例如，如果视频主题是展示运动服装品牌，可以使用高速摄影机捕捉运动的细节和动感，或者使用无人机拍摄广阔的景观和视角。

### 3. 视频剪辑和后期处理

抖音视频的时长一般在15~60 s，因此运营团队需要在有限的时间内传达有效的信息和视觉效果。运营团队需要进行精细的剪辑和后期处理，使视频尽可能地吸引人。

### 4. 特效添加和音乐搭配

运营团队可以通过添加特效和音乐，增强视频的吸引力。例如，添加动态的文字特效可以帮助传达关键信息，选择符合主题氛围的音乐能够提升用户的观看体验。

### 5. 与专业创意团队的合作

如果对视频内容有专业要求，运营团队就需要寻找外部专业人士的帮助，例如，聘请专业的摄影师或设计师。他们可以提供专业的技术和创新的视角，帮助提高视频的质量和吸引力。

## 7.4.3　社交互动和用户参与

品宣目标的实现还需要与用户进行积极的互动和参与。运营团队可以通过回复评论、提问互动、发起挑战等方式与用户建立联系，并鼓励用户参与品牌活动和分享使用体验。这种互动可以增加用户参与感和忠诚度，提高品牌知名度和口碑。具体的操作步骤如图7-7所示。

回复评论的策略设计

提问互动的活动制定

发起挑战以增加用户参与度

鼓励用户参与品牌活动

激励用户分享使用体验

图 7-7　企业抖音社交互动和用户参与五步骤

### 1.回复评论的策略设计

运营团队需要有针对性地回复用户的评论，积极解答疑问，并赞扬或感谢用户的建议和反馈。这种互动形式会让用户感到被重视和尊重。

### 2.提问互动的活动制定

提问互动是另一种强大的工具，它可以激发用户的好奇心和探索欲望。运营团队可以定期发布有趣且与品牌相关的问题，引导用户参与讨论。

### 3.发起挑战以增加用户参与度

抖音平台上的"挑战"是一种流行的参与方式。运营团队可以发起与品牌相关的挑战，邀请用户创作和分享自己的视频。

### 4.鼓励用户参与品牌活动

品牌活动能够增强用户的归属感，让用户感到自己是品牌的一部分。运营团队可以组织各种线上或线下活动，如抽奖、促销等，鼓励用户参与。

### 5.激励用户分享使用体验

用户的口碑推广是品牌传播的重要部分。运营团队可以通过设定奖励机制，鼓励用户在抖音平台上分享使用体验。

## 7.4.4 数据分析和优化

品宣目标的实现需要不断监测和分析运营数据，了解用户行为和反馈。运营团队可以利用抖音的数据分析工具，跟踪视频播放量、转化率和用户参与度等指标，找出优化的空间并制定相应的策略。通过不断优化内容和参予互动，可以提高品宣目标的达成程度。具体的操作步骤如图7-8所示。

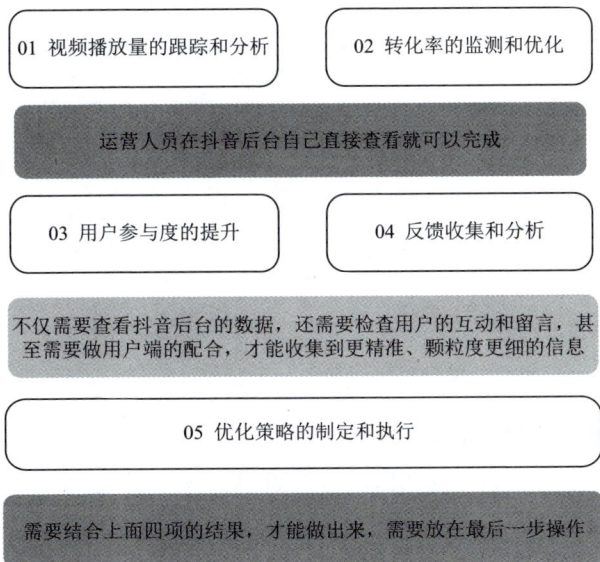

图 7-8 企业抖音数据分析和优化五步骤

**1. 视频播放量的跟踪和分析**

运营团队需要定期查看和分析视频的播放量，了解哪种类型的内容更受用户喜欢，从而调整创意策划和内容制作的方向。

**2. 转化率的监测和优化**

转化率是衡量用户参与度的重要指标，如点赞、评论或分享等。运营团队需要通过抖音的数据分析工具来追踪这些指标，并根据结果进行相应的优化。

**3. 用户参与度的提升**

如果用户参与度较低，就需要对社交互动方式进行调整，如增加提问互动、发起挑战等，以提高用户的参与感和忠诚度。

**4. 反馈收集和分析**

用户留下的评论或反馈是一种宝贵的资源，可以帮助运营团队了解用户的喜好和需求，及时调整运营策略。

**5. 优化策略的制定和执行**

根据数据分析的结果，运营团队需要制定并实施优化策略，比如调整发布时间、改变内容主题、增强互动等，以提高品宣目标的达成程度。

### 7.4.5 跨平台整合和营销推广

品宣目标的实现还需要将抖音运营与其他平台的营销活动进行整合。运营团队可以将抖音的内容和互动活动与其他社交媒体平台、线下活动等进行关联，形成全方位的品牌传播。通过跨平台整合和营销推广，可以扩大品宣目标的影响力和覆盖范围，吸引更多潜在用户的关注和参与。具体的操作步骤如图7-9所示。

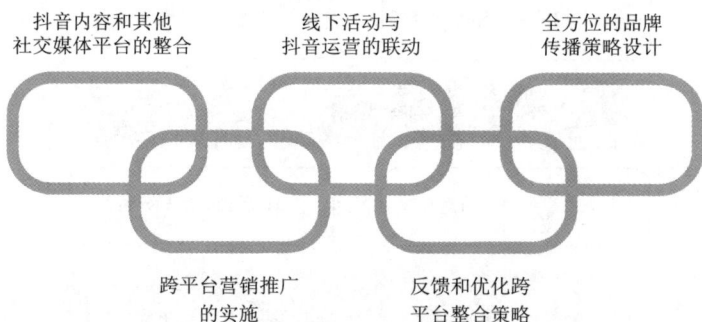

图 7-9 企业抖音跨平台整合和营销推广五步骤

前三个步骤属于企业内部沟通实现，是企业内部不同运营项目的整合，是企业抖音运营团队和企业内部的其他团队配合就可以实现的。

步骤一，"抖音内容和其他社交媒体平台的整合"是指企业抖音运营团队与企业内部负责其他社交媒体的团队相配合，将抖音内容分享到企业在其他社交媒体的账号上。企业抖音运营团队利用这些平台的用户基础提高内容的覆盖范围。此外，他们也可以鼓励抖音用户分享内容到其他社交媒体平台。

步骤二，"线下活动与抖音运营的联动"是指抖音团队与企业内部负责线下活动的团队相配合，将抖音运营和线下活动运营进行运营层面的深度结合。通过线下活动，如品牌推广会、产品试用活动等，企业抖音运营团队可以进一步扩大抖音内容的影响力。企业抖音运营团队可以在线下活动中进行抖音内容的播放或直播，同时也可以邀请参与线下活动的人发布与活动相关的抖音视频。

步骤三，"全方位的品牌传播策略设计"是指企业抖音运营团队与企业内部负责品牌传播的团队相配合，将抖音做为品牌传播的重要渠道，进行运营层面的整合实现。企业抖音运营团队需要设计一个全方位的品牌传播策略，以保证各个平台的信息统一且互相支持。例如，企业抖音运营团队可以制定一个包含抖音、微博、微信等多个平台的发布日程，并确保这些不同平台的信息主题和风格都与品牌宣传目标一致。

很多企业抖音运营团队和线下活动团队、品牌团队同属市场部，所以本身会有内部沟通机制。

后两个步骤属于企业外部沟通实现，是指做为整合的一部分，其企业抖音运营团队的跨线上线下、跨多平台的行为，不仅需要与更多的平台、更多的合作方整合，而且，还有可能涉及更多的商务项目合作。

步骤四，"跨平台营销推广的实施"是指企业抖音运营团队，要整合其他合作伙伴、其他平台的资源，来做全面的规划。在多方合作过程中，要找好推广实施中的宣传平衡点，不能厚此薄彼，并要顺应合作方的规则。有可能是主动出击，带着自身的想法和规划找寻合适的合作方，也有可能是对意向合作方带来的合作方案进行判断、优化和实施。跨平台营销推广可能涉及与其他平台的商务合作，如置换广告、共享资源等。企业抖音运营团队需要寻找合适的合作伙伴，以便通过这些合作来扩大品牌的影响力。

步骤五，"反馈和优化跨平台整合策略"是指整合合作既有互利互惠的情况，也有合作受损的情况，企业抖音运营团队需要结合之前合作的效果，进行小结，才能逐步优化跨平台整合的策略，进行下一步的整合实施。企业抖音运营团队需要定期评估跨平台整合效果，包括用户参与度、覆盖范围等指标，并据此调整策略，例如，加强某个平台的内容制作，或改变在某个平台的发布频率，以达成品牌宣传目标。

## 7.5　以销售产品为目标的企业抖音运营工作

### 7.5.1　ROI是以销售产品为目标的企业抖音运营工作的关键目标

企业抖音运营的关键目标是提高广告投放回报率（ROI），即收入与投入的比值。ROI越高，说明投放效果越好，收益越大。

从企业经营的角度来看，ROI的计算公式为

$$ROI=（广告消耗成交额－广告消耗－成本）/广告消耗$$

ROI反映了投放广告的收益与成本的比率。

对于以销售转化为主要目标的抖音运营，ROI的高低直接影响了企业抖音运营的效果和效率。只有保持稳定且上升的销售转化率，才能在提升销售总量的同时，保证一定的利润率。那么，为什么要做广告投放而不靠抖音平台的内容运营，获取免费的流量呢？

这是因为，对于企业运营来讲，不仅要考虑效果，还要考虑规模。虽然优质的内容可以带来免费的流量和销售额，但是这种流量往往不稳定、不可复制，也很难持续扩大。如果企业不能成为行业的领导者，或者不能长期占据榜单的前列，那么它的优势就很容易被竞争对手抢走。

因此，更多的企业需要结合优势内容的运营和投放广告，来巩固自己的市场地位，并尽可能地扩大市场份额。

对于企业来说，市场份额越大越好，越大的企业才能越稳定。抖音平台上的市场规模，既是企业自身的发展愿景，也是平台的竞争压力。只有做大做强，才能在抖音平台上更稳定更长久地生存。所以，抖音投放，既是企业的主动选择，也是被动选择。

选择了投放，就意味着选择了成本，就需要有相应的回报。所以，ROI就成了企业衡量投放广告收益率的最重要指标。

为了更清楚地理解ROI的重要性，笔者准备了一些案例说明：

**案例一**：某家服装品牌在抖音平台上投放了一系列的广告，推广其新款的T恤。该品牌的广告成本为10万元，广告期间的销售额为50万元，那么其ROI为50/10=5，即每投入1元的广告成本，就能获得5元的销售收益。这说明该品牌的广告投放效果很好，ROI很高。

**案例二**：某家美妆品牌在抖音平台上投放了一系列的广告，推广其新款的口红。该品牌的广告成本为20万元，广告期间的销售额为30万元，那么其ROI为30/20=1.5，即每投入1元的广告成本，就能获得1.5元的销售收益。这说明该品牌的广告投放效果一般，ROI较低。

**案例三**：某家电子产品品牌在抖音平台上投放了一系列的广告，推广其新款的耳机。该品牌的广告成本为30万元，广告期间的销售额为25万元，那么其ROI为25/30=0.83，即每投入1元的广告成本，就能获得0.83元的销售收益。这说明该品牌的广告投放效果差，ROI低于1，企业亏损了。

通过这些案例可以看出，ROI越高，说明广告投放的效果越好，企业的利润越高；ROI越低，说明广告投放的效果越差，企业的利润越低。因此，ROI是企业抖音运营的销售关键目标，需要企业重点关注和优化。

### 7.5.2　以投放为主要手段的销售型企业如何提升ROI

#### 1. 提升ROI的三个基础能力

无论是面向个人消费者（to C）的产品销售，还是面向企业客户（to B）的精准集客、精准引流，都需要以下三方面的基础能力来提升ROI，如图7-10所示。

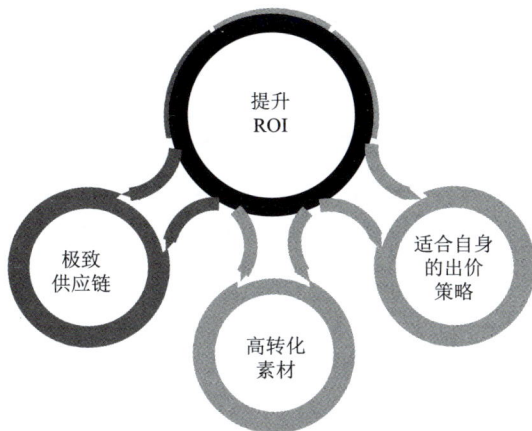

图 7-10　提升 ROI 的三个基础能力

（1）极致供应链：提供优质的产品和服务，保证客户的满意度和忠诚度，降低售后成本和差评率，为长期ROI提供保障。

（2）高转化素材：制作符合目标人群需求和兴趣的垂直内容，提高视频的播放量、点赞量、评论量和转发量，增加品牌曝光度和用户黏性，引导用户进行购买。

（3）适合自身的出价策略：根据企业的所处阶段、目标、竞争情况、现金流等因素，选择合适的视频素材、价格、视频时长、播放频次等，进行灵活的投放调整，平衡投放成本和收益。

#### 2. 企业抖音运营的具体方法和案例

企业的产品类型和销售模式不同，企业抖音运营的方法和案例就会有所不同。本书分为两种情况进行介绍：

##### 1）实物类产品销售

这种情况通常适用于面向个人消费者的实物类产品，如服装、美妆、食品等。这类产品的特点是客单价较低，决策成本较低，用户更容易在视频和直播中直接产生购买行为。因此，企业抖音运营的重点是利用各种投放形式，提高视频的曝光和转化率，同时保证产品的品质和服务，提高用户的复购率和口碑。

（1）如何选择合适的投放形式？在销售型企业中，选择合适的投放形式与极致供应链的关系在于，优质的供应链是确保投放效果转化为长期ROI的基础。如果

供应链有缺陷，即使投放策略再好，ROI提升也只是暂时的。例如，如果供应链无法处理突增的订单量，导致无法按时发货，店铺评分将下降，那么就将影响投放资格和ROI。因此，选择投放形式时，需要考虑供应链能否支持预期的销售增长和客户服务标准，以确保投放带来的流量可以转化为实际销售，从而实现ROI的长期增长。抖音平台提供了多种投放形式，如信息流广告、视频DOU+（抖音内容加热和营销推广产品）广告、直播DOU+广告等，每种形式都有其优势和局限，需要根据产品的特点和目标进行选择，见表7-11。

表 7-11　抖音常见的投放形式

| 项目 | 内容 |
| --- | --- |
| 信息流广告 | 通过在用户刷视频的过程中插入广告视频，实现精准定位和高效曝光，适合用于提高品牌知名度和引导用户进入店铺或商品详情页。 |
| 视频 DOU+ 广告 | 通过在视频右下角添加商品卡片，实现视频内容和商品的无缝对接，适合用于展示产品的功能和优势，吸引用户的注意力和兴趣，促进用户的转发行为。 |
| 直播 DOU+ 广告 | 通过在直播间添加购物车和商品列表，实现直播内容和商品的互动与购买，适合用于展示产品的使用效果和场景，增加用户的信任和购买意愿，促进用户的转化行为。 |

（2）如何制作高转化素材？无论选择哪种投放形式，都需要制作高转化的素材，即能够吸引用户点击、观看、互动和购买的视频内容。制作高转化的素材，需要注意以下四个方面，见表7-12。

表 7-12　制作高转化素材需要注意的四个方面

| 项目 | 内容 |
| --- | --- |
| 内容定位 | 根据目标人群的需求和兴趣，选择合适的内容主题和风格，如教学、测评、情感等，确保内容的垂直性和专业性。 |
| 内容创意 | 根据产品的特点和卖点，设计有趣和有价值的内容创意，如故事、对比、挑战、幕后等，确保内容的新颖性和吸引力。 |
| 内容制作 | 根据视频的时长和格式，编写清晰和紧凑的剧本，选择合适的拍摄和后期工具，如相机、灯光、三脚架等，确保内容的质量。 |
| 内容优化 | 根据平台的规则和数据，优化视频的标题、封面、标签、BGM等要素，提高视频的曝光和推荐概率，同时结合用户的反馈和评论，不断调整和改进内容。 |

（3）如何制定适合自身的出价策略？出价策略是投放（在广告或市场营销活动中，将产品或服务通过特定渠道推广给目标受众的过程）非常重要的环节，直接

影响投放的成本和收益。制定适合自身的出价策略，需要考虑以下四个因素，见表7-13。

表 7-13　制定出价策略需要考虑的四个因素

| 项目 | 内容 |
|---|---|
| 产品的毛利率 | 产品的毛利率决定了投放的预算和底线，一般来说，毛利率越高，投放的预算和出价越高，反之，则越低。 |
| 产品的转化率 | 产品的转化率决定了投放的效果和回报，一般来说，转化率越高，投放的效果和回报越高，反之，则越低。 |
| 竞争对手的出价 | 竞争对手的出价决定了投放的难度和机会，一般来说，竞争对手的出价越高，投放的难度和成本越高，反之，则越低。 |
| 平台的结算周期 | 平台的结算周期决定了投放的现金流和风险，一般来说，结算周期越长，投放的现金流和风险越高，反之，则越低。 |

综合以上因素，制定适合自身的出价策略，需要进行灵活的调整和试错，找到最佳的投放组合，实现投入产出比的最大化。

（4）企业抖音运营的案例分析。为了更好地理解企业抖音运营的方法，读者可以参考一些成功的案例。

案例一：小熊电器是一家生产小家电的企业，通过抖音平台，实现了品牌的快速提升和产品的大量销售。小熊电器的抖音运营主要采用了以下策略：

①选择信息流广告和视频DOU+广告作为主要的投放形式，利用平台的流量红利，提高品牌的曝光度和认知度。

②制作高转化素材，主要以教学和测评为主，展示产品的功能和优势，如煮饭、烘焙、榨汁等，同时结合情感和故事，增加用户的兴趣和信任，如分享家庭和美食的温馨故事，引发用户的共鸣和转发。

③制定适合自身的出价策略，根据产品的毛利率和转化率，选择合适的出价方式和时长，如按点击付费、按转化付费等，同时根据竞争对手的出价和平台的结算周期，进行灵活的调整和试错，找到最佳的投放组合，实现投入产出比的最大化。

小熊电器的抖音运营取得了显著效果，截至2024年4月，其抖音账号已经拥有超过230万的粉丝，累计播放量超过100亿，累计销售额超过10亿元。

案例二：**小红书**通过抖音平台，实现了用户的快速增长和产品的大量销售。小红书的抖音运营主要采用了以下策略：

①选择视频DOU+广告和直播，DOU+广告作为主要的投放形式，利用视频内容和直播互动的优势，提高用户的参与度和购买意愿。

②制作高转化素材，主要以测评和推荐为主，展示产品或服务的效果和体验，如化妆、穿搭、旅行等，同时结合关键意见领袖（KOL）和关键意见消费者（KOC）的影响力，增加用户的信任和口碑，如邀请明星、网红、专家等进行产品的评价和分享。

③制定适合自身的出价策略，根据产品的毛利率和转化率，选择合适的出价方式和时长，如按播放付费、按互动付费等，同时根据竞争对手的出价和平台的结算周期，进行灵活的调整和试错，找到最佳的投放组合，实现投入产出比的最大化。

小红书的抖音运营取得了显著效果，截至2024年4月，其抖音账号已经拥有超过22万的粉丝，累计播放量超过200亿，累计销售额超过20亿元。

### 2）服务类产品销售

这种情况通常适用于面向企业客户的服务类产品，如教育、培训、咨询等。这类产品的特点是客单价较高，决策成本较高，用户不太可能在视频和直播中直接产生购买行为。因此，抖音运营的重点是利用各种用户来源，建立用户池，然后将用户转移到私域，进行精准推送和转化，同时保证服务的质量和效果，提高用户的复购率和推荐率。

（1）如何建立用户池。用户池是指潜在的或已经接触过的用户的集合，是企业进行后续运营和转化的基础。建立用户池，需要利用多种用户来源方式，见表7-14。

表7-14　建立用户池的四种来源

| 项目 | 内容 |
|---|---|
| 日常运营 | 通过常规的内容输出，提高品牌的知名度和专业度，吸引用户的关注和信任，同时利用平台的热点和活动，获取免费的流量和出圈机会。 |
| 私域转化 | 通过精准的内容导流，将用户转移到私域，如抖音群、微信群、加为微信好友等，增加与用户的互动和沟通，提高用户的黏性和忠诚度。 |
| 公域投放 | 通过高转化素材，从公域流量中拉取用户，如信息流广告、视频DOU+广告等，提高用户的曝光率和转化率，同时利用平台的数据分析工具，优化投放的效果和成本。 |
| 合作分销 | 通过与其他平台或账号的商务合作，从关键意见领袖（KOL）或关键意见消费者（KOC）那里借用用户，如置换广告、共享资源等，扩大品牌的影响力和覆盖范围，同时利用合作方的信任和口碑，提高用户的信任和购买意愿。 |

（2）如何将用户转移到私域？私域是指企业可以直接控制和管理的用户的集合，是企业进行精准运营和转化的重要场所。将用户转移到私域，需要利用各种吸引和引导的方式，见表7-15。

表 7-15　将用户转移到私域的三种方式

| 项目 | 内容 |
|------|------|
| 内容吸引 | 通过发布与产品相关的有价值和有趣的内容，吸引用户的关注和兴趣，同时在内容中设置入群或加好友的引导，如"想了解更多，请扫码加我微信""想获取更多优惠，请加入我们的抖音群"等。 |
| 利益吸引 | 通过提供一些实惠，吸引用户的需求和欲望，同时在实惠中设置入群或加好友的引导，如"前 50 名加我微信，送价值 100 元的优惠券""加入我们的抖音群，免费领取我们的在线课程"等。 |
| 互动引导 | 通过与用户进行积极的互动，建立用户的信任和好感，同时在互动中设置入群或加好友的引导，如"感谢您的评论，如果您有更多的问题，欢迎加我微信，我会为您详细解答""感谢您的点赞，如果您对我们的产品感兴趣，欢迎加入我们的抖音群，我们会有更多的活动和优惠"等。 |

（3）如何进行精准推送和转化？精准推送和转化是指根据用户的特点和需求，为用户提供合适的内容和信息，引导用户进行购买。进行精准推送和转化，需要注意以下三个方面，见表7-16。

表 7-16　精准推送和转化需要注意的三个方面

| 项目 | 内容 |
|------|------|
| 精准标签 | 为每一个用户做精准的标签，记录用户的基本信息和个体特点，如年龄、性别、爱好、兴趣、需求、痛点等，确保用户的个性化和差异化。 |
| 精准推送 | 根据用户的标签，为用户推送合适的内容和信息，如产品介绍、案例分享、客户评价、优惠活动等，确保内容的相关性和有效性。 |
| 精准转化 | 根据用户的反馈和行为，为用户提供最适合的转化方式和引导。例如，对于有意向但犹豫不决的用户，可以提供免费试用、咨询服务、客户评价等增加信任感的内容；对于已经下单但未付款的用户，可以提供支付优惠、物流保障、售后保障等增加安全感的内容。 |

# 7.6　效果数据是检验企业抖音工作终极目标的唯一标准

抖音运营有阶段性目标，也有终极目标。阶段性目标可以分为品牌目标、销售目标和用户目标，但是终极目标，则是为了企业的长期发展和基业长青服务的。

效果数据是检验企业抖音工作终极目标的唯一标准。效果数据不仅包括用户的情绪数据，如播放、点赞、转发、粉丝、观看人次等，也包括销售数据，如入群、

咨询、有效信息、最终转化、转化单价、转化成本等，更包括规模数据，如销售额、增长率、市场占有率等，如图7-11所示。

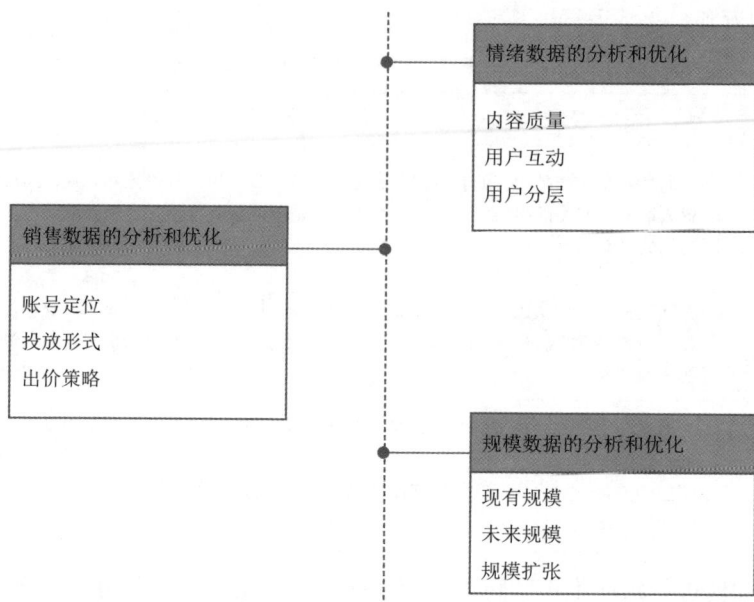

图 7-11　抖音常见的分析数据组成

## 7.6.1　情绪数据的分析和优化

情绪数据是最容易感知的数据，反映了用户对视频内容的喜好和反馈。在建号初期，为了迎合平台算法，情绪数据有一定的基础作用，可以帮助视频获得更多的曝光和推荐。但是后期，情绪数据更多的贡献只是情绪价值，不能直接转化为销售价值。因此，情绪数据的分析和优化，需要从以下三个方面进行，见表7-17。

表 7-17　情绪数据的分析和优化的三个方面

| 项目 | 内容 |
|---|---|
| 内容质量 | 提高视频的内容质量，包括内容的主题、创意、制作、优化等，确保内容符合目标人群的需求和兴趣，提高视频的播放量、点赞量、评论量和转发量。 |
| 用户互动 | 增加用户的互动，包括回复评论、点赞评论、邀请用户参与活动等，提高用户的黏性和忠诚度，增加用户的观看人次和粉丝数。 |
| 用户分类 | 对用户进行分类，根据用户的年龄、性别、地域、兴趣爱好等特征，为用户提供个性化和差异化的内容，提高用户的满意度和转化率。 |

为了更好地理解和分析抖音账号的运营数据，需要将情绪数据的分析和优化的三个方面与定量角度（使用具体的数字及统计数据来衡量和分析账号的运营表现。这些数据包括播放量、完播率、平均播放时长等，它们可以量化地反映视频的表现

和用户的行为）的数据分析结合起来。通过这种综合分析，可以更准确地评估账号的运营效果，并找到改进的方法。

### 1.内容质量

在定量角度的数据分析中，播放量、完播率以及平均播放时长等指标可以反映视频的吸引力和用户兴趣度。通过对比这些指标，可以判断视频内容是否符合目标人群的需求和兴趣，并相应地进行优化。

### 2.用户互动

在定量角度的数据分析中，点赞量、评论量以及分享量等指标可以反映用户的参与度和活跃程度。通过与这些指标进行对比，可以了解用户对视频的喜爱程度，并通过鼓励互动提高用户的黏性和忠诚度。

### 3.用户分层

在定量角度的数据分析中，主页访问量和粉丝增量等指标可以反映不同用户群体的行为特征和转化率。通过与这些指标进行对比，可以更好地理解用户的需求和兴趣，并提供个性化和差异化的内容，提高用户的满意度和转化率。

某账号28条视频的运营数据分析，见表7-18。

表 7-18　某账号 28 条视频的运营数据分析——定量角度（示例）

| 播放量 | 完播率 | 平均播放时长 | 点赞量 | 评论量 | 分享量 | 主页访问量 | 粉丝增量（非实时） |
|---|---|---|---|---|---|---|---|
| 1 | 0.33 | 0.02 | 0.36 | 0.99 | 0.95 | 0.57 | 0.17 |
| 0.33 | 1 | -0.01 | -0.02 | 0.35 | 0.24 | 0.03 | -0.15 |
| 0.02 | -0.01 | 1 | 0.21 | 0.01 | 0.08 | 0.12 | 0.13 |
| 0.36 | -0.02 | 0.21 | 1 | 0.23 | 0.63 | 0.96 | 0.97 |
| 0.99 | 0.35 | 0.01 | 0.23 | 1 | 0.89 | 0.44 | 0.03 |
| 0.95 | 0.24 | 0.08 | 0.63 | 0.89 | 1 | 0.80 | 0.47 |
| 0.57 | 0.03 | 0.12 | 0.96 | 0.44 | 0.80 | 1 | 0.91 |
| 0.17 | -0.15 | 0.13 | 0.97 | 0.03 | 0.47 | 0.90766 | 1 |

注：
蓝色部分是接近于1，体现为高相关性。
灰色部分为1，是检验校验区域，用来校验数据计算的正确性。
黑色部分体现负相关，并且偏离严重。

播放量与完播率的对比可以预示内容吸引力和用户兴趣度，进而改进视频内容。

播放量与平均播放时长的对比可以优化视频内容，保持用户注意力和增加观看时间。

点赞量与评论量的对比可以反映用户参与度，进而通过鼓励互动提高运营效果。

分享量与主页访问量的对比可以提高品牌知名度和粉丝数，并通过创建有价值的内容和优化主页设计实现。

点赞量与粉丝增量的对比可以帮助企业理解点赞行为是否能转化为粉丝增长，进而通过提供有价值的内容和互动活动增加粉丝黏性。

如表7-19所示，通过这些指标对比进行运营分析和改善，企业抖音运营团队可以满足用户需求、提高用户参与度，并加强品牌影响力。

表 7-19　通过指标对比进行运营分析和改善

| 指标对比 | 相关性分析的意义 | 对抖音运营的指导、参考价值 | 改善方法 |
| --- | --- | --- | --- |
| 播放量 VS 完播率 | 帮助理解用户在看视频过程中的行为习惯，即是否愿意看完整个视频 | 预示内容的吸引力和用户兴趣度，进而提供信息来改进视频内容 | 提高视频开头的吸引力，制作富有趣味性和价值的内容 |
| 播放量 VS 平均播放时长 | 显示了视频的实际观看时间与可能的用户参与度 | 高平均播放时长表示用户对内容的满意度较高，可以进行类似内容的推广 | 优化视频内容，以保持用户的注意力和增加观看时间 |
| 点赞量 VS 评论量 | 反映用户对内容的积极反馈程度和参与度 | 高评论量预示高用户参与度，企业抖音运营团队通过用户留下的评论反馈，可以得到改进建议 | 提高互动性，鼓励用户点赞和评论 |
| 分享量 VS 主页访问量 | 反映内容是否足够吸引人，能否引导用户访问主页并转发内容 | 企业抖音运营团队可以通过增加分享量来提高品牌知名度，同时可通过提高主页访问量来增加粉丝数 | 创建有价值或趣味性的内容以增加分享，优化主页设计以吸引用户关注 |
| 点赞量 VS 粉丝增量 | 帮助企业理解点赞行为是否能转化为粉丝的增长 | 高点赞量可能带来更多的新粉丝，进一步加强品牌影响力 | 提供有价值的内容以增加点赞量，同时通过互动和活动等方式增加粉丝的黏性 |

根据以上分析的结果和结论，为了增加播放量这个极度重要的首要指标，某红酒品牌账号加大了其代表性视频的制作，压缩了时长，增加了完播率，把平均的播放时长从13.6s降低到了7s，平均完播率从9%增加到了43.9%，从而使得播放量从平均31万增加到了平均640万，如图7-12所示。

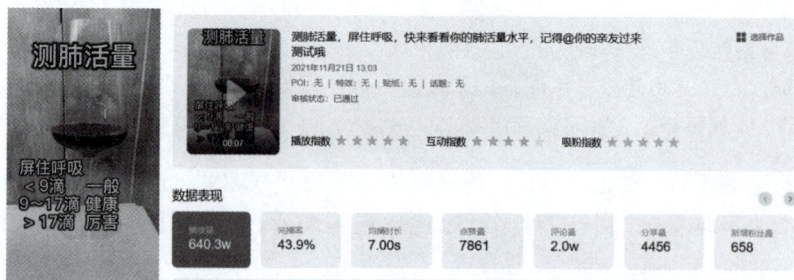

图 7-12　某红酒品牌账号相关案例（示例）

## 7.6.2　销售数据的分析和优化

销售数据是最直接的数据，反映了视频内容对用户的转化效果。销售数据是企业抖音运营的重要目标，也是衡量ROI的关键指标。销售数据的分析和优化，需要从以下三个方面进行，见表7-20。

表 7-20　销售数据的分析和优化的三个方面

| 项目 | 内容 |
|---|---|
| 账号定位 | 根据产品的类型和销售模式，确定账号的定位；是负责销售引流、销售辅助、销售转化、销售回访，还是负责销售全链条、全流程。账号的定位决定了账号的主要 KPI 设定，也决定了账号的运营重点和方式。 |
| 投放形式 | 根据产品的特点和目标，选择合适的投放形式，如信息流广告、视频 DOU+ 广告、直播 DOU+ 广告等，利用视频内容和直播互动的方式，展示产品的功能、优势、效果和场景，增加用户的信任和购买意愿，促进用户的转化行为。 |
| 出价策略 | 根据产品的毛利率、转化率、竞争对手的出价、平台的结算周期等因素，制定适合自身的出价策略，进行灵活的调整和试错，找到最佳的投放组合，实现投入产出比的最大化。 |

## 7.6.3　规模数据的分析和优化

规模数据是最终极的数据，反映了视频内容对企业的规模效应。规模效应是抖音运营的终极目标，也是决定企业投入力度的标准。规模数据的分析和优化，需要从以下三个方面进行，见表7-21。

表 7-21　规模数据的分析和优化的三个方面

| 项目 | 内容 |
|---|---|
| 现有规模 | 分析现有的销售额、增长率、市场占有率等数据，了解自己的市场地位和竞争优势，评估自己的业绩表现和潜力空间，确定自己的发展目标和策略。 |
| 未来规模 | 预测未来的销售额、增长率、市场占有率等数据，了解市场的趋势和变化，评估自己的发展机会和风险，确定自己的发展方向和计划。 |
| 规模扩张 | 采取有效的规模扩张措施，如开拓新的市场、产品、渠道等，利用抖音平台的流量红利和品牌影响力，提高自己的市场份额和竞争力，实现规模效益的最大化。 |

**思考题：**

1.企业应如何进行抖音内容的有效运营以提高用户参与度？

2.企业如何制定并执行抖音营销的推广策略？

# 第8章
# 复盘改进

## 8.1 复盘改进是提供企业抖音的持续动能

### 8.1.1 "实施阶段"的第三步：复盘改进

在企业抖音运营的过程中，复盘改进是一个不可忽视的环节。只有认真地进行复盘总结，才能找出自己的优势和不足，为下一次的运营提供指导和动力。这里，送给各位读者一句箴言：

复盘改进，是下一次成功的开始！

复盘改进虽然是"实施阶段"的第三步，但实际上，它贯穿整个实施阶段。例如，在将"策略阶段"的计划付诸实施过程中，如果发现有偏差或者存在困难，就需要及时地进行复盘总结，分析是策略阶段的问题，还是实施阶段的问题，从而及时调整和改进。

### 8.1.2 成功源于复盘改进

成功的企业抖音，不是一蹴而就的，而是需要持续不断地试错和修正。在每一次的活动或者项目结束后，及时地进行复盘改进，能够帮助企业了解哪些策略或方法是有效的，哪些策略或方法是无效甚至有害的，从而避免在下一次的策略或实施中，重复错误。

#### 1.复盘分析中的主要数据和内容

在复盘分析中应关注的主要数据和内容，见表8-1。

表 8-1 复盘分析中的主要数据和内容

| 项目 | 内容 |
| --- | --- |
| 内容产出 | 对已发布内容的复盘，包括内容主题、形式、风格等，评估其效果，发现最吸引用户的元素。 |

| 项目 | 内容 |
|------|------|
| 用户互动 | 对用户评论、分享、点赞等行为进行分析，了解用户偏好，提升用户参与度。 |
| 数据变化 | 分析关键指标变化，如播放量、粉丝数、转化率等，以评估运营效果。 |

### 2.复盘改进的步骤

复盘改进的步骤包括回顾目标、对比数据、总结经验与改进思路和汇报交流，如图8-1所示。

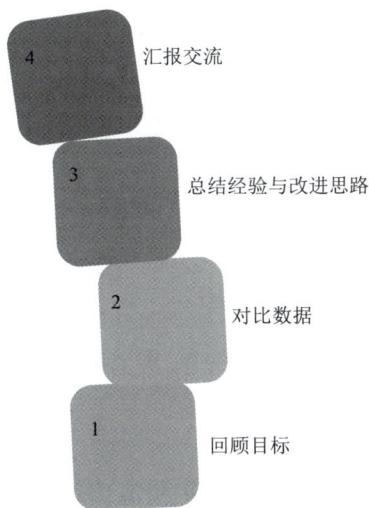

图 8-1　复盘改进的步骤

#### 1）回顾目标

回顾本次活动或项目的目标，比如要达到多少粉丝、互动、转化等指标，以及目标的合理性和可行性。

#### 2）对比数据

对比本次活动或项目的实际数据和预期数据，分析数据的差异和原因，找出数据的亮点和痛点。

#### 3）总结经验与改进思路

总结本次活动或项目的成功经验和失败教训，提炼可复制和可改进的要点，形成复盘报告和改进计划。

#### 4）汇报交流

将复盘报告和改进计划向团队或者上级进行汇报和交流，征求意见和建议，增加共识和信任。

### 8.1.3　时刻保持警醒以应对不断变化的商业和营销环境

在数智时代，企业需要随时应对各种变化，包括市场变化，竞争对手策略的改变，甚至是抖音平台自身的政策调整。只有保持警惕，及时进行复盘总结，才能发现问题，找出解决办法，从而在竞争中脱颖而出。

在复盘改进过程中，可以从以下四个方面进行深度反思，见表8-2。

表 8-2　在复盘改进过程中需要深度反思的四个方面

| 检查方向 | 反思项目 |
| --- | --- |
| 内部资源 | 企业抖音运营团队是否充分利用了所有可用的资源？团队成员是否具备完成工作的能力？企业抖音运营团队的预算是否合理？ |
| 市场环境 | 企业的产品或服务在市场上的定位是否明确？企业的目标用户是谁？企业如何把握市场动态和趋势？ |
| 竞争对手 | 企业的竞争对手是谁？他们采取了什么战略？企业如何才能在这个竞争环境中取胜？ |
| 抖音平台 | 企业抖音运营团队是否了解抖音平台的最新政策和功能？企业抖音运营团队如何利用这些新变化来提升运营效果？ |

通过复盘总结，可以发现问题，找到改进的方向，从而让企业抖音运营工作更加高效，更能适应不断变化的环境。

总之，复盘总结是企业抖音运营成功的关键，只有时刻保持警醒，勇于反思和改变，才能在快速变化的世界中立足，并取得成功。

# 8.2　即时复盘

在企业抖音运营过程中，即时复盘是非常重要的一环。它有助于企业及时发现问题，提出解决方案，并在下一次运营活动中更好地实施。

### 8.2.1　即时复盘的作用和内容

即时复盘的意义在于能够实现快速反馈和迭代改进。每当一个运营项目结束后，无论结果如何都需要进行复盘，以此来评估项目的实施情况，分析成功或失败的原因，从而为接下来的工作提供参考。

即时复盘可以是运营项目结束后立刻开始，也可以是在第二天进行。关键在于团队要尽可能快地对项目进行回顾和总结，避免信息的丢失，同时也能够及时调整策略，适应抖音平台日新月异的变化。

以下是即时复盘涉及的几个方面：

### 1. 项目实施

项目实施包括项目的实施过程、实施效果，以及实施中遇到的问题等。企业需要详细记录和分析这些信息，以帮助企业评估项目的成功程度，以及在实施过程中是否存在需要改进的地方，具体见表8-3。

表 8-3　企业复盘中的项目执行内容

| 项目实施内容 | 思考角度 |
| --- | --- |
| 实施过程 | 运营过程中有没有遇到什么问题？哪些环节可以优化，提升效率？ |
| 实施效果 | 项目结果是否达到预期？如果没有，原因是什么？ |
| 遇到的问题 | 在实施过程中遇到了哪些问题？这些问题是如何产生的，又应该如何解决？ |

### 2. 用户反馈

用户反馈是企业评价运营活动好坏的重要依据。企业需要对用户的留言、评论、分享、点赞等信息进行梳理和分析，了解用户对视频内容有何反馈，具体见表8-4。

表 8-4　企业复盘中的用户反馈

| 用户反馈 | 思考角度 |
| --- | --- |
| 留言、评论 | 用户对视频内容有何评价？他们有哪些建议或者意见？ |
| 分享、点赞 | 哪些视频内容获得了用户的广泛传播和认可？背后的原因是什么？ |

### 3. 数据统计

企业需要对各项数据进行统计和分析，包括但不限于播放量、粉丝增长、转化率等，以此来衡量运营活动的实际效果，具体见表8-5。

表 8-5　企业复盘中的数据统计

| 数据统计 | 思考角度 |
| --- | --- |
| 播放量 | 视频内容被多少人看到了？播放量的变化趋势如何？ |
| 粉丝增长 | 视频吸引了多少新粉丝？背后的原因是什么？ |
| 转化率 | 视频内容转化成实际行动的比例如何？如果偏低，应该怎样提升？ |
| 广告出价 | 是否可以在保证企业抖音视频营销效果的前提下，降低单次广告的投资回报（率） |
| 整体 ROI | 影响转化率的是素材、出价，还是产品定价？ |
| 退货比例 | 退货是产品品质造成的？还是供应链的物流时效造成的？ |

通过即时复盘，企业能够及时识别并解决问题，从而帮助企业抖音运营效果更上一层楼。

### 8.2.2 即时复盘的示例

案例：某账号2023年3月后台数据分析（见表8-6）。

表 8-6　某账号 2023 年 3 月后台数据分析（示例）

| 播放量 | 完播率 | 平均播放时长（s） | 点赞量 | 评论量 | 分享量 | 主页访问量 | 粉丝增量 |
|---|---|---|---|---|---|---|---|
| 1.00 | -0.16 | 0.29 | 0.97 | 0.98 | 0.93 | 0.94 | 0.98 |
| -0.16 | 1.00 | 0.17 | -0.20 | -0.16 | -0.27 | -0.06 | -0.20 |
| 0.29 | 0.17 | 1.00 | 0.18 | 0.19 | 0.05 | 0.42 | 0.19 |
| 0.97 | -0.20 | 0.18 | 1.00 | 0.98 | 0.95 | 0.90 | 0.98 |
| 0.98 | -0.16 | 0.19 | 0.98 | 1.00 | 0.94 | 0.91 | 0.98 |
| 0.93 | -0.27 | 0.05 | 0.95 | 0.94 | 1.00 | 0.79 | 0.92 |
| 0.94 | -0.06 | 0.42 | 0.90 | 0.91 | 0.79 | 1.00 | 0.91 |
| 0.98 | -0.20 | 0.19 | 0.98 | 0.98 | 0.92 | 0.91 | 1.00 |

注：

蓝色部分是接近于1，体现为高相关性。

灰色部分为1，是检验校验区域，用来校验数据计算的正确性。

黑色部分体现负相关，并且偏离严重。

关键因素与建议：提升企业抖音视频表现效果。评论量和点赞量是关键影响因素，建议保持互动评论和加入点赞引导语。完播率与分享量、点赞量反向关联，应优化视频内容提高完播率。通过这些建议（见表8-7），可以提高企业抖音视频的用户参与度和传播效果，进一步提升运营效果和品牌影响力。

表 8-7　关键因素与建议：提升企业抖音视频表现效果

| 结论： | 描述 | 建议 |
|---|---|---|
| 1 | 评论量对播放量影响最大 | 持续开放式话题，保持评论区互动 |
| 2 | 点赞量对播放量影响很大 | 在视频脚本中加入"我给XX点赞"再度增加点赞量 |
| 3 | 完播率与播放量反向影响 | 受众是偏长视频，加大内容密度，将爆点前置 |
| 4 | 完播率与分享量反向影响 | 同上 |
| 5 | 点赞量与完播率反向影响 | 提升完播率 |
| 6 | 分享量与完播率反向影响 | 同上 |

### 8.2.3 即时复盘后的工作调整

在即时复盘过程中，发现问题时，需要即时采取行为和措施。根据发现的问题，调整内容方向和运营手段；对团队组成进行快速的微调，去除不合适的团队成员，补充新的团队成员；调整供应链结构，优化服务或者产品，调整供应链服务的效率，等等。总之，就是调方法、调人、调货，这些都是常见的即时调整行为。

假设某公司主要通过抖音平台进行电商销售，其产品为时尚女装。该公司企业抖音运营团队，在某日复盘时发现：当日的退货率较以往显著上升，超出预期水平。为找出问题根源并及时止损，团队成员开始对退货率上升的原因进行深入分析。

首先，运营组反馈，后台显示供应链发货速度慢，原来都是18小时内发货，现在是24小时内发货；

其次，客服组反馈，用户退货原因显示，货物有破损现象；

最后，直播组反馈，用户互动过程中，用户有货不对板的感觉，视频效果优化过度。

以上具体问题，需要快速进行调整，并在后续几日内，作为重点工作跟进，直到问题完全解决，即退货率恢复到行业正常标准，或者恢复到本企业要求的标准之内。

### 8.2.4　即时复盘的完整案例

下面，以一家服装品牌的企业抖音运营团队在2022年春节期间的复盘报告为例，向读者展示完整的即时复盘：

#### 1.目标回顾

本次活动的目标是利用春节期间的流量红利，提升品牌的知名度和好感度，增加粉丝量和销售额。具体的目标如下：

粉丝量：增加10万。

视频播放量：平均每条视频达到10万。

互动量：平均每条视频的点赞、评论、转发到1万。

销售额：增加50%。

#### 2.数据对比

本次活动的实际数据和目标数据的对比如下：

粉丝量：增加了12万，超出了目标数据。

视频播放量：平均每条视频达到了15万，超出了目标数据。

互动量：平均每条视频的点赞、评论、转发达到了1.2万，超出了目标数据。

销售额：增加了40%，未达到目标数据。

#### 3.数据分析

本次活动的数据亮点和痛点如下：

（1）亮点：本次活动的视频内容贴合春节的主题和氛围，结合了时尚、搞笑、

互动等元素，吸引了大量的用户观看和参与，提升了品牌的知名度和好感度，增加了粉丝的忠诚度和黏性。

（2）痛点：本次活动的视频内容虽然吸引了用户的注意力，但是没有有效地引导用户进行购买，导致销售额未达到目标。主要原因有以下几点：

①视频内容没有突出产品的优势和特点，没有创造出强烈的购买欲望。

②视频内容没有设置明确的购买入口和引导语，没有方便用户进行购买操作。

③视频内容没有设置足够的激励机制，没有给用户提供购买的动力和奖励。

### 4.经验总结

本次活动的成功经验和失败教训如下：

成功经验：抓住节日的热点，制作符合用户情感和需求的视频内容，增加用户的共鸣和参与感；结合品牌的定位和风格，制作有特色和创意的视频内容，增加用户的认知和喜爱；利用抖音的互动功能，制作有趣和有挑战的视频内容，增加用户的互动和转发。

失败教训：缺乏有效的转化策略，没有将用户的注意力转化为购买行为，导致销售额不理想；缺乏明确的购买引导，没有为用户提供便捷和安全的购买渠道，导致用户流失；缺乏合理的激励机制，没有为用户提供有价值和有吸引力的购买奖励，导致用户缺乏购买动力。

### 5.改进计划

针对本次活动出现的问题，提出以下改进计划：

在视频内容中，突出产品的优势和特点，展示产品的实际效果和用户的真实反馈，创造强烈的购买欲望

在视频内容中，设置明确的购买入口和引导语，比如使用二维码、链接、口令等方式，让用户可以快速和方便地进行购买操作。

## 8.3 阶段总结

### 8.3.1 复盘改进的作用

复盘改进作为企业抖音运营中的重要环节，应每月或每季度进行一次。

复盘改进的三个作用（见图8-2）几乎是同时出现、同时进行的，即边回顾和检查，边实施动作调整，边进行策略微调。三个作用的重要程度、效果显现，也都是互相作用、相辅相成的。

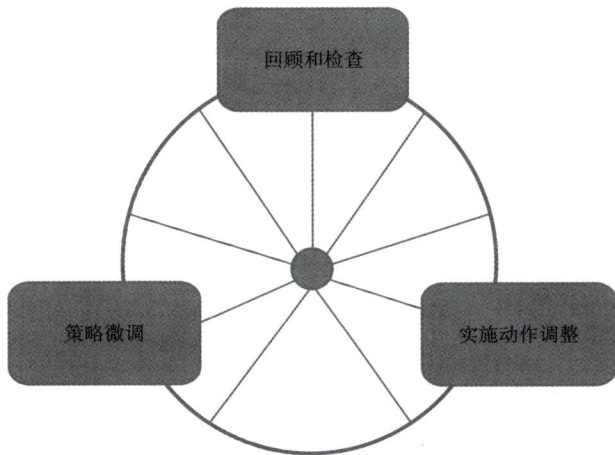

图 8-2　企业抖音复盘改进的作用

### 1. 回顾和检查

阶段总结是对过去一段时间内的企业抖音运营情况进行全面回顾和检查的环节。通过梳理整个项目的实施过程、成果和问题，可以深入了解企业抖音运营过程中的亮点和不足之处，为后续的运营提供经验教训和改进方向。

### 2. 策略微调

阶段总结的目的之一是对已有的企业抖音运营策略进行微调。通过总结前一阶段的企业抖音运营数据和效果，可以评估已有策略的有效性，并及时对不合理或不适应当前环境的策略进行调整。这有助于提升企业抖音运营的针对性和效果，使企业抖音能够更好地适应市场变化。

### 3. 实施动作调整

阶段总结还包括对实施动作的调整。在阶段总结过程中，可以发现项目实施中的问题和瓶颈，并及时采取相应的措施进行调整和改进。这有助于提高企业抖音运营的效率和效果，确保项目能够按计划顺利进行。

## 8.3.2　阶段总结所需进行的工作内容

阶段总结是在企业抖音运营的每个阶段结束后进行，旨在对已经形成常规性运营的企业抖音进行回顾和检查，以便进行策略微调和实施动作调整。阶段总结是新阶段开始的基础，它考虑了多个方面的因素，包括企业目标、用户反馈、平台政策和团队成长。下面将通过表8-8向读者详细介绍企业抖音阶段总结所需进行的工作内容。

表 8-8 企业抖音阶段总结所需进行的工作内容

| 工作内容 | 内容 |
| --- | --- |
| 回顾和检查 | 回顾每个企业抖音运营阶段的情况<br>评估策略、营销活动和内容发布的效果和影响<br>收集和分析用户互动数据、转化率和关键指标 |
| 目标评估和重新设定 | 评估已达成的目标<br>重新设定新的目标，确保与市场环境和企业发展方向一致 |
| 用户反馈和互动行为分析 | 评估用户对内容的喜好和互动行为的频率和质量<br>调整和优化抖音内容和营销策略 |
| 平台政策和趋势分析 | 分析抖音平台的政策变化和新功能<br>了解用户行为的变化趋势<br>调整运营策略以适应变化的环境 |
| 评估团队成长和收集运营感受 | 评估团队的成长和能力提升<br>收集团队成员的运营感受<br>讨论和分享经验、问题和建议 |

## 1. 回顾和检查

阶段总结的第一个工作内容是进行回顾和检查。这意味着回顾每个阶段的企业抖音运营情况，包括所采取的策略、营销活动、内容发布等。同时，对这些活动的实施情况进行评估，以确定其效果和影响。这个过程需要收集和分析大量的数据，包括用户互动数据、转化率、关键指标等。通过回顾和检查，可以得出每个阶段企业抖音运营的客观评价。

## 2. 目标评估和重新设定

在阶段总结中，需要对已经达成的目标进行评估，并根据评估结果重新设定新的目标。这涉及对之前设定的目标进行量化和分析，以确定其实际达成情况。根据评估结果，可以调整目标的设定，确保它们与当前的市场环境和企业发展方向相一致。目标评估和重新设定是一个重要的战略规划环节，它为下一个阶段的企业抖音运营提供了明确的目标和方向。

## 3. 用户反馈和互动行为分析

用户反馈和互动行为是企业抖音运营中的重要指标之一。在阶段总结中，需要对用户反馈和互动行为进行深入分析，包括评估用户对内容的喜好、互动行为的频率和质量等。通过分析用户反馈和互动行为，可以了解用户的需求和偏好，进而调整和优化抖音内容和营销策略。

#### 4. 平台政策和趋势分析

抖音作为一个社交媒体平台，其政策和趋势对于企业抖音运营有着重要影响。在阶段总结中，需要对抖音平台的政策和趋势进行分析和评估，包括了解新的政策变化、平台推出的新功能以及用户行为的变化趋势。通过对平台政策和趋势的分析，可以及时调整和优化企业抖音的运营策略，以适应不断变化的环境。

#### 5. 团队成长和运营感受

阶段总结还需要考虑团队成长和运营感受。在企业抖音运营过程中，团队成员可能面临各种挑战和困难，同时也会积累宝贵的经验和提升能力。在阶段总结中，需要对团队成长和运营感受进行评估和反馈，通过团队成员之间的讨论和分享来了解他们在运营过程中的体验、遇到的问题以及对未来运营的建议和期望。

以上是阶段总结所需进行的工作内容，包括文字描述和表格展示。通过对这些工作内容的细致分析和评估，企业可以更好地了解企业抖音运营的效果和影响，并作出相应的调整和优化，以实现更好的结果。

### 8.3.3 阶段性数据评估的分析案例

#### 1. 数据呈现

以某账号为例，呈现其后台数据，进行数据分析，见表8-9、表8-10。

表 8-9　某账号 2021 年 11 月后台数据分析

| 播放量 | 完播率 | 平均播放时长 | 点赞量 | 评论量 | 分享量 | 主页访问量 | 粉丝增量 |
|---|---|---|---|---|---|---|---|
| 1 | 0.33 | 0.02 | 0.36 | 0.99 | 0.95 | 0.57 | 0.17 |
| 0.33 | 1 | −0.01 | −0.02 | 0.35 | 0.24 | 0.03 | −0.15 |
| 0.02 | −0.01 | 1 | 0.21 | 0.01 | 0.08 | 0.12 | 0.13 |
| 0.36 | −0.02 | 0.21 | 1 | 0.23 | 0.63 | 0.96 | 0.97 |
| 0.99 | 0.35 | 0.01 | 0.23 | 1 | 0.89 | 0.44 | 0.03 |
| 0.95 | 0.24 | 0.08 | 0.63 | 0.89 | 1 | 0.80 | 0.47 |
| 0.57 | 0.03 | 0.12 | 0.96 | 0.44 | 0.80 | 1 | 0.91 |
| 0.17 | −0.15 | 0.13 | 0.97 | 0.03 | 0.47 | 0.90766 | 1 |

注：
蓝色部分是接近于1，体现为高相关性。
灰色部分为1，是检验校验区域，用来校验数据计算的正确性。
黑色部分体现负相关，并且偏离严重。

表 8-10　某账号 2023 年 3 月后台数据分析

| 播放量 | 完播率 | 平均播放时长 | 点赞量 | 评论量 | 分享量 | 主页访问量 | 粉丝增量 |
|---|---|---|---|---|---|---|---|
| 1.00 | -0.16 | 0.29 | 0.97 | 0.98 | 0.93 | 0.94 | 0.98 |
| -0.16 | 1.00 | 0.17 | -0.20 | -0.16 | -0.27 | -0.06 | -0.20 |
| 0.29 | 0.17 | 1.00 | 0.18 | 0.19 | 0.05 | 0.42 | 0.19 |
| 0.97 | -0.20 | 0.18 | 1.00 | 0.98 | 0.95 | 0.90 | 0.98 |
| 0.98 | -0.16 | 0.19 | 0.98 | 1.00 | 0.94 | 0.91 | 0.98 |
| 0.93 | -0.27 | 0.05 | 0.95 | 0.94 | 1.00 | 0.79 | 0.92 |
| 0.94 | -0.06 | 0.42 | 0.90 | 0.91 | 0.79 | 1.00 | 0.91 |
| 0.98 | -0.20 | 0.19 | 0.98 | 0.98 | 0.92 | 0.91 | 1.00 |

注：
蓝色部分是接近于1，体现为高相关性。
灰色部分为1，是检验校验区域，用来校验数据计算的正确性。
黑色部分体现负相关，并且偏离严重。
已知表8-10中的抖音运营数据在一年半里发生了一些变化：
播放量和点赞量的相关性从0.36增长到了0.97；
播放量和完播率的相关性从0.33变成了-0.16；
点赞量和评论量的相关性从0.23变成了0.98。

### 2. 分析推断

从这些数据的变化情况来看，可以得出一些重要的抖音运营相关推测。

1）播放量和点赞量的相关性增长

这意味观众对于企业抖音的视频内容更感兴趣，或者是企业抖音的视频内容质量有了显著提升，使得视频被大量播放的同时也获得了大量的点赞。这个变化表明，企业已经找到了观众的需求点，并成功地生产出满足这些需求的视频内容，见表8-11。

表 8-11　播放量和点赞量的相关性增长

| 推测原因 | 解决方案与技巧 |
|---|---|
| 内容质量提升 | 继续保持高质量的内容输出，不断研究并满足用户需求 |
| 用户群体扩大 | 加强社群管理，以鼓励更多的用户进行互动并参与 |

2）播放量和完播率的相关性下降

这表明虽然视频的播放量上升了，但是用户并没有看完整个视频。这是由于视频内容的开始部分吸引了用户，但是后续内容未能维持用户的注意力，导致用户在视频未完全播放的情况下就离开了，见表8-12。

表 8-12　播放量和点赞量的相关性下降

| 推测原因 | 解决方案与技巧 |
|---|---|
| 视频内容后续部分不够吸引人 | 优化视频内容的结构，保持全程的吸引力 |
| 视频过长 | 尝试减少视频时长，让用户更容易坚持到最后 |

3）点赞量和评论量的相关性增长

这意味着用户对于企业抖音的视频内容参与度很高，用户不仅愿意点赞，还愿意发表评论。这是一个非常积极的变化，因为这种互动可以帮助构建强大的社群，并使企业能更好地理解用户的需求，见表8-13。

表 8-13　点赞量和评论量的相关性增长

| 推测原因 | 解决方案与技巧 |
|---|---|
| 提升了用户参与度 | 鼓励并回应用户的评论，以进一步增强社群的活跃度 |
| 内容引发讨论 | 制作引发讨论或者有争议的内容，提高用户评论的数量 |

以上都是根据数据变化推测的原因和解决方案，具体情况需要结合实际运营中的其他信息和数据进行分析。同时，这些信息和数据都是重要的即时复盘指标，需要企业在日常运营中密切关注并及时调整策略。

4）阶段总结是新阶段开始的基础

在抖音平台运营过一个阶段后，企业往往会有新的目标、新的服务、新的发展；用户也会有新的信息反馈、新的互动行为；平台也会有新的政策、新的趋势和动态；团队本身也会有新的成长和新的运营感受。

## 8.3.4　企业抖音运营阶段总结报告

表8-14所示为企业抖音运营阶段总结报告示例。

表 8-14　企业抖音运营阶段总结报告（示例）

| 企业抖音运营阶段总结报告（基础格式） | | |
|---|---|---|
| 项目 | | 情况阐述 |
| 目标总结 | 情况小结 | 品牌曝光 |
| | | 粉丝增长 |
| | 新的运营目标 | 下一步将…… |

| 企业抖音运营阶段总结报告（基础格式） | | |
|---|---|---|
| 内容总结 | 情况小结 | 视频： |
| | | 图片： |
| | | 文字： |
| | 内容优化方向 | 下一步将…… |
| 用户互动总结 | 情况小结 | 用户喜欢：<br>用户更倾向：<br>发布时间和频率： |
| | 互动优化方向 | 下一步将…… |
| 平台政策和趋势总结 | 情况小结 | 平台最近推出了…… |
| | 优化方向 | 下一步将…… |
| 团队成长总结 | 情况小结 | 团队需要加强…… |
| | 团队提升方向 | 下一步将…… |

下面对示例进行分解并阐述，以便读者能更好地了解各运营阶段的目标总结。

### 1. 目标总结

根据示例可知，在目标总结中，其运营目标是提高品牌曝光和粉丝增长，以下是对目标完成情况的总结，见表8-15。

表8-15　企业抖音运营阶段总结——目标总结

| 目标 | 完成情况 |
|---|---|
| 品牌曝光 | 达到预期 |
| 粉丝增长 | 略低于预期 |

根据运营结果，企业制定了以下新的运营目标：

（1）提升互动率和用户参与度；

（2）推出新的产品促销活动。

### 2. 内容总结

根据示例可知，企业进行了多种类型的内容创作和发布，以下是对不同类型内容的总结，见表8-16。

表 8-16　企业抖音运营阶段总结——内容总结

| 类型 | 表现和效果 |
| --- | --- |
| 视频 | 高点击率，但留存率较低 |
| 图片 | 较好的互动和分享效果 |
| 文字 | 互动率较低，但留言质量高 |

根据用户反馈和互动情况，企业决定在下一阶段加大视频内容的制作和优化文字内容的互动方式。

### 3. 用户互动总结

根据示例可知，企业分析了用户的互动行为，以下是总结的结果：

（1）用户喜欢有趣、有创意的内容，对产品使用教程和案例分享感兴趣。

（2）用户更倾向于通过点赞和分享来表达对内容的喜爱，评论和留言相对较少。

（3）发布时间和频率对用户互动有一定影响，需要进一步优化。

针对以上总结，企业将优化内容创作，提供更多有趣和实用的内容，并加强与用户的互动，鼓励评论和留言。

### 4. 平台政策和趋势总结

根据示例可知，企业密切关注了抖音平台的政策和趋势变化，以下是总结的结果：

（1）平台最近推出了新的广告形式，企业将研究和尝试这些新形式，以增加品牌曝光。

（2）热门话题和榜单对于内容创作具有较大的影响力，企业将结合这些趋势制定相应的内容策略。

（3）根据平台的变化和趋势，企业将灵活调整运营策略，以适应用户需求和平台规则。

### 5. 团队成长总结

根据示例可知，企业抖音运营团队获得了很多宝贵的经验和教训，以下是企业抖音运营团队的总结：

（1）企业抖音运营团队在紧急情况下的应变能力有待提高，需要加强协作和沟通。

（2）企业抖音运营团队对于抖音平台的了解和熟悉度有所提升，但还有进一步提升的空间。

（3）为了企业抖音运营团队的成长，企业将加强培训和知识分享，提升企业抖音运营团队整体运营能力。

以上是对企业抖音运营的阶段总结报告的示例，其中包含了对目标、内容、用户互动、平台政策和团队成长的总结。这些总结将为下一个阶段的运营提供重要的参考和指导，帮助企业在抖音平台上的运营取得更好的效果。

# 8.4 策略调整

当外部环境、企业内部或抖音平台发生重大变化时，企业抖音需要进行策略调整，如图8-3所示。

从企业的角度来看，外部环境变化和抖音平台变化，都可以理解为外界的变化。只有企业内部变化，才是自身情况的变化。

外部环境变化时的策略调整

市场竞争态势分析
消费者需求变化分析
法规政策变化分析

企业内部变化时的策略调整

组织结构调整
战略目标变更
团队能力提升

抖音平台变化时的策略调整

算法更新分析
广告政策调整
用户行为变化分析

图 8-3 企业抖音策略调整的三种情况

## 8.4.1 外部环境变化时的策略调整

外部环境变化可能包括市场竞争态势、消费者需求变化、法规政策变化等。以下是针对外部环境改变时的策略调整的考虑因素和建议：

### 1. 市场竞争态势分析

在发生重大变化时，企业抖音需要重新评估市场竞争态势，并相应地调整策略。以下是一些可能的策略调整方向：

（1）定位调整：重新定位品牌形象，与竞争对手区分开来。

（2）产品创新：开发具有差异化竞争优势的新产品或服务。

（3）价格策略调整：根据市场需求和竞争情况，调整产品价格，以提供更具竞争力的优惠。

### 2. 消费者需求变化分析

消费者需求变化对企业抖音的策略调整至关重要。以下是一些建议：

（1）市场调研：了解目标消费者的需求变化和新的消费趋势。

（2）内容优化：根据消费者需求变化，优化抖音内容，提供与目标消费者兴趣相关的内容。

（3）个性化推荐：利用抖音平台的个性化推荐算法，向用户推荐符合其兴趣和需求的内容。

### 3. 法规政策变化分析

法规政策变化会对企业抖音的运营产生影响，因此需要相应的策略调整。以下是一些建议：

（1）合规管理：确保企业抖音的运营符合最新的法规政策要求。

（2）风险评估：评估新的法规政策对企业抖音运营的潜在风险，并采取相应的防范措施。

（3）政策宣导：及时向内部团队和用户宣传新的法规政策，并提供相应的操作指南。

## 8.4.2　企业内部变化时的策略调整

### 1. 组织结构调整

（1）角色职责重新定义：根据新的组织结构，重新定义企业抖音运营团队成员的角色职责，并明确各个职能部门之间的合作关系。

（2）团队协作优化：调整团队协作流程，提高沟通效率和工作效能。

### 2. 战略目标变更

（1）目标重新设定：根据企业内部变化，重新设定企业抖音运营的战略目标，并制定相应的策略和指南。

（2）目标调整：根据市场环境或企业经营的需要，对企业抖音的战略目标进行调整，并制定相应的策略和指南。

### 3. 团队能力提升

（1）培训和发展：根据企业内部变化的需求，进行团队成员的培训和能力提升，以适应新的企业抖音运营要求。

（2）人才招聘：根据新的需求，招聘具有相关专业知识和经验的人才，以补充团队的能力缺口。

## 8.4.3　抖音平台变化时的策略调整

### 1. 算法更新分析

（1）关注算法变化：及时了解抖音平台的算法更新，理解新的内容推荐机制，并相应地调整抖音内容的创作和发布策略。

（2）数据分析与优化：通过数据分析，了解用户对不同类型内容的喜好和互动行为，优化抖音内容的创作和推广。

### 2. 广告政策调整

（1）了解广告政策变化：关注抖音平台的广告政策变化，确保企业抖音的广告策略符合平台规定。

（2）广告创意优化：根据广告政策变化和用户行为特点，优化广告创意，提高广告的曝光和转化效果。

### 3. 用户行为变化分析

（1）用户数据分析：通过分析用户行为数据，了解用户的兴趣偏好和行为习惯的变化，调整企业抖音内容和互动策略，更好地满足用户需求。

（2）用户互动增强：根据用户行为变化，增强用户互动，如举办抽奖活动、发起用户挑战等，提高用户参与度和黏性。

表8-17向读者展示了策略调整的具体内容和相关措施。

表 8-17  策略调整的具体内容和相关措施

| 调整方向 | 具体内容 | 相关措施 |
|---|---|---|
| 目标市场调整 | 重新评估目标市场需求和兴趣 | 通过市场调研和数据分析，确定更具针对性的目标受众 |
| 内容优化 | 根据市场趋势和用户偏好 | 优化创作内容，增加用户吸引力和留存率 |
| 广告投放策略调整 | 重新评估广告投放策略 | 调整广告类型、渠道选择和投放时间 |
| 合作伙伴关系调整 | 重新评估合作伙伴关系 | 寻找新的合作机会，扩大品牌影响力和市场份额 |
| 团队协作与沟通 | 加强内部团队协作与沟通 | 定期开展团队会议和沟通活动 |
| 人员培训与发展 | 战略适应与人才提升 | 提供培训机会和发展计划，提升团队能力和素质 |
| 资源优化 | 重新评估资源分配和利用情况 | 优化资源配置，确保最大化支持新策略的实施 |
| 绩效评估与激励 | 设定新的绩效评估标准 | 提供激励机制，激发团队成员的积极性和创造力 |
| 内容创作策略调整 | 探索抖音平台的创新内容形式 | 调整内容创作策略，提高内容曝光和传播效果 |
| 用户互动策略调整 | 根据互动特性增加用户体验 | 调整用户互动策略，提高用户参与度和用户黏性 |
| 数据分析与优化 | 进行深入的数据分析 | 根据分析结果优化策略和运营活动 |
| 品牌营销策略调整 | 根据抖音平台品牌营销趋势 | 调整品牌营销策略，提升品牌知名度和影响力 |

## 8.4.4  抖音平台常见的"激进扩张"和"断臂疗伤"

### 1. 激进扩张

如果复盘时，发现方向正确、操作有效，以抖音为主要营销方式的企业，在资源充足的前提下，就会进行快速的"激进扩张"。

比如，一个账号经验证，方法论有效，企业就会在同样方法论的前提下，复制十个、百个账号，以达到快速占位，从而对这个赛道，进行最大化覆盖。

### 2. 断臂疗伤

如果复盘时，发现某个操作，因为市场行情和竞争情况的变化，而导致过时无效，企业就会快速的"断臂疗伤"。

比如，某美妆品牌企业最初在抖音平台上以短视频内容为主，通过美妆教程和产品测评吸引用户，取得了不错的效果。然而，随着直播带货的兴起，用户更倾向于在直播间直接了解和购买产品。面对这种情况，该品牌企业果断调整策略，将重心转移到直播带货，减少短视频内容的制作，并将部分短视频团队成员转移到直播团队，以适应新的市场趋势。

"激进扩张"和"断臂疗伤"策略体现了企业在抖音平台运营中灵活应变的智慧。当复盘结果显示运营方向和策略有效时，资源充足的企业可选择"激进扩张"，通过复制成功模式，快速占领市场，实现收益最大化。反之，若市场环境或竞争态势发生变化，导致现有策略失效，企业则应果断选择"断臂疗伤"，及时止损，避免资源浪费，并重新评估和调整方向，以适应新的市场环境，确保企业的可持续发展。

**思考题：**

1.企业应如何进行抖音运营的复盘，以实现持续改进？

2.企业如何根据市场变化和抖音平台的更新，持续优化抖音策略？

# 第9章
# 团队建设

## 9.1　团队建设的重要性

### 9.1.1　团队建设贯穿企业抖音的工作全程

要想在企业抖音上取得成功，不仅需要有明确的策略和计划，更需要有一个高效的团队来执行和实施。因此，团队建设是企业抖音工作的基础和保障，是贯穿企业抖音工作全程的重要工作。

团队建设是企业准备进行抖音运营最开始就要启动的工作。团队建设的形式将直接影响企业抖音的特质，并最终决定企业抖音的成效。如果企业花费百分之百的力气来制定策略，却只花费百分之六十的力气来建设团队，那么策略的执行和实施就会大打折扣。

团队建设分为三步骤：团队组建、团队优化、团队迭代。这三步之间的关系是一种递进关系。

团队组建是基础状态，团队优化是进阶状态，团队迭代是优化状态。但是团队迭代本身是不断进行的动态过程，只要项目存在，团队会一直迭代，一直向最佳状态靠拢，如图9-1所示。

图 9-1　团队建设三步骤

### 1.团队组建

根据企业抖音的目标策略，确定核心团队的基因属性，包括专业能力、沟通能力、创新能力等，选择合适的人选组成团队。根据企业抖音的账号布局，确定整体团队的配置组成，确保团队中的人员能够覆盖关键的账号和内容领域。根据企业抖音的内容规划，确定核心团队的总体规模，确保团队规模与工作任务相匹配。

### 2.团队优化

团队优化是团队建设的持续过程，需要通过数据指标的分析和监测，评估团队的绩效，发现问题所在，及时进行调整和改进。在团队优化的过程中，需要对团队成员进行培训和指导，提升他们的能力和技能，增强他们的自信和责任感，激发他们的工作热情和创造力。

### 3.团队迭代

团队迭代是团队建设的升级过程，需要根据复盘总结的结果，对团队的方向和策略进行调整和优化，进行战略升级和目标升级，以适应市场和业务的变化。在团队迭代的过程中，需要对团队的成果进行认可和奖励，增强团队的凝聚力和归属感，培养团队的共同愿景和价值观。

表9-1向读者展示了团队建设的重要性和影响因素。

**表 9-1　团队建设的重要性和影响因素**

| 影响因素 | 说明 |
| --- | --- |
| 团队建设 | 形成企业抖音的特质，决定企业抖音的成效 |
| 策略制订 | 企业抖音团队的关键角色，负责策略和计划的制订 |
| 人力资源分配 | 确保策略执行与团队建设的人力资源相匹配 |
| 岗位体系 | 明确各个岗位的职责和能力要求 |
| 关键岗位能力 | 提供团队成员的发展路径 |
| 账号布局 | 确定团队配置，覆盖关键账号和内容领域 |
| 内容规划 | 确定核心团队的规模，与工作任务相匹配 |
| 数据指标 | 评估团队绩效，发现问题所在 |
| 培训和指导 | 提升团队成员的能力和技能，优化团队的绩效 |
| 目标校对 | 与设定目标进行对比，评估工作成果 |
| 调整方向 | 根据复盘总结的结果，调整团队的方向和策略 |
| 战略升级 | 针对市场和业务变化，升级团队的战略和目标 |

团队建设对于企业抖音的成功至关重要，不仅影响着策略的执行和实施，还决定了企业抖音的特质和成效。通过遵循总体原则、构建岗位体系、优化团队组建和持续优化团队等措施，企业可以建设出高效、协作和具备一定能力的抖音团队，从而实现更好的业务效果。

### 9.1.2　企业抖音团队成功的关键认知

企业抖音团队成功的关键认知在于理解团队建设不仅是简单的岗位加法，而应该兼顾短板效应与基因偏差（见图9-2）。

短板效应　　　　　　　　　　　基因偏差

图 9-2　企业抖音团队成功的关键认知

**1. 短板效应**

企业抖音运营是个系统性工作，其中任何一项工作的缺失或低效，都可能导致问题逐渐放大，这就是专业工作中常见的短板效应。例如，一个优秀的企业抖音运营团队需要拍摄、剪辑、文案和运营等多方面的协同合作，如果只有优秀的拍摄，但文案不合适，或者运营策略不明确，那么最终的成果可能无法满足预期。

**2. 基因偏差**

具体到每个岗位上，即使职能相同，但每个人的优势、特长以及出品的方向也会有所差异。例如，虽然都是文案编辑，但某些人可能更擅长撰写幽默诙谐的内容，引发观众的笑声；而另一些人可能更适合创作感人肺腑的故事，打动观众的心弦；还有一些人，可能更擅长利用理性的笔触，高度提炼出能够引起用户共鸣的导购内容（见表9-2）。因此，在选人时，不能只看岗位职能的定义，还要考虑岗位性质的定义，即哪种类型的人才更适合承担这个角色。

表 9-2　团队基因偏差（示例）

| 岗位 | 擅长风格 | 岗位性质 |
| --- | --- | --- |
| 文案编辑 A | 幽默诙谐 | 创作轻松愉快的内容，适合吸引年轻观众 |
| 文案编辑 B | 感人肺腑 | 创作深入人心的故事，适合打动成熟观众 |
| 文案编辑 C | 高度提炼 | 创作理性导购内容，适合科技类产品销售 |

另外，随着科技的发展，许多工具性软件和技能的学习难度越来越低。比如视频编辑软件操作越来越"傻瓜化"，抖音的运营后台也越来越智能。因此，熟练掌握这些工具已经不再是职场中的显著优势。反而，团队成员的学习能力、应变能力以及配合能力日益重要（见表9-3）。这些软实力在面对突然的变化或者挑战时，能帮助团队更好地适应和应对。

表 9-3　团队能力类型描述和举例（示例）

| 能力类型 | 描述 | 举例 |
|---|---|---|
| 学习能力 | 快速掌握新知识、新技能 | 2020—2022 年，很多企业需要转型线上运营，有较高学习能力的团队成员能够快速熟悉和掌握线上运营的相关知识和技能 |
| 应变能力 | 面对突发事件能迅速做出反应，找到解决方案 | 当抖音平台更新或者改变算法时，具有高应变能力的团队能够及时调整自己的策略，适应新的规则 |
| 配合能力 | 能够与团队中其他成员有效配合，共同完成任务 | 在进行大型活动策划时，需要各个岗位的配合才能将活动从策划到实施做得尽善尽美 |

以上都是团队建设过程中，企业需要注意和考虑的重要因素。只有充分理解并适应这些因素，企业才能真正建立一个成功的、高效的抖音团队。

## 9.2　团队建设的总体原则

抖音运营团队的建设和管理，涉及人才招聘、分工、考核、激励、培训等多个方面。为了提高抖音运营团队的工作效率，需要遵循以下几点，如图9-3所示。

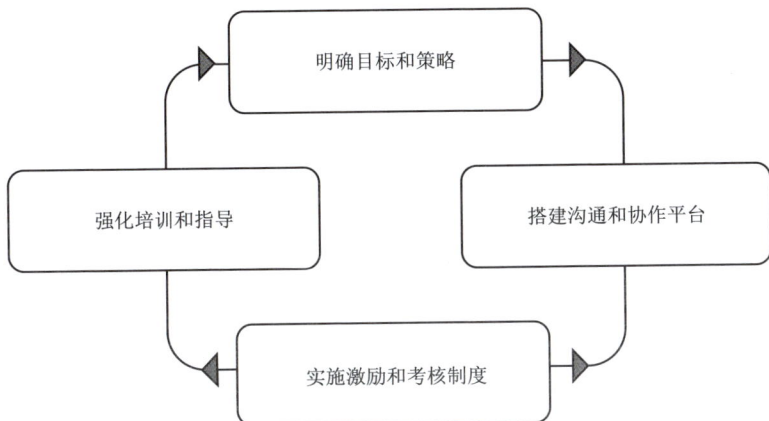

图 9-3　团队建设的总体原则

### 9.2.1　明确目标和策略

抖音运营团队应该根据公司的整体战略和市场需求，制定清晰的营销目标和策略，包括目标客户、竞争优势、内容创意、传播渠道等，并将其分解为具体的任务和指标，分配给每个成员或小组，见表9-4。

表9-4　抖音运营团队目标和策略的角度

| 元素 | 描述 |
| --- | --- |
| 目标客户 | 确定希望吸引和维护的主要用户群体 |
| 竞争优势 | 明确自身产品或服务相较于竞品的独特之处 |
| 内容创意 | 规划合适的内容形式和风格，以吸引目标用户 |
| 传播渠道 | 确定在抖音外的其他社交平台进行推广的策略 |

### 9.2.2　强化培训和指导

抖音运营团队应该定期进行专业知识和技能的培训，提升成员对抖音平台的熟悉度和运用能力，同时也要加强对内容创作、数据分析、用户互动等方面的指导，帮助成员解决实际问题，提高工作质量，见表9-5。

表9-5　抖音运营团队培训和指导的项目

| 培训与指导内容 | 效益 |
| --- | --- |
| 抖音平台使用 | 提升团队在抖音平台上的操作能力和效率 |
| 内容创作 | 提高团队在视频拍摄、剪辑及文案撰写等方面的专业性 |
| 数据分析 | 提升团队对数据的理解和利用，以调整策略并优化效果 |
| 用户互动 | 提高团队与用户互动的能力，提升用户满意度并建立良好品牌形象 |

### 9.2.3　搭建沟通和协作平台

抖音运营团队应该利用各种工具和方式，建立有效的沟通和协作机制，包括定期召开会议、分享经验、汇报进展、反馈意见等，以及使用在线文档、群聊软件等进行实时交流和协同工作，从而增强团队凝聚力，促进信息共享，提高工作效率，见表9-6。

表9-6　抖音运营团队沟通和协作平台

| 通讯方式 | 作用 |
| --- | --- |
| 定期会议 | 讨论关键问题、共享信息、提出改进措施 |
| 经验分享 | 学习优秀案例，提高团队整体水平 |

续表

| 通讯方式 | 作用 |
| --- | --- |
| 进度汇报 | 确保每个成员或小组的工作进度与整体目标一致 |
| 意见反馈 | 收集并解决存在的问题，提升团队效果 |
| 在线文档 / 群聊软件 | 实时交流和协同工作，提高工作效率 |

### 9.2.4　实施激励和考核制度

抖音运营团队应该根据成员或小组的工作绩效，给予相应的奖励或惩罚，包括物质奖励、荣誉表彰、晋升机会等正向激励，以及扣除奖金、降低评级、调整岗位等负向激励。同时也要定期进行考核评估，检查成员或小组是否达到预期目标，并给予相应的反馈和建议。

# 9.3　关键岗位和关键能力

## 9.3.1　关键岗位

### 1. 企业抖音的关键岗位

企业抖音的关键岗位，就如同人体的关键部位一样，只有紧密配合，分工协作，才能取得营销活动的成功。

#### 1）规划岗位——战略战术规划，好比头脑

规划岗位负责制定企业抖音的战略和战术规划，以实现公司的营销目标。需要对市场进行调研和分析，确定目标客户群体和竞争优势，并制定相应的策略和计划。规划岗位的重要性在于为整个企业抖音的运营提供了明确的方向和指导，确保团队的工作与企业的整体战略保持一致。

#### 2）内容岗位——编、拍、剪、演，好比干活的手

内容岗位负责抖音平台上的内容创作和制作。需要具备编写文案、拍摄视频、剪辑、演绎等能力，以吸引用户关注和提升内容质量。内容岗位的作用在于为企业抖音提供有吸引力、有创意的内容，增加用户互动和转化率，提升品牌形象和影响力。

#### 3）运营岗位——账号维护、私域运营，好比走路的脚

运营岗位负责抖音账号的维护和私域运营。需要管理和维护企业抖音账号，包括发布内容、维护粉丝关系、回应用户的留言和评论等。同时，还需要进行私域运营，即与粉丝进行互动、开展活动、提供专属福利等，以增加用户黏性和忠诚度。运营岗位的重要性在于保持账号的活跃度和用户参与度，增强用户与品牌的互动和连接。

4）投放岗位——投手，好比发力时的肌肉

投放岗位负责企业抖音的广告投放和推广。需要了解抖音平台的规则和机制，制定投放策略和计划，并监控广告效果和ROI。投放岗位的作用在于将企业的产品或服务通过广告投放在抖音平台上，提高品牌知名度和产品销量。

表9-7展示了企业抖音运营团队关键岗位的作用和重要性。

表 9-7　企业抖音运营团队关键岗位的作用和重要性

| 关键岗位 | 作用和重要性 |
| --- | --- |
| 规划岗位 | 制定企业抖音的战略和战术规划，为整个企业抖音的运营提供方向和指导 |
| 内容岗位 | 提供有吸引力、有创意的内容，增加用户互动和转化率，提升品牌形象和影响力 |
| 运营岗位 | 维护抖音账号活跃度，与粉丝进行互动，增加用户参与度和忠诚度 |
| 投放岗位 | 通过广告投放提高品牌知名度和产品销量，监控广告效果和 ROI |

以上是对企业抖音运营团队关键岗位的作用和重要性的描述。这些岗位在企业抖音的运营中各司其职，相互协作，共同推动企业抖音的营销活动取得成功。

**2. 直播团队的岗位设置和岗位职责**

一个完整的直播团队，由关键岗位和辅助岗位组成。

**关键岗位**：如策略、文案、平面设计、视频短片制作、主播经纪等岗位。

**辅助岗位**：如环境设计及搭建、统筹、摄像、灯光、音响、推流、导播、网络处理、后期制作、化妆师、道具师、剧务等岗位。

关键岗位必须有，辅助岗位根据项目的具体情况来组建。团队可大可小，人员可以复用，更可以一人多岗，但是岗位职责必须清晰。

下面对每个关键岗位的职责和重要性进行描述。

1）策略

策略岗位负责制定企业抖音的整体策略和方向，包括市场定位、目标用户、品牌传播等。需要进行市场分析和竞争对手研究，以制定相应的策略和计划。策略岗位的重要性在于为企业抖音提供明确的发展方向，确保整个团队的工作与企业的战略保持一致。

**关键点**：抖音策略与企业策略的结合

2）文案

文案岗位负责撰写抖音平台上的文案，包括标题、简介、描述等。他们需要具备良好的文案创作能力，以吸引用户的注意和增加内容的传播力。文案岗位的重要性在于通过精彩的文字表达，提升抖音内容的质量和吸引力，增加用户的互动和参与度。

**关键点**：短文案的驾驭能力

3）平面设计

平面设计岗位负责抖音平台上的视觉设计，包括封面、海报、插画等。他们需要具备良好的设计技巧和审美观，以提供有吸引力和创意的视觉效果。平面设计岗位的重要性在于通过精美的设计，吸引用户的注意，提升内容的可视性和传播效果。

**关键点：** 手机小尺寸设计角度

4）视频短片制作

视频短片制作岗位负责抖音平台上的视频内容制作，包括拍摄、剪辑、特效等。他们需要具备专业的视频制作技能，以提供高质量和吸引人的视频内容。视频短片制作岗位的重要性在于通过精心制作的视频，吸引用户的关注和互动，提升内容的传播效果和用户参与度。

**关键点：** 快速输出的制作能力

5）主播经纪

主播经纪岗位负责抖音平台上的主播资源管理和合作事宜。他们需要与主播进行沟通和协调，安排直播时间、活动合作等。主播经纪岗位的重要性在于管理和维护主播资源，提高直播的质量和影响力，增加用户的关注和参与度。

**关键点：** 把握主播特定与执行项目的匹配度

表9-8向读者展示了直播团队关键岗位的作用和重要性。

表 9-8　直播团队关键岗位的作用和重要性

| 关键岗位 | 作用和重要性 |
| --- | --- |
| 策略 | 制定整体策略和方向，为企业抖音提供发展方向 |
| 文案 | 撰写吸引人的文案，提升内容的传播力和用户互动 |
| 平面设计 | 提供有吸引力和创意的视觉设计，增加内容的可视性和传播效果 |
| 视频短片制作 | 制作高质量和吸引人的视频内容，提升传播效果和用户参与度 |
| 主播经纪 | 管理和维护主播资源，提高直播质量和影响力，增加用户关注和参与度 |

以上是对企业抖音关键岗位及其体系构建中的作用和重要性的描述。这些岗位在企业抖音的运营中相互协作，共同推动内容的创作和传播，提高品牌的影响力和用户参与度。

### 9.3.2　关键能力

由于企业抖音的目标设定不同，因此组建团队时关键岗位也会有所不同。品宣型的团队和销售型的团队，需要的关键岗位能力就是不一样的，如图9-4所示。

企业抖音运营团队

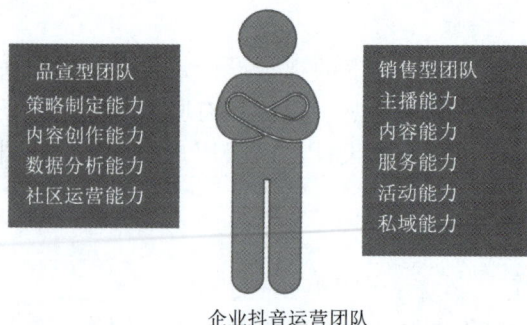

图9-4　两种企业抖音运营团队不同的关键能力要求

#### 1. 品宣型企业抖音运营团队的关键能力

品宣型企业抖音运营团队的构建，主要关注企业产品的传播和品牌的塑造。在这种模式下，根据工作性质和职责不同，可以将团队划分为几个关键岗位，包括策略制定者、内容创作者、数据分析师以及社区运营员等。对每个岗位来说，具备一定的关键能力是非常重要的。

表9-9列出了品宣型企业抖音运营团队的关键能力。

表9-9　品宣型企业抖音运营团队的关键能力

| 关键能力 | 描述 |
|---|---|
| 策略制定能力 | 具备前瞻性思维，能够明确公司的品牌策略，并将其落实到抖音平台的运营中。同时，还需具有良好的领导力和决策力。 |
| 内容创作能力 | 具备丰富的创意和高效的执行力，能够根据品牌策略创作有吸引力的内容。同时，也需要有敏锐的市场洞察力，能够迅速捕捉市场趋势。 |
| 数据分析能力 | 需要深度理解数据并将其转化为实际行动，以利于优化策略和提升效果。对数据敏感，能及时发现问题并提出解决方案。 |
| 社区运营能力 | 具备良好的人际交往能力和问题处理能力，能够有效地与用户互动，管理好社区氛围，提升用户的黏性和活跃度。 |

在品宣型企业抖音运营团队中，每个工作模块都应有一个明确的考核标准，以保证团队的工作质量和效率。各工作模块的考核明细见表9-10。

表9-10　品宣型企业抖音运营团队各工作模块的考核明细

| 工作模块 | 考核明细 |
|---|---|
| 策略制定 | 是否能制定出符合公司战略且易于实施的抖音运营策略；是否能够根据市场变化适时调整策略。 |
| 内容创作 | 内容的创新性、吸引力，以及是否符合品牌形象和策略；内容发布的频次和稳定性；内容产生的互动和影响力。 |

| 工作模块 | 考核明细 |
| --- | --- |
| 数据分析 | 数据的准确性和完整性；是否能从数据中发现问题和机会；分析报告的质量和及时性；是否提出有价值的改进建议。 |
| 社区运营 | 用户活跃度和黏性；处理用户问题和投诉的时效性及满意度；社区氛围的积极性。 |

### 2. 销售型企业抖音运营团队的关键能力

表9-11列出了销售型企业抖音运营团队的关键能力。

表 9-11 销售型企业抖音运营团队的关键能力

| 关键能力 | 描述 | 重要性简述 |
| --- | --- | --- |
| 主播能力 | 主播的演绎和表现能力，包括口才、形象、表情等 | 在抖音平台上直接面对用户，直接影响用户对产品的认知和购买决策 |
| 内容能力 | 创作和策划内容的能力，包括创意、故事性、时尚感等 | 好的内容能够吸引用户的注意力，增加用户对产品的兴趣和购买欲望 |
| 服务能力 | 团队对用户提供的服务质量和态度，包括回复速度、问题解决能力等 | 良好的服务能够提升用户满意度，增加用户的忠诚度和口碑 |
| 活动能力 | 组织和执行线上线下活动的能力，包括抖音直播、线下推广活动等 | 通过活动能够增加产品曝光度，吸引更多用户关注和参与 |
| 数据能力 | 对数据的分析和利用能力，包括用户数据、市场数据等 | 通过数据分析能够了解用户需求和行为，优化产品和营销策略 |
| 私域能力 | 个人素质和能力的综合表现，包括专业知识、沟通能力、团队合作等 | 私域能力的提升能够提高团队整体效能，增强企业的竞争力 |

各工作模块的考核明细见表9-12。

表 9-12 销售型企业抖音运营团队各工作模块的考核明细

| 工作模块 | 考核明细 |
| --- | --- |
| 内容策划 | 1. 对短视频运营市场有深刻见解，熟悉粉丝消费习惯和热点话题，掌握热门短视频运营策略；<br>2. 独立调研、分析市场走势和社区兴趣，并了解活跃用户特征及受众偏好；<br>3. 能够把握社交平台特点，着重突出创意内容的视觉表现，发掘和培养用户的情感共鸣；<br>4. 能够精准把握营销活动及推广矩阵，并运用相应的内容把握社区用户需求，做出可持续影响的短视频内容策划；<br>5. 能够有效控制策划成本，制定有效的短视频内容策划流程，提升短视频内容的生产效率；<br>6. 能够全面把握短视频的流行趋势，并结合团队的研判，完成有效的短视频内容策划工作。 |

续表

| 工作模块 | 考核明细 |
|---|---|
| 拍摄制作 | 1.熟悉短视频拍摄形式及制作技巧;<br>2.能熟练使用相关设备,掌握各类视频素材的拍摄及剪辑;<br>3.具备独立拍摄、剪辑、后期制作的能力,能实现内容策划初稿的内容;<br>4.能够结合素材及内容,理解影像风格,提升视觉效果;<br>5.能够及时学习新技术,并跟进视频制作行业的发展;<br>6.能够根据指定时间节点及任务要求,有效完成拍摄及剪辑任务。 |
| 推广分发 | 1.熟悉各大社交平台运营规则,具备深度挖掘社群数据的能力;<br>2.根据视频内容特点及社交平台运营机制,积极探索有效的短视频运营策略;<br>3.能够结合社群特点,制定有效的短视频推广计划,完成社交平台内容推广、社群推广及合作渠道的开拓;<br>4.时刻关注资源市场及粉丝运营,能够根据实际付费用户特征,量身定制广告投放效果;<br>5.熟悉各类广告制作及投放工具;<br>6.了解市场热点,实时跟踪自媒体推广效果,及时调整推广路线。 |
| 粉丝运营 | 1.具有强烈的用户体验意识,了解用户的运营愿景,牢记用户的心理特征;<br>2.熟悉社交媒体运营流程,具备良好的沟通能力和推动力;<br>3.熟悉社群运营,挖掘用户忠诚度,把握受众黏度;<br>4.深入理解用户市场,增加粉丝数量,维护粉丝黏性;<br>5.积极了解社区内容运营情况,量身定制粉丝服务模型,带动社群营销;<br>6.能够掌握营销技能,建立品牌社群经营模式,挖掘用户价值,提升有效的短视频运营效果。 |
| 粉丝流量变现 | 1.频道流量结构分析:探究如何提高流量等级,及其对粉丝增长及参与度的影响。<br>2.短视频内容定位:分析短视频的内容定位,确定内容的质量是否满足粉丝群的需求,以此实现流量增长。<br>3.留存率分析:分析是否有留存用户,掌握如何利用粉丝之间的消费进行流量变现,并确定留存率是否满足流量变现目标。<br>4.广告投放效果分析:分析广告投放情况和广告投放效果,以此提高流量变现的效果。 |
| 商务管理 | 1.商务策略分析:探讨商务策略的优劣,以提升商务的效率和收益。<br>2.合作关系管理:分析短视频合作伙伴的推广策略,以及合作伙伴与产品线的关系。<br>3.数据分析:分析短视频收益情况,以及商务收益来源,挖掘潜在的商务机会。<br>4.商务策略调整:对商务策略进行调整,以提高商务效率,并保持收益合理性和稳定性。 |
| 综合运营管理 | 1.节目定位:把握节目定位,指导节目选择,保证节目内容的创新。<br>2.绩效考核:考核节目内容的创新性、质量、品牌宣传效果等,以此实现绩效提升。<br>3.数据分析:定期分析短视频内容数据,针对性地指导节目定位,以实现更有效的流量变现和收益。<br>4.关键指标监控:全程监控短视频拍摄的关键指标,以控制节目的成本和收益率。 |

## 9.4　围绕"策略制订"进行团队组建

团队建设的三个步骤,结合企业抖音所处的运营阶段,可以划分为:在策略阶段做基础的团队组建;在实施阶段做进阶的团队优化;在复盘阶段做完善的团队迭代。这是一个循序渐进的过程,如图9-5所示。

图 9-5　团队建设的进阶过程

## 9.4.1　团队建设的进阶过程

回顾策略阶段，它包含三个步骤：目标策略、账号布局、内容体系。

可以根据目标策略，确定核心团队的基因属性；根据账号布局，确定整体团队的配制组成；根据内容体系，确定核心团队的总体规模，如图9-6所示。

根据目标策略
确定核心团队的基因属性

根据账号布局
确定整体团队的配制组成

根据内容体系
确定核心团队的总体规模

图 9-6　围绕"策略制订"进行的团队组建

## 9.4.2　根据目标策略确定核心团队的基因属性

从目标角度，需要确定企业抖音最主要的任务是什么？比如，是驱动核心业务，将主力业务做大做强，还是将抖音做为品牌宣传的主要阵地，进行品牌知名度的扩散、品牌美誉度的提升。

因此，企业需要构建一个具备强大销售驱动力且深谙核心业务的团队；同时，团队还应具有品牌意识，能够洞察市场趋势，主动把握品牌传播的全局视角。

根据企业选择的抖音运营模式，团队需要具备不同的专业技能和思维方式。因此，本书将探讨两种常见的企业抖音模式——电商模式和广告模式，并阐述这两种企业抖音模式对团队人员方向和基因属性的具体要求。通过构建与模式相匹配的团

队，企业才能在抖音平台上实现可持续的成功。

由此支撑的企业抖音模式有电商和广告两种，见表9-13。

表 9-13　两种常见模式团队人员的方向和基因属性要求（示例）

| 模式 | 团队人员的方向和基因属性 |
| --- | --- |
| 电商模式 | 对电商的流程熟悉，有销售思维<br>工作内容偏电商流程：选品、上架、与账号内容结合进行产品销售、投放时数据侧重考虑 ROI 转化<br>懂得电商平台和供应链的配合<br>在企业内部，团队从属于销售部门 |
| 广告模式 | 对媒体的流程熟悉，有媒体思维<br>工作内容偏品牌运营：用户分析、内容策划、内容制作都向品牌宣传方向偏重，数据分析时侧重考虑品牌宣传<br>懂得媒体部门和 BD、PR 相关部门的配合<br>在企业内部，团队从属于市场部 |

### 1.电商模式

电商模式是指把抖音做为销售渠道之一，利用抖音的直播、短视频、电商功能等，直接展示产品或服务，引导消费者在线上购买，提高转化率和成交额。

### 2.广告模式

广告模式是指把抖音做为企业的宣传平台之一，在抖音中投放各种形式的广告，如开屏广告、信息流广告、贴纸广告等，增加品牌曝光度和知名度，提升品牌影响力。不同的企业抖音模式，对于团队的能力要求、配合流程是不同的。

## 9.4.3　根据账号布局确定整体团队的配制组成

在账号布局中，主账号+子账号的数量，以及账号的主要KPI，决定了整体团队的配制组成，见表9-14。

表 9-14　两种常见模式团队人员配制组成的比例（示例）

| | 广告模式 | 电商模式 |
| --- | --- | --- |
| 规划团队 | 10% | 10% |
| 内容团队 | 60%~70% | 10%~20% |
| 运营团队 | 10%~20% | 20%~30% |
| 销售团队 | 0~10% | 50%~60% |

如果KPI考核侧重的是重度粉丝量，希望扩充忠粉数量，因此需要加强团队中运营团队的比重，比如运营团队中的私域运营、活动运营、网上BD等人员。运营团队以强化私域运营、细化粉丝运营，与更多的粉丝互动、举办更多的增粉活动，达到忠诚粉丝、活跃粉丝的增加。

如果KPI考核侧重的是视频播放量，希望达到宣传效果，那就需要提高团队中内容团队的比重，比如增加内容团队中的网络监控、文案策划、视频编辑等人员。内容团队及时跟进具有高时效性的爆款内容，快速策划和制作视频，让视频及早上线，才能保证视频有良好的播放数据。

如果KPI就是转化量，希望更加直接的见到转化效果，那就需要提高团队中销售团队的比重，比如增加销售团队中的主播、投放、客服、售后、供应链等人员。主播专注于提升观众的满意度和参与度，售后做好二次销售的跟进，供应链体系保证高效的配合，才能保证高的销售转化度。

团队组成的比例，可以先确定下来，比例是围绕方向和战略的，以便在后续组建的过程中，不会产生因人设岗的行为。

不同的项目，对于团队工作职能上的划分，会略有不同。从表9-14中可以看出：广告模式的团队，侧重内容创作，以内容取胜，是以内容为主，运营为辅助，如果内容创作的好，可以零投放；电商模式的团队，则侧重通过广告投放获取流量并辅以运营手段促进转化，有时甚至会完全依赖大量的广告投放来拉动销售。

### 9.4.4　根据内容体系确定核心团队的总体规模

账号布局确定后，核心团队的总体规模就可以确定，随后便可以分组进行日常管理。

以KPI为核心来组建工作小组，工作小组分别为自己团队的核心KPI负责。比如：以账号体系为小组，做A账号的为一组，A组团队为A账号的KPI负责；做B账号的为一组，B组团队为B账号的KPI负责。

以电商的供应链为小组，做A产品的为一组，A组团队为A产品的KPI负责；做B产品的为一组，B组团队为B产品的KPI负责。

这种分组管理模式，优点是目标性很强，缺点是小团队之间缺少交流和沟通。解决这种分组管理模式缺点的办法是按照岗位职能组建松散型横向技能沟通小组，以便于技能技巧的借鉴。如组建松散型的内容沟通小组或投放沟通小组，将不同项目组中的人员，投放到不同的技能沟通小组，组织阶段性的技能技巧讨论碰头会，让不同小组的人员形成横向沟通和对比。

## 9.5　围绕"实施落地"进行团队优化

企业抖音需要持续地对团队进行优化，常规的做法是进入"实施落地"阶段后就同时开始团队的优化工作。

团队优化应主要考虑三个角度，如图9-7所示。

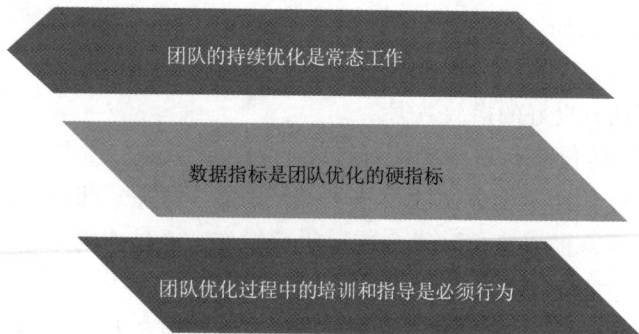

图 9-7　团队优化主要考虑的三个角度

团队的持续优化是常态工作

数据指标是团队优化的硬指标

团队优化过程中的培训和指导是必须行为

下面将详细讲解这三个角度。

### 9.5.1　团队的持续优化是常态工作

实施层面的内容生产、运营实操的过程，都是团队优化的过程，也是优胜劣汰的过程。团队不可能在最初组建时就是最佳状态，而是需要在工作过程中，不断提升、不断优化，最终实现团队总体优化。这一过程中，团队需要持续优化自身的工作方式、流程和协作效率。团队成员应该时刻保持学习和进步的心态，不断提高自己的能力和素质，以应对日益复杂和随时变化的工作环境。

在团队的持续优化过程中，以下几点需要特别注意：

（1）定期评估团队的工作效果和成果，及时发现问题并进行改进。团队可以通过定期的工作回顾和总结会议，评估过去一段时间的工作情况，发现存在的问题和不足，并制定相应的改进措施。这可以帮助团队不断完善工作流程，提高工作效率和质量。

（2）积极采纳反馈意见，不断改进工作方式。团队成员应该鼓励彼此提出建设性的意见和反馈，以促进团队的改进和进步。团队应该及时响应和处理反馈意见，并根据实际情况进行相应的调整和改进。

（3）注重团队成员的个人发展和能力提升。团队应该鼓励成员参加相关的培训和学习活动，提高自身的专业知识和技能。同时，团队应该为成员提供良好的成长环境和发展机会，激励成员不断提升自己的能力和素质。

（4）加强团队协作和沟通。团队成员之间应该建立良好的沟通和协作机制，加强信息共享和团队合作。团队应该鼓励成员之间互相支持和帮助，共同解决问题和完成任务。

### 9.5.2　数据指标是团队优化的硬指标

数据指标是评估团队工作效果和绩效的重要依据，也是团队优化的硬指标。通过设定明确的数据指标和KPI，团队可以更加明确地了解自身的工作目标和要求，从而有针对性地进行工作和优化。

在团队优化过程中，数据指标的作用体现在以下几个方面：

（1）定量评估团队的绩效和工作质量。通过设定具体的数据指标，团队可以对工作进行量化评估，了解工作完成情况和效果。这可以帮助团队及时发现问题和不足，并采取相应的措施进行改进。

（2）激励团队成员的工作动力和积极性。设定合理的数据指标和KPI可以激励团队成员努力工作，追求卓越。当团队成员看到自己取得的成绩和达到的目标时，会更有动力和信心，从而进一步提升自己的能力和表现。

（3）为团队提供决策依据和改进方向。通过对数据的分析和比较，团队可以了解工作过程中存在的问题和瓶颈，并根据数据指标的变化趋势进行相应的调整和改进。数据指标可以帮助团队确定优化的方向和重点，提高工作效率和质量。

### 9.5.3　团队优化过程中的培训和指导是必需行为

团队成员的能力和素质是团队工作的基础，通过培训和指导可以帮助团队成员提升自身的能力和专业水平，更好地适应工作需求和要求。

（1）帮助团队成员掌握必要的知识和技能。通过培训和指导，团队成员可以学习新的知识和技能，提高自己的专业水平和工作能力。培训包括内部培训、外部培训和自主学习等形式，可以根据团队成员的需求和实际情况进行有针对性的安排。

（2）提供工作流程和操作规范的指导。团队成员需要清楚地了解工作流程和操作规范，以确保工作的顺利进行和高效完成。通过培训和指导，团队可以统一团队成员的工作标准和要求，避免出现工作上的混乱和错误。

（3）促进团队成员之间的交流和学习。培训和指导可以提供一个交流和学习的平台，团队成员可以分享自己的经验和心得，互相学习和借鉴。这可以促进团队成员之间的合作和共同进步，提高团队整体的能力和素质。

（4）为团队成员提供个人发展和职业晋升的机会。通过培训和指导，团队成员可以不断提升自身的能力和素质，为个人的职业发展和晋升打下基础。团队应该鼓励和支持成员参加相关的培训和学习活动，提供个人成长和发展的机会。

团队优化的目的是为了提高团队整体的工作效率和质量，如果团队成员在经过培训和指导后，依然不能满足和适应工作需求，那么团队必须做出相应的调整和决策。这可能包括对团队成员进行淘汰和替换，以确保团队能够达到预期的工作目标和要求。

对团队成员进行淘汰是对团队整体的调整和优化。通过对团队成员进行淘汰，团队可以更好地匹配人才和岗位需求，提高团队的整体竞争力和执行力。同时，对于被淘汰的团队成员，他们也应该对自身进行反思和总结，不断提升自己的能力和素质，为个人的职业发展做好准备。

# 9.6　围绕"复盘总结"进行团队迭代

复盘总结是团队的重要工作，通过对过去的项目或任务进行回顾，可以找出做得好的地方以及需要改进的地方。这个过程通常以目标校准、新方向调整和战略升级为主线，如图9-8所示。

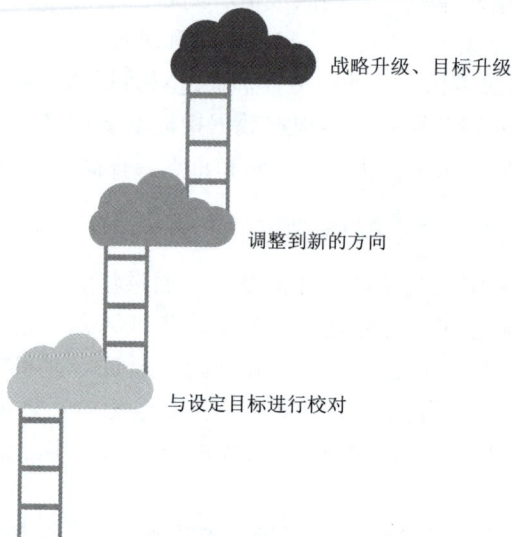

战略升级、目标升级

调整到新的方向

与设定目标进行校对

图 9-8　团队迭代主要考虑的三个角度

## 9.6.1　与设定目标进行校对

团队必须保持与设定的目标一致，这是团队能够高效运作的关键。目标应满足战略层面的需求，只有这样，团队才能明确工作的方向和目标。

在复盘总结过程中，企业需要检查之前设定的目标是否已经完成，如果已经完成，就可以开始规划下一阶段的目标；如果没有完成，就需要分析原因，确定是目标设置的问题，还是执行过程中的问题。

在对目标进行校对时，如果发现之前设立的目标和方向不对，团队建设就需要重新考虑，此时可能需要调整人员配置，也可能需要对团队成员进行新的培训，使他们能够适应新的目标，见表9-15。

表 9-15　复盘总结与设定目标进行校对

| 优化方向 | 目标达成 | 目标未达成 |
| --- | --- | --- |
| 人员培训 | 继续加强和深化培训 | 加强培训和能力提升 |
| 人员配置 | 保持现有配置 | 需要调整配置 |

### 9.6.2　调整到新的方向

抖音的运营策略会随着市场环境的变化而变化，团队需要根据新的策略调整工作方向，此时可能需要对团队进行大规模的重组，比如可能需要引入新的角色，或者削减一些不再需要的角色。同时，团队成员也需要更新他们的技能以适应新的工作需求，见表9-16。

表 9-16　复盘总结过程中的新方向

| 优化方向 | 行动计划 | 人员配置 |
| --- | --- | --- |
| 适应市场环境变化 | 分析市场趋势，制定灵活的运营策略 | 引入市场分析师，增强数据分析能力 |
| 新角色引入与角色削减 | 确定必要的角色和技能，进行角色调整 | 根据新策略调整人员结构，进行培训或招聘 |
| 技能更新 | 制定技能提升计划 | 对现有团队成员进行再培训，以适应新角色 |

### 9.6.3　战略升级、目标升级

在复盘总结过程中，如果发现某个阶段性的战略目标已经完成，那么就可以进阶到新的战略阶段。在这种情况下，企业抖音运营的目标也将相应调整，团队也需进行相应的升级。

例如，如果初期的目标是提高用户活跃度，而这个目标已经达成，那么下一阶段的战略可能会转向提高用户的付费转化率。团队需要调整工作重点，重新配置人员，并对团队成员进行新的培训，见表9-17。

表 9-17　复牌总结与战略升级

| 优化方向 | 目标达成 | 目标未达成 |
| --- | --- | --- |
| 行动计划 | 制定更高级的目标 | 分析问题原因，制定新的目标 |
| 人员配置 | 根据新的目标进行人员配置 | 根据新的目标进行人员配置 |

总的来讲，复盘总结是团队提升效能的重要环节。通过反思过去，企业可以了解哪些地方做得好，哪些地方需要改进，从而为未来的工作打下坚实的基础。

**思考题：**

1.企业应如何构建一个高效的抖音运营团队？

2.企业如何为抖音团队的关键岗位构建能力模型？

# 后　记

"千淘万漉虽辛苦，吹尽狂沙始到金"。《企业抖音——从策略到实施》一书在经历了几易其稿、无数次修改之后，终于出版了，这本书的编写和出版，就如同企业做抖音的路途一样，充满了荆棘和挑战。

写书的过程，本身也是深度思考和体系生成的过程，其间难免遭遇坎坷和曲折、伴随迷茫和阵痛，但只要坚持不懈，一定会有豁然开朗、拨开迷雾见月明的那一刻。

回顾这一过程，其间遭遇的坎坷和艰辛，早已因箴言"吹尽狂沙始到金"的实现，而化作一缕春风、一路繁花，拂我心间，伴我左右，令我心怡自得。这种自得，源于收获和感悟，是出书之前未曾有过的，我愿将写作过程中的所感、所悟和所得，分享给读者，愿所有的读者都能从此书中取得收获。

首先，在编写过程中，更加体会到企业抖音的巨大潜力和重要性。因为抖音算法+推荐的传播模式，对媒介形式是一场革新，对企业也是一场运营和营销模式的革命：人们接受信息的方式、方法变了，企业触达目标人群的策略也就要随之变化，而这个变化使得企业运营更加高效。优先理解和掌握这些方法的企业，将会在竞争力上显著提升。

其次，解决了如何将专业知识转化为通俗易懂的语言的难题，让普通非专业读者也能理解。为解决这个问题，我查阅了大量资料，并咨询了专家。最终，我决定采用案例分析的方式，通过生动的案例讲解企业抖音的运营技巧。

再次，通过广泛接触案例账号及对应的企业，更加了解了抖音的商业价值。通过深入研究抖音平台和与企业合作，快速总结了企业自身需求与抖音平台特性有机结合的规律，并反复落地测试、验证规律的有效性和普适性，为本书的理论打下了坚实的基础，也增加了本书的实践性。

相信本书的出版对企业抖音的发展具有重要意义。希望本书能够帮助更多企业利用抖音平台，实现更大发展。

抖音和TikTok成为世界顶级的社交媒体平台，是中国人的骄傲，展示了中国人的智慧和技术，为社交媒体爱好者和平台用户贡献了巨大价值。愿本书能够为读者提供最有价值的企业抖音营销知识和方法，帮助读者抓住抖音营销的机遇，在平台上取得成功。

最后，感谢所有支持我的人，祝愿大家在抖音营销的道路上取得辉煌成就！

张建南（小虎）

2024年6月

# 参 考 文 献

[1] 科特勒.营销管理[M].梅清豪，译.北京：中国人民大学出版社，2019.

[2] 查菲.数字营销[M].孙路弘，译.北京：中信出版社，2018.

[3] 格拉德威尔.引爆点[M].钱清，覃爱冬，译.北京：中信出版社，2002.

[4] 里斯，特劳特.定位[M].邓德隆，译.北京：中国财政经济出版社，2012.

[5] 肖恩，摩根.增长黑客[M].范冰，译.北京：中信出版社，2018.

[6] 金伟灿，莫博涅.蓝海战略[M].吉宓，译.北京：商务印书馆，2015.

[7] 麦克奎尔.传播学概论[M].郭镇之，译.北京：中国人民大学出版社，2006.

[8] 麦克卢汉.理解媒介：论人的延伸[M].何道宽，译.北京：商务印书馆，2000.

[9] 波兹曼.娱乐至死[M].章艳，译.北京：中信出版社，2008.

[10] 北京星播文化传媒有限公司.直播电商实务一本通[M].北京：中国人民大学出版社，2021.

[11] 翁文娟，万信琼.直播营销与案例分析[M].北京：人民邮电出版社，2022.

[12] 程然，高广英，郑丽勇.视频直播营销[M].北京：机械工业出版社，2022.

[13] 西奥迪尼.影响力（全新升级版）[M].闾佳，译.北京：北京联合出版公司，2021.

[14] 霍伦森，科特勒，奥普雷斯尼克.社交媒体营销实践指南：第3版[M].张寿峰，张长虎，译.北京：机械工业出版社，2020.

[15] 张佳.短视频内容算法：如何在算法推荐时代引爆短视频[M].北京：人民邮电出版社有限公司，2020.